디지털 팩토리

THE DIGITAL FACTORY

THE
DIGITAL
FACTORY

디지털
팩토리

디지털 자본주의 시대,
보이지 않는 노동

모리츠 알텐리트 지음 | 권오성, 오민규 옮김

숨쉬는
책공장

차례

1. 들어가며: 공장을 떠나는 노동자들

2. 글로벌 공장

3. 놀이의 공장: 게임

4. 분산된 공장: 크라우드워크

5. 은닉된 공장: 소셜미디어

6. 결론: 공장으로서의 플랫폼

7. 나오며

옮긴이의 말

이 지면을 빌려 독자분들께 우리가 이 책을 번역하게 된 이유를 설명하고자 합니다. 노동법은 20세기 초 포디즘적 대공장에서 탄생한 위계구조와 그 구체적 발현으로서의 통제, 즉 기업의 사적 권력에 대항하기 위한 법으로 탄생했습니다. 그런데 '4차 산업혁명'이나 '긱 경제'라는 말이 널리 사용되는 것이 상징하듯 전 세계적으로 일하는 방식이 급속하게 변화하고 있습니다. 이러한 상황 때문에 일각에서는 "공장제도에 근거한 노동법은 낡았다"라는 주장이 제기되고 있으며, 겉으로 보기에 노동자의 동의에 근거하여 이뤄지는 것처럼 보이는 플랫폼 노동은 노동법 적용대상이 아니라는 인식이 팽배합니다.

하지만 우리는 이러한 인식에 반대합니다. 우리는 과거에는 공장이라는 물리적 공간 내에서만 존재했던 위계구조가 디지털 기술을 통해 공장 담벼락을 넘어 모든 생활공간으로 확장된 것이 오늘날 플랫폼 경제의 본질이라고 생각합니다. 디지털 플랫폼은 이처럼 확장된 '종속의 공간'이지만, 플랫폼 기업은 자신의 사용자성을 은닉하고, 그들이 져야 할 책임을 노동자와 사회에 전가하고 있습니다.

이 책에서 모리츠 알텐리트Moritz Altenried는 이런 쟁점들에 대해 포괄적이면서도 동시에 깊숙이 파고들고 있습니다. 이 책은 겉보기에 그리 유사성이 없어 보이는 아마존의 창고 노동자, 배송기사, 직업적 게이머, 필리핀의 콘텐츠 관리자content moderator 등 다양한 산업 분야의 노동자들이 실제로는 디지털 기술에 의해 고도로 파편화되고 분해되어 통제받고 있음을 보여주고 있습니다. 이런 맥락에서 알텐리트는 기계가 설치된 콘크리트 건물이 아니라, 디지털 기술이 노동을 실질적으로 포섭하고 통제하는 실제의 또는 가상의 공간을 '디지털 팩토리'로 파악합니다. 이러한 디지털 팩토리는 오늘날 디지털 자본주의를 지탱하는 숨겨진 살아 있는 인간 노동을 드러내고, 동시에 디지털 공간에 데이터와 정보로만 존재하는 것처럼 보이는 노동의 물질성을 드러냅니다.

이 책은 오늘날 우리가 살고 있는 디지털 자본주의가 세간에 유행하는 '노동의 종말'을 가져온 것이 아니라, 오히려 디지털 '공장'의 폭발과 증식을 가져왔음을, 그리고 전통적인 공장의 밖으로 축출된 작업자들도 사실은 '알고리즘'이라는 눈에 보이지 않는 실에 묶여 플랫폼 '공장'에 실질적으로 포섭된 종속노동자임을 명확하게 보여줍니다. 이를 통해 "공장제도에 근거한 노동법은 낡았다"는 자본의 주장에 "온 세상이 공장이 되었다"라고 통렬하게 반박하고 있습니다. 독자들께서도 이 책을 통하여 우리가 느낀 통쾌함을 느끼실 수 있기를 희망합니다.

마지막으로, 무더운 여름에 이 책의 출판을 위해 헌신하신 숨쉬는책공장 노동자분들께 감사의 마음을 표합니다.

2023년 8월 권오성, 오민규

추천사

'디지털 팩토리(공장)'라는 단어를 처음 들었을 때, 솔직히 나는 어울리지 않는 두 단어를 무리하게 이어 붙였다는 느낌이 없지 않았다. 그러나 생각해 보면, 어릴 때 학교에서 배웠던 '매뉴팩처' 시대 이래 수백 년 세월 동안 '공장'은 인류 사회의 정체성을 확인하는 가장 중요한 터전이었고, 지금도 여전히 우리 사회는 '공장'을 제대로 이해하는 사람과 그렇지 못한 사람으로 나뉘어져 있다고 해도 지나친 말이 아니다.

오늘도 많은 사람들이 인터넷의 각종 SNS를 통해서 읽은 글들, 수많은 매체를 통해서 보는 광고들, 온라인에서 구입한 상품들은 모두 '디지털 공장'에서 일하는 수많은 노동자들이 땀 흘려 생산한 결과물이다. 수많은 '지식 장사꾼'들이 '4차 산업혁명'이라는 호재를 만나 미래 사회의 노동에 대한 공포를 생산해 내는 현 상황에서 미래 사회 대부분의 노동자들이 일하게 될 '디지털 공장'이 어떻게 전개되고 있는지 정확하게 이해하는 것은 사회문제에 관심이 있고 그 속에서 자신의 역할을 찾고자 하는 모든 사람에게 필수교양에 해당하는 지식이 아닐 수 없다.

나를 비롯한 많은 사람들이 "지식인 출신 중에서 노동운동을 처음 시작할 때 가졌던 초심을 잃지 않은 드문 예"라고 인정하는 오민규 활동가와 내가 아는 한 우리나라에서 노동법을 가장 정확하게 분석하는 학자인 권오성 교수 두 사람이 공동 작업으로 정리한 초고를 읽으며, 우선 내가 많이 배우고 생각을 정리할 수 있었다. 남은 생애의 활동 속에서 교과서로 삼을 만한 책이다.

_하종강 성공회대 노동아카데미 주임교수

《디지털 팩토리》는 디지털 자본주의가 세운 공장의 모습을 다룬 책으로, 알고리즘의 지시에 따라 정신없이 움직이는 수많은 노동자들을 만날 수 있다. 디지털 컨베이어벨트에 대한 이야기를 읽다 보면 테일러의 부활을 실감하게 된다. 발달된 디지털 기술과 인공지능이 사람의 일자리를 빼앗으리라는 걱정을 하고 있을 때, 현실의 노동자들은 플랫폼 공장을 돌리는 연료가 되어 갈려나가고 있었다. 플랫폼 노동자들이 피로에 절은 몸을 억지로 일으켜 플랫폼에 접속하면 깔끔하고 안전한 가상 세계가 아니라 산재사고의 위험이 가득한 일터를 마주한다.

이 책을 읽다 보면 산업혁명이 만든 공장과 굴뚝에서 아동을 발견한 것처럼 디지털 혁명이 만든 플랫폼 공장에서 조각나고 쪼개진 노동자를 발견할 것이다. 19세기 영국에서 공장 감독관 보고서가 공개되고 공장법과 노동법이 만들어졌다. 플랫폼 공장 보고서가 공개된 후 제대로 된 노동법이 만들어질 수 있을까? 이 책 마지막 장 이후의 이야기는 우리 사회와 독자들이 써야 할 몫이다.

_박정훈 '라이더유니온' 초대 위원장이자 7년 차 배달라이더

들어가며:
공장을 떠나는
노동자들

1

소개

구글플렉스Googleplex는 실리콘 밸리에 위치한 구글 본사의 이름이다. 캘리포니아 마운틴뷰에 자리한 이 본사는 구글 로고의 색상(빨강, 노랑, 주황, 파랑)이 흩뿌려진 다채로운 유리와 강철 건물로 이루어져 있다. 구글이 본사에 새로운 부지와 건물을 꾸준히 늘리면서 이 복합단지는 더 넓게 뻗어가는 중이다. 대부분 중간 높이 수준인 건물들 사이로 녹지, 주차 공간, 레크리에이션 시설이 많이 보인다. 단지 내 편의시설로는 무료로 이용할 수 있는 레스토랑과 카페테리아, 4개의 체육관, 수영장, 비치발리볼 코트, 영화관과 강의실이 있다.

2011년에 제작된 아티스트 앤드류 노먼 윌슨의 비디오 설치 영상 <구글플렉스를 떠나는 노동자들>은 이 본사의 복합단지와 노동력 구조를 다룬 작품이다.[1] 이 영상은 구글에 고용된 노동자들이 본사에서 이용할 수 있는 다양한 건물과 공원, 카페를 보여준다. 화면 왼쪽에는 몇몇 사람들이 수시로 건물에 들어가거나 나오는 모습이 보인다. 어떤 직원들은 구글이 제공하는 무료 자전거를 이용하기도 하고, 또 어떤 직원들은 업무를 마치고 샌프란시스코로 돌아가는 호화 셔틀버스를 타기 전에 구글 내 무료로 이용할 수 있는 구내식당에서 식사를 하기도 한다. 구글은 100대가 넘는 셔틀버스를 운영 중인데, 무선 인터넷과 다양한 편의시설을 갖춘 이 버스들은 베이 에이리어(Bay Area, 샌프란시스코 만안 지역) 주변에서 본사로 직원들을 실어 나르고 있다.

　　다른 유명한 IT 기업들 본사와 마찬가지로 구글플렉스의 디자인 역시 전통적인 사무실이나 공장 건물보다는 대학 캠퍼스에서 더 많은 영감을 받았다. 한 홍보 동영상에서는 구글플렉스를 "매우 학구적"이면서도 "괴상한" 분위기의 "거대한 놀이터"라고 설명한다.[2] 마운틴뷰 캠퍼스의 건물 구조는 이 회사가 업무를 어떻게 이해하고 있는지 보여준다. '자유, 창의성, 수평적 구조, 놀기 좋은 곳, 소통이 잘되며, 혁신적인 곳' 등은 구글이 직장으로서의 구글플렉스를 묘사하기 위해 동원하는 표현들이다. 이 건물들은 "구글러Googlers"들이 서로 원활하게 소통할 수 있도록 설계되었다. 개인 사무실 같은 건 거의 구경하기 힘들며, 직원들은 근무 시간 동안 그들만의 프로젝트를 수행할 수 있도록 보장받는다. 구글플렉스의 주요 건물에서 한꺼번에 많은 사람이 움직이는 것도 볼 수 없고, 교대조 변경도 발견할 수 없다. 개인이나 그룹이 한가한 시간에 들락날락할 뿐이다. 이런 것이 바로 디지털 자본주의 노동의 진면목일까? 하지만 윌슨의 영상(과 이 책)에 따르면 전혀 그런 것 같지 않다.

　　<구글플렉스를 떠나는 노동자들>은 화면을 분할해 사용한다. 왼쪽에서는 방금 설명한 장면들을, 오른쪽에서는 구글에서 일하는 전혀 다른 종류의 노동자들을 보여준다. 당시 윌슨은 구글의 영상 부서와 계약을 체결해 일하는 중이었는데, 우연히 옆 건물에서 일하던

색다른 유형의 구글러들을 발견하고 자신의 영상 작업 오른쪽 분할 화면에 그들의 모습을 담았다. 처음에 윌슨의 호기심을 자극한 것은 이 노동자들이 건물에서 한꺼번에 빠져나간다는 점이었다. 구글플렉스의 유명한 주요 건물에서 근무하는 구글러들과 달리 이 노동자들은 별로 눈에 띄지 않는 주변 건물에서 실제로 교대 근무를 하고 있으며, 이는 노란색 배지로 식별할 수 있다. 구글 직원들은 누구나 착용해야 하는 눈에 띄는 배지를 통해 다양한 그룹을 나타낸다. 이를테면 흰색 배지는 구글의 정규직 직원을, 윌슨이 단 빨간색 배지는 외부 계약자를, 녹색 배지는 인턴을 의미한다.

"노란색 배지"를 단 노동자들은 한때 논란을 일으켰던 구글의 프로젝트인, 세상에 존재하는 모든 책을 디지털화하는 작업에 투입되었다. 2010년에 구글은 전 세계에 1억 3,000만 권의 책이 존재한다고 추산했고, 10년 안에 이 모든 책을 디지털화하겠다는 계획을 발표했다. 최근 몇 년간 기술이 크게 향상되긴 했지만 이 작업은 아직 완전 자동화가 이뤄지지 않았다. 이 때문에 "스캔옵스ScanOps"라고 불리는 노란색 배지 노동자들의 책 스캔 노동이 필요해진 것이다. 다른 디지털화 프로젝트들은 스캔할 책으로 가득 찬 컨테이너를 인도와 중국으로 선적하는 방식으로 인건비를 절감했지만, 구글은 마운틴뷰 시설에서는 하청노동자들을 활용했다.

그들은 교대조로 근무했다. 윌슨이 영상에 담은 노동자들은 새벽 4시에 일을 시작해 정확히 오후 2시 15분에 구글 북스 건물을 나

노동과 자본주의의 변화를 분석할 때 사례로 활용된다는 점이다. 지난 백여 년 동안 자본주의를 이해하는 데에서 공장이 가졌던 중심 역할은 빠르게 사라지고 있는 것처럼 보인다. 하지만 이 책에서는 현대의 디지털 자본주의를 이해하기 위해 공장의 연속적 형태를 고찰해보는 작업을 중점에 두고 있다.

이 글을 쓰고 있는 지금, 세상에 존재하는 모든 책을 스캔하려는 구글의 열정은 사그라든 상황이고 그 프로젝트의 규모와 중요성도 축소된 것으로 보인다. 하지만 이 업무들을 수행하는 방식은 오히려 확산되었다. 구글에는 책을 스캔하는 업무를 비롯해 TVC(임시직, 공급업체, 계약업체)로 분류되는 직원이 무려 10만 명 넘게 일하는 중이다. 이 하청노동자들은 이를테면 구글의 디지털 비서를 학습시키기 위해 대화를 음성기호로 기록한다거나, 구글의 스트리트 뷰를 위해 차를 운전하며 사진을 캡처하거나, 위험한 콘텐츠가 있는지 유튜브에 업로드된 영상을 모니터하는 일을 한다. 그들 중 일부는 마운틴뷰 캠퍼스에서 고임금을 받는 구글 직원 바로 옆에서 일한다. 어떤 이들은 전 세계에 위치한 콜센터에서 일하고, 또 어떤 이들은 자기 집에서 일한다. 할 수만 있다면 구글은 이들에 대해 언급하지 않으려 하며, 장벽과 디지털 인터페이스 뒤에 숨기려 한다. 종종 이들은 대부분의 사람들이 알고리즘에 의해 수행된다고 믿는 작업을 하기도 한다. 구글만이 아니라 다른 곳에서도 이러한 노동자들은 중요한 역할을 하고 있지만, 현대 디지털 자본주의에서 종종 간과되고 있다. 그래서 이어지는 장부터는 구글플렉스에 인접해 있지만 눈에 잘 띄지 않는 건물, 즉 디지털 팩토리라는 현장에 초점을 맞추려 한다. 디지털 팩토리는 각각 매우 큰 차이가 있지만, 모두 구글의 메인 빌딩에서 이뤄지는 창의적이고 소통적이며 화려한 이미지의 노동과는 거의 공통점이 없는 노동 시스템을 가진 현장들이다.

디지털 팩토리 속으로

이 책은 디지털 자본주의사회에서 노동의 전환 문제를 다룬다. 특히 디지털 기술의 영향과 전통적인 공장에서만 존재한다고 여겨지는 노사관계를 발생시키는 현장을 중점적으로 언급한다. 그러한 현장에 초점을 맞춰서 보면 디지털 시대 노동과 자본주의가 어떻게 변화하고 있는지에 대한 특별한 시각이 열릴 것이다. 노동의 전환 문제를 다뤄온 중요한 비판 이론들 상당수는 전환의 창조적·소통적·비물질적, 그리고 예술적 특징들을 강조한다. 더 나아가 최근 논의에서는 디지털 기술과 자동화가 단순 반복 노동을 사라지게 할 것이라는 주장을 자주 볼 수 있다. 물론 최근 진행 중인 광범위한 자동화 프로세스가 갖는 창조적 노동의 중요성을 부인할 수는 없지만, 나는 이 과정이 절대 균일하지도 않고 단선적이지도 않기에 디지털 기술의 영향이 현장과 여러 챕터에 걸쳐 적용할 수 있는 3개의 중심 항로vector를[여기서 vector는 항공기의 항로라는 의미로 사용되었다. 옮긴이]를 제시한다. 첫 번째 항로는 '디지털 테일러리즘'이라는 용어로 표현되는데 경험적으로나 이론적으로 이 책 전반에 걸쳐 제시된다. 디지털 기술은 노동의 전환에서 다중적인 의미를 갖는다. 디지털 테일러리즘은 제조업 경영 시스템이 디지털 세계로 옮겨오는 여러 방법 중 하나일 뿐이다. 업무의 세계에 디지털 기술이 미치는 영향을 다루는 저널리즘 및 학술 저작 상당수는 자동화 가능성이나 노동의 비물질성['비물질노동'은 이탈리아 마르크스주의자 안토니오 네그리의 이론에 등장하는 개념으로, 컴퓨터기술이 발전함으로써 20세기 말부터 산업노동이 자신의 헤게모니를 상실하고 아이디어, 이미지, 지식, 정보, 소통, 관계, 정동적 반응 등과 같은 비물질적 생산물들을 창출하는 새로운 노동으로 그 중심이 이동되고 있다며 이 노동을 '비물질노동'이라 불렀다. 옮긴이] 증가를 논하는데, 테일러주의 개념도 조금씩 부활 중이다.[6] 오늘날 이 용어는 하나의 체계보다는 대부분 논쟁적 의미로 사용되며, 주로 디지털 기술이 어떻게 새로운 형태의 작업장 감시와 통제, 탈숙련화를 가져왔는지 논하면서 거론된다. 《이코노미스트》의 슘페터 칼럼[영국 시사주간지 《이코노미스트》는 각 섹션별 칼럼에 다른 제목을 붙이는데, '슘페터'는 비즈니스 섹션의 칼럼 제목이다. 옮긴이]에서는 "디지털 테일러주의는 아날로그 시대의 그것보다 더 강력한 힘으로 작동하는 것 같다"고 표현하기까지 했다.[7]

나는 다양한 소프트웨어와 하드웨어의 결합 형태가 어떻게 새로운 방식으로 노동을 표준화하고 분해하는지, 그리고 정량화 및 감시를 도입하고 있는지를 설명하기 위해 이 용어를 사용한다. 이는 종종 ㈜자동화된 관리와 협력 및 통제 체계를 통해서 이뤄지기도 한다. 디지털 기술이 노동과정에 대한 정확한 측정과 감시만이 아니라 합리화, 표준화, 분해, 탈숙련화와 같은 고전적 테일러주의 요소를 보여주더라도 이를 테일러주의의 단순한 부활로 봐선 안 된다. 오히려 이 현상은 새로운 방식으로 출현한다. 그래서 나는 단순히 테일러주의의 재탄생이 아니라 어떻게 디지털 기술이 예상치 못했던 방식으로 고전적인 테일러주의 요소를 불러오고 있는지를 논하기 위해 테일러를 언급하려 한다. 알고리즘을 활용해 노동과정을 관리 통제하는 형태는 전통적인 공장의 바깥 영역에서 자본이 노동을 포섭하는 새로운 형태를 도입한다. 여러 가지 면에서 디지털 기술은 전통적인 공장의 공간적·규범적 기능을 수행하면서도 길거리나 개인 가정에까지 도달할 수 있는 새로운 형태의 조정과 통제를 도입하고 있다.

오늘날의 디지털 자본주의를 분석하고 개념화하면서 이 책은 새로운 관점을 끌고 온다. 소규모 노동자들이 기계 작동을 감시하는 영역보다는 훨씬 많은 노동자의 노동을 조직하는 알고리즘으로 특징지어지는 작업 영역에 더 초점을 맞춘다. 컴퓨터 노동의 창의적이고 소통적인 요소보다는 단편적이고 통제되며 반복적인 요소(와 함께 이 요소들의 창의적이고 소통적인 형태)를 다룬다. 인공지능AI이 미래에 미칠 영향보다는 오늘 이 AI를 학습시키는 작업자에 더 주목한다. 디지털 테일러리즘에서부터 진행되는 접근 방식을 통해 우리는 디지털 방식으로 구동되는 자동화가 어떻게 살아 있는 노동을 대체할 것인지보다는, 살아 있는 노동이 어떻게 재구성되고 새롭게 분할되는지, 어떻게 증식되고 대체되는지에 대한 복잡하고 다양한 방식에 초점을 맞추려한다.

노동의 구성과 관련해 이러한 복잡한 역학은 이 책에서 제시하는 두 번째 항로인 노동의 증식이라는 분석적 프레임 내에서 설명해볼 수 있다. 디지털 팩토리는 공간적으로 또는 주관적으로 동질화하지 않고서도 다른 노동자들을 얼마든지 연계시킬 수 있다. 여기에 전통적인 테일러주의와 결정적인 차이점이 존재한다. 즉, 디지털 팩토리는 전통적인 산업의 대량 노동자와 같은 디지털 대량 노동자를 만들어 내지 않는다. 디지털 기술, 더 정확히 말하면 업무 표준화나 알고리즘적 관리 시스템, 노동과정을 조직하는 감시 체계, 결과와 피드백의 자동화된 측정을 통해 매우 이질적인 작업자들을 다채로운 방식으로 증식시킬 수 있다. 그렇기에 (디지털 테일러주의라는 단어로 개념화된) 작업의 표준화가 바로 살아 있는 노동을 다양한 방식으로 증식하는 요인이라 할 수 있다.

내가 사용하는 '노동 증식'은 산드로 메자드라Sandro Mezzadra와 브릿 닐슨Brett Neilson이 자신들의 중요한 저작에서 정립한 용어다.[8] 그들은 '노동 분업' 개념을 보완할 목적으로 이 용어(노동 증식)를 사용하는데, 꾸준히 진행되는 세계화 과정에서 노동과 삶의 통합, 노동의 유연화, 지리적 이동과 지리적 중첩의 증가로 특징지어지는 시대에 살아 있는 노동의 이질성을 암시하는 의미로 쓰인다. 실제로 이 개념은 내가 책 전체에 걸쳐 보여주려고 하는, 디지털 기술이 주도하는 노동의 변화를 밝혀내는 데에도 매우 효과적이다. 첫째, 노동 증식은 디지털 팩토리가 배경과 경험, 출신 지역이 서로 다른 수많은 노동자를 강력하게 통제하고 표준화된 협업을 할 수 있도록 한다. 뒤에서 설명하게 될 두 가지 사례, 즉 물류센터에서든 긱Gig 경제에서든 디지털 기술과 자동화된 관리 및 표준화된 작업과정은 노동자의 대체 가능성과 함께 빠른 포섭을 가능하게 함으로써 결국 노동의 유연화와 이질화에 기여한다.

둘째, 책 전반에 걸쳐 우리는 글자 그대로의 노동 증식, 즉 수많은 사람이 하나 이상의 일자리를 필요로 한다는 점을 발견할 수 있다. 종종 여기에는 노동시간과 자유시간의 경계를 더 희미하게 하는 것이 포함된다. 이로써 하나의 안정적이고 평생 지속되는 일자리라는 포드주의적 이상 대신 노동의 유연화와 불안정하고 다중적인 노동 방식으로 변화하는 추세를 여러 곳에서 목격할 수 있게 된다(물론 포드주의적 이상도 노동계급의 특정 부분에 한해서만, 그것도 젠더와 인종, 지역 등의 요인으로 제한된 부문에서 아주 제한된 시간 동안만 달성되었다는 점을 덧붙일 필요가 있다).

셋째, 디지털 기술은 물류 시스템의 변화나 가상 이주와 같은 새로운 형태의 노동력 이주를 통해 노동과 상품의 이동성을 재구성하는 데 관여한다. 이런 의미에서 노동 증식은 노동의 지형도와 노동력 이동성에 대한 특정한 이질화, 그리고 단기 고용, 하청 고용, 프리랜서를 비롯한 유연한 비정규직 고용 형태의 확산을 포함하게 된다.

이제 공간 개념이 이러한 발전에서 매우 결정적인 차원이라는 점이 분명해진다. 디지털 팩토리를 공간 개념으로 제대로 이해한다면, 디지털 인프라를 통한 공간의 재구성은 분석의 기초가 되는 세 번째 항로 역할을 하게 된다. 디지털 인프라는 노동의 지형도만이 아니라 삶의 거의 모든 영역에서, 아주 작은 세부 사항은 물론이고 지정학적 차원에 이르기까지 공간을 형성하는 작업을 크게 변화시키고 있다. 인프라를 "인프라 공간"으로 재해석하는 켈러 이스털링Keller Easterling의 분석은 인프라와 디지털 기술이 공간 형성에 어떻게 관여하고 있는지를 분석하는 것뿐만 아니라 노동의 공간성을 어떻게 재편하는지를 분석하는 데도 매우 중요하다. 세계적 노동 분업을 재편하는 글로벌 물류 시스템, 아마존 물류창고에서 노동자들의 움직임을 분초 단위로 조직하는 소프트웨어, 또는 디지털 노동을 전 세계의 개인 가정으로 가져오는 크라우드워크 플랫폼은 디지털 기술이 노동의 공간 구조를 어떻게 변화시키고 있는지를 보여주는 예시라 할 수 있다.[9]

만약 디지털 기술이 콘크리트 건물로서의 공장을 넘어 노동 체제로서의 공장을 옮기는 데 성공할 수 있다면, 디지털 팩토리는 다른 공간 형태를 취할 수도 있다. 플랫폼이 바로 이런 사례에 해당한다.

(우버, 아마존 미케니컬 터크 같은) 오늘날의 디지털 플랫폼들은 마치 전통적인 공장처럼 시공간을 넘나들며 노동과정과 사회적 협업을 조직 중이다. 이 과정을 촉진시키는 인프라는 디지털 팩토리의 구체적인 기능, 그리고 디지털 기술에 의한 경제적 공간의 재구성 모두를 위해 매우 중요하다.

여기에서 이러한 인프라의 지리적 위치들이 살아 있는 노동의 재구성과 증식에 어떻게 관여하고 있는지가 분명해진다. 신규 디지털 임금노동자(가령 부양가족을 돌볼 책임이 있는 사람)들도 접근하기 쉽도록 크라우드워크 플랫폼을 통해 집에서 이뤄지는 컴퓨터 기반 업무나 또는 노동력의 디지털 인종화와 가상 이주의 잡다한 형태를 생성하는 온라인게임의 복잡한 공간 역할이 이런 것들을 표현하는 것이라 할 수 있다. 이주, 젠더 및 기타 새롭고 오래된 (공간) 계층화와 노동 분절화에 초점을 맞추는 것은 방법론적으로 매우 중요하며 특히 글로벌 디지털 세계에서 이런 범주들이 종종 뒤떨어진 것으로 평가되는 분야에서 더욱 중요해진다.

따라서 디지털 인프라는 작업장의 거시적 수준에서 글로벌 차원에 이르기까지 노동의 공간성을 근본적으로 재편해 새로운 노동력 자원에 접근할 수 있도록 하는 동시에 낡은 노동력 자원을 재구성한다. 이는 노동력의 조직과 구성뿐만 아니라 노동자 투쟁에도 수많은 영향을 미치는 동시에 이동 관행과 젠더 노동 분업 설정을 바꾼다. 디지털 팩토리를 통해 노동에 대한 설정을 변경하는 것은 곧 공간을 재조직하는 과정이라 할 수 있다. 겉보기에 당연해 보이던 공장이라는 공간 구조가 의문시되는 순간, 알베르토 토스카노Alberto Toscano가 제안한 것처럼 계급의 공간적 구성이 핵심이 될 수도 있다.[10]

내가 이 책에서 주장하는 것처럼 디지털 팩토리는 다양한 형태를 취할 수 있다. 어쩌면 오래된 산업 공장과 아주 닮아 보일 수도 있고, 아니면 디지털 플랫폼이나 비디오게임처럼 보일 수도 있다. 이렇게 공간적·물질적으로 다양함에도 디지털 팩토리는 기존 산업 공장과 많은 공통점을 갖는다. 생산과정과 분업을 조직하고 살아 있는 노동을 통제하며 규율(종종 마지막 세부 사항까지)을 부과하는 다양한 유형의 기술로 특징지어지는 생산 인프라라는 사실 말이다. 디지털 팩토리에서는 특정 생산과정의 요소와 작업자가 항상 같은 건물 지붕 아래 모여 있을 필요는 없으며, 디지털 기술과 인프라, 그리고 물류 체계는 종종 전통적인 산업 공장에서보다 인간 노동과 기술의 상호작용 및 분업에서 더 높은 수준의 일관성과 정밀함을 가져오기도 한다.

디지털 팩토리 연구

이 책은 아마존 창고에서 온라인 비디오게임, 긱 경제 플랫폼에서 데이터센터, 콘텐츠 관리 사업에서 소셜네트워크에 이르기까지 디지털 팩토리의 다양한 사례를 들여다볼 것이다. 이 사례들 모두 디지털 기술이 노사관계를 만들어 내는 현장으로 앞서 언급한 개념들을 검증해볼 수 있다. 이들 현장은 각자 독특한 방식으로 현재 벌어지는 자본주의 전환을 이해할 수 있게 해주는 중요한 초점 또는 프리즘이라 할 수 있다. 여기에 제시된 사례 연구에는 글로벌 가치 사슬에서 그 중요성이 커지는 디지털화된 물류 체계와 디지털 노동의 중요한 현장이자 과거에는 상상도 할 수 없는 수준의 노동 이동성을 만들어 내는 특정 경제 지역과 연관된 온라인 멀티플레이어 게임, 긱 경제 안팎에서 디지털 플랫폼의 중요성, 소셜미디어와 디지털 인프라에서 노동이 숨겨지는 방식 등을 포함한다. 논란의 여지는 있지만 이들 현장 모두 디지털 노동 및 디지털화된 노동의 특정한 형태일 뿐만 아니라 현대 정치경제의 초점이기도 하다. 수많은 차이가 있음에도 이 현장들은 여러 방식으로 연결된다. 이 책 전반에 걸쳐 우리는 유사한 계약 조건, 건당 임금(piece wage, 도급제 임금)의 부활, 비슷한 매개변수에 따라 작동하는 노무관리 소프트웨어, 디지털 경제와 노동법과 관련한 공간과 인프라에 대한 유사한 질문들, 또는 데이터센터와 같은 인프라(가끔은 심지어 같은 기업)들을 반복적으로 접하게 될 것이다. 특정 부문에만 국한되지 않고 다양한 현장에서 동시에 접근하는 방법만이 디지털 자본주의에서 노동의 전환 경향을 설명해줄 수 있을 것이다.

이 책은 인프라 기술 등에 대한 다양한 자료 분석에 기반해 이뤄진 인터뷰와 민족지학을 포함한 여러 가지의 질적 방법론을 사용해 다양한 현장에서 7년 넘게 수행한 경험적 연구에 그 기초를 둔다. 인터뷰가 중심 역할을 했으며, 특히 작업자들과의 대화가 이 연구의 핵심이었다. 네 가지 사례 연구 각각에 대해 나는 다양한 작업자 그룹들을 인터뷰한 바 있다. 다양한 아마존 물류창고에서 일하는 창고 노동자들은 물론이고 베를린 공항 등 다른 현장에서 물류업에 종사하는 노동자들, 게임 분야와 크라우드워크 플랫폼에서 일하는 다양한 작업자 그룹과 함께 소셜미디어 등에서 콘텐츠 관리자로 일하는 노동자들을 인터뷰했다. 인터뷰를 보완하기 위해 각각의 챕터에서 나는 다양한 노동조합 간부와 활동가들, 관리자와 전문가들, 그리고 여러 관계자와 대화를 나누었다. 인터뷰 대부분은 직접 대면 방식으로 진행했으나, 일부는 전화나 비디오를 통해 이뤄졌고, 문자로만 주고받은 것들도 있다. 때로는 비공식 대화(예를 들면 파업 회의 주변이나 비디오게임 채팅)가 공식 인터뷰보다 훨씬 생산적이고 유익하기도 했다.

　　이미 눈치챈 독자들도 있겠지만 이 조사에서 민족지학적 접근이 매우 중요했다. 가능하다면 나는 항상 문제가 되는 디지털 팩토리에 직접 가보려 했다. 이것은 내가 물류창고와 물류 주차장, 또는 게임이 생산되는 사무실이나 스튜디오에서 전통적인 (오프라인) 참가자 관찰에 참여했다는 것을 의미한다. 그뿐 아니라 물류 챕터 전체, 그리고 게임 챕터 일부를 집필하기 위해 노동조합 회의, 파업 현장을 비롯한 몇몇 현장을 방문하기도 했다(이들 현장의 대부분은 독일 동부에 위치한다). 그 뒤의 챕터들을 위한 민족지학적 연구는 점점 온라인으로 옮겨

갔다(더 나아가 디지털 팩토리의 복잡하고 다층적인 지역을 더 파고들었다). 나는 온라인 멀티플레이어 게임인 <월드 오브 워크래프트World of Warcraft>에서 게임의 상호작용과 경제학을 직접 체험하고 디지털 그림자 경제인 "골드 파밍gold farming"을 관찰하는 데 몇 달을 보내기도 했다. 온라인게임의 사회적 세계와 정치경제는 이들 게임이 이뤄지는 온라인 공간, 그리고 디지털 노동만이 아니라 상호작용과 사회성의 독특한 형태들에 주의를 기울이지 않으면 좀처럼 분석하기 어려운 것이었다. 크라우드워크에 대한 챕터 역시 많은 부분 온라인 (자동)민족지학에 기초한다. 나는 다양한 플랫폼에 등록해 스스로 크라우드워커가 되었으며, 몇 달 동안 이들 플랫폼의 논리, 인프라 및 노동과정을 이해하기 위해 수많은 작업을 수행한 바 있다. 주소와 위치를 찾고, 몇 시간 동안 사진을 찾거나 음성인식 소프트웨어를 훈련시켰으며, 웹에서 전화번호를 검색하고 수천 개의 패션 아이템을 분류했으며, 비디오 파일을 필사하는 등 이와 유사한 많은 작업을 진행했다. 비록 플랫폼은 다른 동료와 접촉하지 못하도록 설계되었지만, 나는 모든 플랫폼이 다양한 온라인 포럼이나 기타 소셜미디어 커뮤니티 환경에 둘러쌓여 있다는 점을 알아낼 수 있었다.

모든 챕터, 특히 크라우드워크를 다룬 챕터에서—내게는 핵심적인 연구대상인 현장들이기도 한—중요한 거점node들은 게임이나 플랫폼 자체만이 아니라 소셜미디어, 블로그, 포럼으로 둘러싸인 생태계로 구성되어 있다. 포럼, 메일링 리스트, 소셜미디어는 사회화의 현장일 뿐만 아니라 노동자들 사이의 상호부조, 조직화, 저항의 원천이 되어주고 있다. 연대와 갈등의 공간이기도 한 이들 의사소통 수단은 내 연구 접근방식에 매우 중요한 의미를 갖는데, (어느 정도 눈에 보이는) 투쟁에서 시작해 변화하는 조건에 따라 필요해지는 새로운 형태의 전략과 조직을 더 잘 이해할 수 있게 해준다. 포럼은 크라우드워크에 대한 챕터에서 온라인 노무 제공 플랫폼 분석에 매우 요긴하게 활용되었다. 온라인 도급제 노동piece work의 세계에서 포럼은 작업자들이 만나 다양한 이슈를 토론하는 공간이 되어주었으며, 이를 통해 노동자들의 사회적 구성과 주체성에 대해 더 깊이 이해하게 하는 동시에 '크라우드워킹 계급' 속에서 자기조직화와 저항이라는 복잡한 문제에 통찰력을 얻을 수 있게 해준다.

작은 장치에서 거대한 인프라에 이르기까지, 기술에 대한 연구는 이 책의 근원이 되는 또 다른 핵심 요소다. 기계장치는 항상 노동이 조직되고 수행되는 리듬과 방식을 결정하는 생산 관리 및 조직의 주요 구성요소였다. 또한 기계는 언제나 논쟁의 현장이기도 했다. 디지털 컴퓨팅과 빅 데이터를 어디에서나 흔히 볼 수 있는 시대에 노동력과 사회적 협력을 조직, 관리, 측정 및 통제하는 수단들은 계속 변화하고 있으며, 마찬가지로 갈등의 형태도 변화한다. 이러한 발전은 컴퓨터와 빅데이터를 통한 분석을 매우 중요하게 만들었다. 다양한 인프라에 주목하는 것은 디지털 자본주의의 물질성을 강조하기 위한 특별한 접근법 중 하나다. 자본주의의 디지털 전환은, "무중력" 또는

"가상의" 경제라는 단어가 암시하는 것과 달리, 실제로는 매우 물질적인 과정이라 할 수 있다. 디지털 장치, 위성, 광섬유 케이블이나 데이터센터들은 항만, 도로 및 철도와 같은 오래된 인프라를 보완해준다.[11] 내가 이해하는 바에 따르면 인프라(기반 시설)에는 소프트웨어도 포함된다. 최근 몇 년간의 소프트웨어 연구는 알고리즘이 현대사회의 정치적·사회적·물질적 구조에 광범위하고 복잡하며 우발적으로 영향을 미친다는 측면에서 그 중요성을 강조한다. 이 책에서 조사한 현장들은 건축 공간으로서 하드 인프라, 코드로 이뤄진 소프트 인프라, 그리고 이 둘 간의 상호작용에 대한 이해를 필요로 한다.[12] 이 인프라들에 대한 연구와 생산 및 유통에서 차지하는 그들의 역할은 중요하지만 종종 어렵기도 한데, 이는 다양한 방식으로 시야에서 가려지며 종종 여러 계층의 코드와 콘크리트로 가려지는 경우가 있기 때문이다.

　　이는 노동, 생산 및 유통을 조직하고 제어하며 측정하는 데 사용되는 소프트웨어 아키텍처에서 특히 그러하다. 그런 소프트웨어는 대부분 이해하기 어려우며, 때로는 이걸 사용하는 이들조차 이해하지 못하는 일도 있다. 이것을 연구하는 일 역시 어렵다. 나는 다양한 사용자 그룹과 인터뷰를 통해 이 디지털 인프라의 기능을 이해하려 했으며, 이 책의 기반이 되는 연구 전반에 이 문제를 다뤄왔다. 대부분의 경우 자신의 업무를 통제하는 알고리즘 및 인프라 아키텍처를 사용하는 작업자들이 그 기능을 해독하는 데 최고의 전문가라 할 수 있다. 민족지학적 방법론(이를테면 온라인 플랫폼에서 작업하거나 직접 게임을 통해 이 알고리즘을 탐색하는 방법)은 최소한 암호화된 로직에 대해 어느 정도 추정할 수 있게 한다는 가치를 입증한 바 있다. 이는 종종 소프트웨어 아키텍처 연구에서 두 번째로 중요한 방법, 즉 알고리즘을 실험하고 때로는 역설계(단순히 알고리즘을 사용해보고 다양한 입력값에 대한 반응을 테스트 해보는 것)를 시도해보는 방법을 등장시킨다. 이 책에 쓰인 소프트웨어에 대한 다른 형태의 연구와 마찬가지로, 이 연구도 코딩 세계에 대한 나의 얕은 전문지식으로 인해 한계가 있다는 점을 강조해둘 필요가 있겠다.[13]

다양한 보충 자료(노동조합 간행물, 보도자료, 경제 보고서, 노동계약, 소송 등)에 대한 분석은 문제가 되는 다양한 디지털 팩토리의 기능을 이해하는 데 많은 도움을 줬다. 크라우드워크 플랫폼이나 콘텐츠 관리 제공자의 가려진 운영 시스템은 때때로 소송 및 내부고발자를 통해서 뿐만 아니라 탐사보도 저널리스트나 연구자들에 의해 그 실체가 밝혀지곤 했다. 후자(탐사보도 저널리스트나 연구자들의 작업)는 특히 소셜 미디어 플랫폼에서 콘텐츠 관리라는 숨겨진 세계를 연구하는 데 중요한 소스가 되기도 했다. 가려진 알고리즘 및 기타 인프라에 대한 또 다른 놀랍도록 유용한 통찰력의 원천은 특허였다. 아마존과 같은 기업은 물류센터나 E-커머스 플랫폼 사업에 사용되는 소프트웨어에 대해 공개적으로 거의 언급하지 않는다. 하지만 그들이 제출한 수많은 특허 신청에서 이에 관한 많은 부분을 언급하게 된다. 아마존 및 다른 회사들이 제출한 특허를 분석하면 소프트웨어뿐만 아니라 "하드" 인 프라에 대한 정보를 수집할 수 있다. 이는 다양한 지역에 걸쳐진 아 마존의 운영방식만이 아니라 물류센터의 노동 합리화를 이해하는 데 매우 유용하다고 입증된 바 있다.

이 방법론은 매우 색다른 장소와 방법을 결합시켜 전 지구적 전 환의 역동적인 과정에 대한 폭넓은 분석과 개념화를 수행한다는 점 에서 분명히 실험적일 수밖에 없다. 나는 노동과 투쟁이 벌어지는 구 체적 현장을 주의 깊게 연구하는 과제를 받아들이는 동시에 이러한 현장들에 대한 분석을 지구적 자본주의 전환에 대한 깊은 이해 속에 두려고 노력할 필요가 있다고 확신한다. 인류학자 안나 칭Anna Tsing은 에세이 《공급 사슬과 인간의 조건》에서 다음과 같이 질문한 바 있다. "지구적 자본주의의 이질성에 대한 관심을 포기하지 않고 (보편성과 규 모 모두의 측면에서) 지구적 자본주의의 '거대함'을 상상하는 게 가능할 까?" 그녀는 "현재 글로벌 자본주의가 지닌 대륙을 넘나드는 규모와 구성적 다양성 모두"와 "자본, 노동 및 자원을 동원하는 데 있어 다양 성이 갖는 구조적 역할"을 이론화하기 위해 "공급 사슬 자본주의"라 는 개념을 제안한다.[14] 데이비드 하비David Harvey는 다양성이 갖는 구 조적 중요성과 이러한 다양성을 낳는 핵심 요인으로 가치의 중요성 을 지적하면서 자본주의를 "분절화 공장"이라고 부르기도 한다.[15] 자 본주의를 (생산양식 전체가 아니라) 전체로서의 생산양식, 그것도 끊임없 이 영역을 넓혀가는 생산양식으로 보는 것이야말로 이 책의 핵심이자 내 연구에 영향을 미친 것이며, 더 나아가 자본주의의 현대적 전환을 이론적·경험적으로 이해하는 데 기여했다.

디지털 팩토리를 연구한다는 것은 지난 수십 년의 변화(이를테면 특히 북반구에서 거대한 산업 공장들 다수의 실질적인 쇠퇴 및 재배치)나 (특히 페미니즘적 접근에서 설명한 바 있지만 꼭 이 접근에만 국한되지 않는) 공장 중심 이론과 정치가 가진 단점을 무시한다는 의미가 아니다. 나는 기대치 않았던 연속성과 같은 새로운 현상을 찾아내고 디지털 기술이 노동의 세계에 미치는 매우 이질적인 영향을 설명하기 위해 '디지털 팩토리'라는 용어를 사용한다. 여느 이론이나 연구 방법론과 마찬가지로 이 책은 어쩔 수 없이 불완전한 그림과 전망을 제시할 뿐이다. 그럼에도 많은 사람에게 가치 있는 관점을 제공하기 위해 노력했다.

모든 연구가 그렇겠지만 이 연구 역시 무에서 시작한 것이 아니라 경험적·이론적 연구의 풍부한 전통을 기반으로 삼으며, 그 연구들에 많은 부분을 빚지고 있다. 중요한 출발점이자 원천은 이탈리아의 노동자주의 마르크시즘인데, 이 이론은 1960년대부터 현재까지 전후 이탈리아의 사회적 생산의 전환들을 받아들이려고 시도했을 뿐 아니라 사회적 투쟁이 주도한 기술적·정치적 변화를 매우 역동적으로 설명해내고 있다. 좀 더 최근에 이러한 전통에 서 있는 작가들은 포스트포드주의에서 노동의 변화를 둘러싼 토론을 촉발시켰으며, 특히 "비물질적 노동"이라는 중요한 개념을 사용한다.[16] 이 개념은 반드시 "대중 지성mass intellectuality", 그리고 마르크스의 "일반 지성general intellect"[17])이라는 아이디어를 새롭게 발전시킨 후기 노동자주의 이론의 맥락에서 이해해야 한다. 이 모든 아이디어는 점점 더 자본의 명령과는 독립적으로 작동하는, 높은 수준의 협력에 도달한 사회적 생산이 빚어낸 새로운 형태의 창의성과 의사소통을 담고 있다. 네그리가 주장하듯이 오늘날 "우리는 작업의 새로운 기술적 구성에 직면해 있다. 비물질적이고 서비스 기반의, 인지적·협동적·자율적·자기가치실현self-valorizing적인 작업"이다.[18]

비물질 노동 개념과 그 이론적 생태를 놓고 진화해온 풍부한 논쟁은 여러 면에서 이 책의 핵심적인 출발점이라 할 수 있다. 그리고 이 책은 출발점에서 빠른 속도로 앞으로 나아간다. 이 논쟁에서 이상적인 비물질적 노동자는 자본의 직접 명령으로부터 멀리 떨어진 곳에서 일하면서 의사소통과 창조적 노동(이를테면 디자이너, 프로그래머)에 종사하는 이들, 북반구에서 높은 자격 요건을 갖추진 않았지만 불안정한 도시 노동자인 이들이 대부분이었다. 어떤 의미에서 이 책은 그와는 정반대 유형인 노동자를 다룬다. 디지털 테일러리즘이라는 용어로 예시된 것처럼, 이 책은 디지털 시대 노동의 다른 질적 측면과 부문을 전면에 세운다. 내 연구는 (가장 발전된 형태에서의) 디지털 기술이, 노동과정의 합리화와 분절화는 물론 전체 노동과정에 대한 엄격한 통제를 특징으로 하는 노동관계를 가져왔는지를 중점적으로 다룬다. 이와 함께 이 책의 초점은 다른 작업자 그룹으로 이동한다. 이는 비물질 노동 이론에 대한 비판이라기보다 그 이론을 보충하면서 초점과 관점을 옮기려는 의도라 할 수 있다.

　이로써 내 연구는 디지털화의 결과가 자유로운 소통과 창의성이 아니라 탈숙련화, 규격화와 통제로 특징지어지는 노사관계를 낳는 현장을 주목해온 닉 디어 위데포드Nick Dyer-Witheford, 조지 카펜치스George Caffentzis, 우술라 허우스Ursula Huws 및 릴리 에라니Lilly Erani 같은 저자들의 연구를 바탕에 둔다고 할 수 있다.[19] 물론 이런 최신의 접근법 뒤에, 기술과 자본주의의 관계를 비판적으로 고찰해온 다양하고 풍부한 디지털화에 대한 이전 역사 역시 눈에 잘 띄지는 않더라도 이 책의 중요한 원천이다. 이러한 전통과 논쟁에는 이탈리아 노동자주의 초기 저작들, 그리고 당연히 해리 브레이버먼Harry Braverm의 테일러주의에 대한 날카로운 비판을 포함하고 있다. 특히 이탈리아 노동자주의는 "사회적 공장"이라는 개념을 제시해 공장의 벽을 넘어 고찰할 수 있는 훌륭한 초기 사례를 만들어 내기도 했다.[20]

　내 작업이 이러한 접근법과 연관이 있다면 그건 디지털 시대에 필연적으로 나타나는 노동의 이질적인 구성을 보여주고, 디지털 테일러주의로 정립된 하나의 발전 경향을 조명하기 위해서다. 내 주장은 디지털 기술, 특히 가장 발전된 형태의 디지털 기술은 일련의 매우 다른 노동 상황을 만들며, 이 상황에서 새로운 디지털 테일러주의가 좀 더 자율적 형태의 (비물질적) 노동과 함께 존재한다는 것이다. 그럼에도 나는 디지털 테일러주의를 중요한 부문이라 강조하지만, 이것이 새로운 헤게모니적 노동 형태라 주장하는 것은 아니며 오히려 현존하는 다른 여러 경향 중 하나고 다만 최근에 그 중요성이 증가하는 경향으로 규정한다. 따라서 디지털 테일러주의는 뚜렷하게 구별되는 다른 노동 체제와 함께 존재한다. 다른 노동 체제와의 공존은 상황이 아닌 필요에 의해 이뤄지는 것이다. 이질적이고 다양하며 파편화된 노동 체제는 우연적으로 존재하는 것도 아니고 불균등한 발전이라는 단순한 문제도 아니다. 오히려 시간이 지나면서 중요성이 커지는 자본주의 발전의 중요한 특징이라 할 수 있다.

이 책의 구성

이 책은 서론, 사례 연구에 초점을 맞춘 4개의 장, 그리고 결론으로 구성된다. 2장 '글로벌 공장'에서는 물류 분야로 초점을 이동한다. 1960년대 이후 물류를 글로벌 자본주의의 중심으로 만든 핵심 요소인 선적 컨테이너와 알고리즘에서 시작한다. 이 챕터의 첫 번째 초점은 아마존 물류센터, 특히 베를린 인근의 한 물류창고에서의 노동과 투쟁에 맞춰져 있다. 물류센터는 점점 더 알고리즘 아키텍처에 의해 조직되는 대규모 순환 시스템에 인간 노동을 끼워 넣는 방식을 취한다. 또한 물류센터는 글로벌 공급망 수준부터 미세한 세부 사항까지 소프트웨어로 관리되는 물류 노동의 핵심 현장이다. 특히 아마존 물류센터는 지난 몇 년 동안 이러한 조건을 둘러싼 노사갈등이 장기화되어온 현장이기도 하다. 이 챕터의 두 번째 부분에서는 다시 초점을 공급망의 다음 단계인 라스트 마일last-mile 배송[라스트 마일 배송은 물류업체가 상품을 개인 소비자에게 직접 전달하기 위한 배송의 마지막 구간을 의미한다. 옮긴이]으로 이동한다. 온라인 쇼핑이 부상함으로써 라스트 마일은 도시 차원에서 물류 운영의 핵심 지점이 되기 시작했고, 치열한 경쟁과 초유연적 노동을 실험하는 장소가 되었다. 앱 기반 노동의 형태는 물류 노동의 유연성을 더 강화했고 물류를 긱 경제의 계보에서 중요한 요소로 위치 지우도록 했다.

3장 '놀이의 공장'에서는 비디오게임 노동과 그 정치경제학을 다룬다. 핵심적으로는 두 가지 분야에 초점을 맞추고 있는데 하나는 독일 게임 산업의 디지털 작업자이고, 다른 하나는 주로 중국에 거주하는 전문 비디오게임 플레이어로 이른바 골드 파머gold farmers라 불리는 이들이다. 독일의 사례는 베를린과 함부르크에서 게임 노동자들의 투쟁과 조직화에 초점을 맞춘다. 분석의 중심은 유명한 게임 디자이너나 아티스트가 아니라 품질보증QA 파트에서 일하는 테스트팀인데, 이들은 게임의 오류를 잡아내기 위해 게임 노동에 투입된다. 베를린의 QA 부서 노동에 비해 중국의 '골드 파머'들의 노동은 훨씬 더 반복적이고 진을 빼게 만들며 장시간노동과 엄격한 작업장 규율이 특징이다. 직업적 플레이어(골드 파머)들은 게임 내 아이템을 획득한 후 이를 게임에 사용하기를 원하는 서구 플레이어에게 판매한다. 그 결과 중국의 디지털 작업자가 서구 서버의 가상 이민자가 되어 디지털 서비스를 수행하는 과정에 인종차별적 학대에 직면하는 복잡한 경제 지형이 만들어진다. 여기서는 이러한 디지털 그림자 경제의 독특한 특성, 온라인게임의 정치경제 일부로 재구성된 이주노동과 인종차별주의, 그리고 이것들이 만들어 낸 특정 형태의 노동과 순환을 분석한다.

다음으로 4장 '분산된 공장'은 크라우드워크에 대한 얘기다. 크라우드워크 플랫폼은 업무를 전 세계 디지털 작업자에게 할당하는 디지털 플랫폼으로, 작업자 대부분은 집에서 개인 컴퓨터로 일한다. 이러한 디지털 재택 근무자는 AI를 만들고 학습시키는 데 결정적인 역할을 하지만 숨겨진 요소라 할 수 있다. 이러한 플랫폼에서의 노동은 분해, 표준화, 자동화된 관리와 감시뿐 아니라 매우 유연한 계약 방식이 특징이다. 이 챕터에서는 크라우드워커의 구성을 분석함으로써 첫 번째 섹션에서 설명한 작업의 조직화가 바로 노동의 증식을 가능하게 하는 요인임을 주장하려고 한다. 디지털 팩토리로서의 플랫폼은 공간적으로도 주체적으로도 작업자를 균질화해야 할 필요성을 건너뛰어 아주 이질적인 노동자 집단을 모아낼 능력을 갖는다. 그 결과 크라우드워크는 지금까지 임금 노동에 거의 접근할 수 없었던 노동력 풀을 활용할 수 있는데, 이를테면 돌봄 책임을 지는 여성들이 가사노동을 수행하는 동시에 크라우드워크 플랫폼에서도 일할 수 있게 된 것이다. 최근 몇 년 동안 남반구의 모바일 인터넷 인프라 확장은 잠재적인 디지털 작업자의 방대한 풀에 대한 접근을 가능하게 해주었다.

5장 '은닉된 공장'에서는 소셜미디어에서 노동이 어디에 있는지 찾는다. 여기서는 혐오 표현, 개인정보 보호 및 데이터 보호 관련 논쟁 뒤에 종종 가려진 소셜미디어의 정치경제학, 즉 소셜미디어의 인프라(하드 및 소프트 모두)와 이 인프라에 숨겨진 노동에 초점을 맞춘다. 코드, 데이터센터 및 콘텐츠 관리 이면의 노동을 탐구하면서, 이 챕터에서는 소셜미디어와 디지털 경제의 다른 부문 모두에 결정적인 역할을 하지만 종종 숨겨져 있는 노동의 형태를 조명한다. 이러한 인프라 속에 묻혀 있지만 우리는 또한 콘텐츠 관리자content moderator 또는 "평가자"(검색 알고리즘을 개선하는 일을 하는 인간 노동자, 구글에서 책을 스캔하는 노란색 배지를 단 노동자들과 매우 유사한 노동자)와 같은 노동 형태를 발견하게 된다.

결론에서는 이론적·경험적 분석을 종합한다. 디지털 자본주의가 공장의 종말이 아니라 오히려 공장의 폭발, 증식, 공간적 재구성 및 디지털 팩토리로의 기술적 변형을 특징으로 한다는 주장을 제시한다. 디지털 팩토리는 매우 다양한 형태를 취하고 있으며 전통적인 공장 건물처럼 보이는 경우는 거의 없다. 그러한 구성 중 점점 더 중요한 형태가 되어 가는 것이 바로 이 책 전체에서 매우 다양한 형태로 접하게 되는 플랫폼의 구성이다. 플랫폼은 오늘날 디지털 자본주의의 전형적인 공장이 될지도 모른다. 그 후에, 에필로그에서는

COVID-19 팬데믹이 이전 챕터에서 설명한 발전 부분에 미치는 영향을 평가한다.

종합하자면, 이들 챕터에서 디지털 팩토리의 그림은 유연하고 변화 가능한 형태로 제시한다. 물류센터, 비디오게임, 인터넷 카페, 디지털 플랫폼, 디지털 재택 근무자의 거실 등이 그것이다. 이러한 공장들은 종종 서로 다른 지역에 분산되어 있는 매우 다양하고 이질적인 작업자 그룹으로 채워져 있다. 그럼에도 디지털 팩토리는 이러한 작업자들을 알고리즘으로 조직된 생산 체제에 동기화할 수 있는 인프라 역할을 한다. 여기에서 우리는 그 모든 다양성과 지역적 차이가 있음에도 디지털 팩토리의 특징이 노동이 조직되고, 분배되고, 분할되고, 통제되고, 재생산되는 방식과 공통적인 성질을 갖고 있음을 발견하게 된다. 노동의 사회적 분할, 지형, 계층적 양상과 투쟁 노선을 재구성하는 바로 그 과정에서 디지털 자본주의의 결정적 구성요소로 작동하는 노동 체제의 윤곽을 발견하는 것도 바로 여기다.

1) Andrew Norman Wilson, *Workers Leaving the Googleplex*, 2011, http://vimeo.com/15852288.

2) Google, *Google Interns' First Week*, 2013, https://www.youtube.com/watch?v=9No-FiEInLA.

3) Entry by user identifying as former scanning worker on an online job review website, August 2013.

4) Freeman, Joshua B. *Behemoth: A History of the Factory and the Making of the Modern World*. New York: W. W. Norton, 2018, xvii.

5) 공장이란 무엇인가? 일반적으로 공장은 다수의 노동자가 참여하는 생산을 목적으로 설계된 대형 건물로 이해된다. 그러나 공장의 특수성을 정의하기 위해서는 대규모의 (부분적으로) 자동화된 기계가 핵심이다(Gorißen, Stefan. "Fabrik." *In Enzoklpädie der Neuzeit, Bd. 3*, edited by Friedrich Jaeger, 740-47. Stuttgart: J. B. Metzler, 2006; Uhl, "Work Spaces" 참조). 현대적 공장을 발전시킨 원동력 중 하나는 개인의 가정이나 소규모 작업장에 수용하기에는 너무 큰 기계였다. 그러나 많은 접근 방식에서 중요한 점은 기계의 크기가 아니라 기계가 생산과정을 어떻게 구성하고 지배하기 시작했는지에 있다(Tronti, Mario. *Arbeiter und Kapital*. Frankfurt: Neue Kritik, 1974, 28; Marx, Karl. *Capital: A Critique of Political Economy*. Vol 1. London: Penguin, 2004, 544). 이러한 과정에는 마르크스가 "수공업과 제조업에서는 노동자가 도구를 사용하지만, 공장에서는 기계가 노동자를 사용한다"라고 간단하게 요약한 것처럼, 살아 있는 노동과 기술의 역할이 전도되는 것도 포함된다(Marx, Capital, vol. 1, 548). 마르크스는 공장을 자본주의의 중심적인 건축 형태이자 실질적 포섭의 패러다임적 공간으로 생각한다. 마르크스의 시대에서 18세기와 19세기 초반 대부분의 기간까지 건물로서의 공장은 생산과정을 위한 껍데기에 불과한 것으로 간주되었지만, 19세기 후반에 이르러 이러한 인식이 바뀌게 된다. "합리적인 공장(rational factory)"을 만들기 위한 노력으로 공장은 건물 그 이상의 의미를 가지게 되었고, 생산과정의 필수적인 구성 요소, 즉 "주인된 기계(the master machine)"가 되었다(Biggs, Lindy. *The Rational Factory: Architecture, Technology and Work in America's Age of Mass Production*. Baltimore: Johns Hopkins University Press, 1996. 참조).

6) 필립 브라운, 휴 로더, 데이비드 애쉬튼은 교육과 변화하는 노동 시장에 관하여 "지식 노동의 산업화(industrialization of knowledge work)"를 설명하기 위해 디지털 테일러주의라는 용어를 사용한다(Brown, Phillip, Hugh Lauder, and David Ashton. *The Global Auction: The Broken Promises of Education, Jobs, and Incomes*. Oxford: Oxford University Press, 2012, 74. 참조). 데이비드 노블도 그의 책 디지털 디플로마 밀스에서 교육에 관하여 다룬다(Noble, David. *Digital Diploma Mills: The Automation of Higher Education*. New York: Monthly Review Press, 2003.). 노동학자 사이먼 헤드도 소프트웨어가 업무를 강화하고 노동자를 사무적으로 만드는 효과를 강조하면서, 우리가 "'과학적 관리(scientific management)'의 새로운 시대"에 살고 있다고 주장한다(Head, Simon. *The New Ruthless Economy: Work and Power in the Digital Age*. New York: Oxford University Press, 2005, 6 참조). IT 제조업에 관한 한 연구 프로젝트에서는 "유연한 신테일러주의(flexible Neo-Taylorism)"를 진단하고(Hürtgen, Stefanie, Boy Lüthje, Wilhelm Schumm, and Martina Sproll. *Von Silicon Valley nach Shenzhen: Globale Produktion und Arbeit in der IT-Industrie*. Hamburg: VSA, 2009., 274 참조), 서비스 노동에 관한 한 연

구에서는 "주관화된 테일러주의(subjectivized Taylorism)"를 발견하며(Matuschek, Ingo, Kathrin Arnold, and Günther G. Voß. *Subjektivierte Taylorisierung*. Munich: Rainer Hampp, 2007. 참조), 창고 노동에 대한 또 다른 연구에서는 새로운 테일러주의(new Taylorism)를 다룬다[Butollo, Florian, Thomas Engel, Manfred Füchtenkötter, Robert Koepp, and Mario Ottaiano. "Wie Stabil Ist der Digitale Taylorismus? Störungsbehebung, Prozessverbesserungen und Beschäftigungssystem bei einem Unternehmen des Online- Versandhandels." *AIS- Studien* 11, no. 2(2018): 143–59; Lund, John, and Christopher Wright. "State Regulation and the New Taylorism: The Case of Australian Grocery Warehousing." *Relations Industrielles/Industrial Relations* 56, no. 4(2001): 747–69; Nachtwey, Oliver, and Philipp Staab. "Die Avantgarde des Digitalen Kapitalismus." *Mittelweg* 36, no. 6(December 2015–January 2016): 59–84. 각 참조].

7) *The Economist*, "Digital Taylorism. A Modern Version of 'Scientific Management' Threatens to Dehumanise the Workplace." September 10, 2015. https://www.economist.com/business/2015/09/10/digital-taylorism.

8) Mezzadra, Sandro, and Brett Neilson. *Border as Method, or, the Multiplication of Labor*. Durham, NC: Duke University Press, 2013.

9) Easterling, Keller. *Extrastatecraft: The Power of Infrastructure Space*. London: Verso, 2014.

10) Toscano, Alberto. "Factory, Territory, Metropolis, Empire." *Angelaki* 9, no. 2(2004): 197–216, 200.

11) 바로 이러한 디지털에서의 물질적 인프라에 관해서는 Gabrys, Jennifer. *Digital Rubbish: A Natural History of Electronics*. Ann Arbor: University of Michigan Press, 2013; Hu, Tung- Hui. *A Prehistory of the Cloud*. Cambridge, MA: MIT Press, 2015; Mosco, Vincent. *To the Cloud: Big Data in a Turbulent World*. Boulder, CO: Paradigm, 2015; Parks, Lisa, and James Schwoch, eds. *Down to Earth: Satellite Technologies, Industries, and Cultures*. New Brunswick, NJ: Rutgers University Press, 2012; Parks, Lisa, and Nicole Starosielski. Signal Traffic: Critical Studies of Media Infrastructures. Urbana: University of Illinois Press, 2015; Starosielski, Nicole. *The Undersea Network*. Durham, NC: Duke University Press, 2015. 각 참조.

12) 소프트웨어 연구에서의 몇 가지 중요한 관점에 관해서는 Dodge, Martin, and Rob Kitchin. *Code/Space: Software and Everyday Life*. Cambridge, MA: MIT Press, 2011; Fuller, Matthew, ed. *Software Studies: A Lexicon*. Cambridge, MA: MIT Press, 2008; Fuller, Matthew, and Andrew Goffey. *Evil Media*. Cambridge, MA: MIT Press, 2012; Parisi, Luciana. *Contagious Architecture: Computation, Aesthetics, and Space*. Cambridge, MA: MIT Press, 2013; Terranova, Tiziana. "Red Stack Attack! Algorithms, Capital, and the Automation of the Common." In *#Accelerate: The Accelerationist Reader*, edited by Robin Mackay and Armen Avanessian, 379–97. Falmouth, UK: Urbanomic, 2014. 각 참조.

13) 주로 사회과학의 관점에서 알고리즘 연구의 방법론과 쟁점을 다루는 문헌으로 Kitchin, Rob. "Thinking Critically about and Researching Algorithms." Information, Communication & Society 20, no. 1(2017): 14–29.

14) Tsing, Anna. "Supply Chains and the Human Condition." *Rethinking Marxism* 21, no. 2(2009): 148–76, 148.

15) Harvey, David. *Spaces of Capital: Towards a Critical Geography*. New York: Routledge, 2001, 121.

16) 예를 들어, Lazzarato, Maurizio. "Immaterial Labour." In *Radical Thought in Italy: A Potential Politics*, edited by Paulo Virno and Michael Hardt, 133–4 7. Minneapolis: University of Minnesota Press, 1996; Hardt, Michael, and Antonio Negri. Empire. Cambridge, MA: Harvard University Press, 2000.

17) 예를 들어, Virno, Paolo. *A Grammar of the Multitude: For an Analysis of Contemporary Forms of Life.* Los Angeles: Semiotext(e), 2004; Virno, Paolo. "General Intellect." Historical Materialism 15, no. 3(2007): 3–8.

18) Negri, Antonio. Goodbye *Mr. Socialism. In Conversation with Raf Valvola Scelsi.* New York: Seven Stories Press, 2008, 114, translation amended.

19) 예를 들어, Caffentzis, George. *In Letters of Blood and Fire: Work, Machines, and the Crisis of Capitalism.* Oakland, CA: PM Press, 2012; Dyer-Witheford, Nick. *Cyber-Marx: Cycles and Circuits of Struggle in High- Technology Capitalism.* Urbana: University of Illinois Press, 1999; Dyer- Witheford, Nick. "Empire, Immaterial Labor, the New Combinations, and the Global Worker." *Rethinking Marxism* 13, no. 3–4 (2001): 70–80; Dyer-Witheford, Nick. *Cyber-Proletariat: Global Labour in the Digital Vortex.* London: Pluto Press, 2015; Huws, Ursula. *The Making of a Cybertariat: Virtual Work in a Real World.* New York: Monthly Review Press, 2003; Huws, Ursula. "Logged Labour: A New Paradigm of Work Organisation?" *Work Organisation, Labour and Globalisation* 10, no. 1 (2016): 7–26; Huws, Ursula. *Labor in the Global Digital Economy: The Cybertariat Comes of Age.* New York: Monthly Review Press, 2014; Irani, Lilly. "Justice for 'Data Janitors.'" *Public Books*, January 15, 2015. http://www.publicbooks.org/justice-for-data-janitors/.

20) Braverman, Haryy. *Labor and Monopoly Capital: The Degradation of Work in the Twentieth Century.* New York: Monthly Review Press, 1998; Tronti, Arbeiter und Kapital.

글로벌 공장

2

물류센터

얼마 전 미국의 사회학자 토마스 라이퍼Thomas Reifer는 한 강연에서 칼 마르크스가 그의 가장 중요한 저작을 오늘에 와서 다시 쓴다면 서두가 달라질 것이라고 얘기했다. 잘 알려진 것처럼 《자본》 제1권의 유명한 첫 문장은 다음과 같다. "사회의 부는 '상품들의 거대한 집합체'로 나타난다."[1] 라이퍼에 따르면 오늘날 이 부는 '컨테이너의 거대한 집합체'로 부르는 게 더 와닿지 않냐는 것이다.[2] 마르크스에게 상품은 단순한 물건이 아니며, 마찬가지 의미에서 컨테이너는 단순히 물건을 보관하는 상자가 아니다. 물질적 의미에서든, 상징적 의미에서든 컨테이너는 상품 이동이 점점 더 중심 역할을 하는 현대 자본주의를 의미한다. 컨테이너는 글로벌 자본주의의 거대한 물류 변화를 보여주는 상징이자 전제조건이다. 이처럼 컨테이너는 물류 운영 및 인프라를 통해 움직이는 세계의 패러다임적 표현이며 이 분야의 성장을 상징하는 것이기도 하다.

이러한 변화를 표현하려는 다양한 시도가 있었는데, 그때마다 컨테이너는 세계화의 중심 요소이자 아이콘, 세계 무역의 유비쿼터스를 상징하기도 했고, 글로벌 자본주의의 오늘을 묘사하는 예술적 표현의 대상이기도 했다. 2013년 겨울, 자칭 '미지의 영역Unknown Fields Division'이라는 노마드 디자인 스튜디오 사람들이 컨테이너선을 타고 남중국해로 떠나게 된다. '표류하는 세계World Adrift'라는 제목이 붙은 이 프로젝트는 현대 자본주의의 공간적·영토적 특성을 분석하는 출발점으로 선박과 컨테이너를 선택한 것이다. 중국 남부 해안에서 영국까지 표준 컨테이너 1만 개 이상을 적재할 수 있는 컨테이너선 군힐데 머스크Gunhilde Maersk호를 따라가면서 이 철제 상자(컨테이너)가 상품 유통에서 얼마나 중요한 역할을 하는지를 보여준다. 연기가 자욱한 공장 굴뚝을 배경으로 끝없이 쌓여 있는 컨테이너 사이를 크레인이 가로지르며 겉으로 사람의 간섭 없이 컨테이너를 싣고 내리는 모습을 볼 수 있다. 이 거대한 물류 흐름의 풍경이 보여주는 특징은 강철과 표준화, 커다란 기계의 리듬, 인간 노동의 왜소화로 요약해볼 수 있다. 이러한 풍경들은 자본의 추상적 논리를 그럴듯하게 만들어주는 "'진실로 추상적인' 공간"을 형성해낸다.[3]

'미지의 영역' 스튜디오도 끝없이 흘러가는 컨테이너의 장관에 매료되었음에 틀림없지만, 이 끝없는 컨테이너가 만들어 낸 기계적 풍경이 그림 전체로 보여지지는 않도록 노력한다. 컨테이너의 움직임은 수출 상품을 생산하는 중국 남부 공장을 찍은 장면들로 보완된다. 컨테이너를 담는 또 다른 연대기 작가이자 영화 제작자인 알란 세쿨라Allan Sekula와 마찬가지로, 이 스튜디오는 물류 아키텍처의 경계를 보여주면서 인접 공간과 주민 사이의 불편한 관계에 주의를 기울임으로써 물류가 만들어 낸 풍경 속에 이질적 요소가 섞여 있다는 점을 보여준다. 미지의 영역 스튜디오는 세계 최대 쇼핑센터인 둥관

Dongguan의 사우스차이나몰South China Mall을 방문해 동에서 서로 상품이 흐르는 게 자연스러운 현상이 아니라는 사실을 넌지시 암시한다. 황폐해지고 쇠퇴한 쇼핑몰의 모습을 통해 중국 국가 자본주의의 모순을 비춰준다. 어쩌면 이번 조사의 가장 중요한 대목은 이처럼 거대한 기술적 인프라 앞에서도 인간 노동이 지속적으로 중심 역할을 한다는 점을 발견한다는 데 있다. 세큘라와 미지의 영역 스튜디오 모두 생산과 순환계에서 살아 있는 노동이 계속 중심 역할을 수행한다는 점을 전면에 내세운다. 중국의 공장과 항구에 있는 노동자, 컨테이너선에 탑승한 노동자 모두 순환계의 핵심 구성요소이자 미래에 사라질 수 있는 행위자로 나타난다.

2장에서는 컨테이너 및 알고리즘 기반 자동화를 배경으로 물류산업의 성장과 물류 노동의 지속성 및 변화에 대해 살펴본다. 컨테이너와 코딩이 구현해내는 표준화, 그리고 추상화 논리에도 관심이 가지만, 끝없이 순환하는 원활한 물류가 겉으로 보이는 것처럼 그렇게 조화롭지 않다는 점에 초점을 맞추려고 한다. 물류가 노동의 종말이 아닌 노동의 대체·증식·유연화를 의미하는 것처럼, 물류의 효과는 원활한 세계화와 국경의 소멸에 있지 않고 오히려 증식하고 유연화하는 과정에 있다. 이 주장은 2장뿐 아니라 이 책 전체의 핵심이기도 하다. 컨테이너화와 관련된 많은 논리가 디지털화의 다양한 과정에서도 똑같이 발견될 수 있으며, 따라서 추상화 기술, 컨테이너, 코딩은 동질성을 만들어 내는 추진력뿐만 아니라 이질성과 파편화를 가져오는 데도 똑같은 힘을 발휘한다. 이 책은 컨테이너와 코딩, 소프트웨어, 인프라를 통한 표준화, 동질성, 복합방식의 확립이 어떻게 공간과 노동의 증식 및 이질화를 가능하게 하는지 다양한 측면에서 다루려고 한다.

물류 운영에서 노동력은 여전히 중요한 요소다. 자동화를 위한 많은 노력을 기울였음에도 노동은 여전히 유통 분야에서 매우 중요한 역할을 하고 있다. 이번 장에서는 물류 노동의 다양한 현장, 그중에서도 공급망의 중요한 거점node이 되어버린 물류센터를 살펴본다. 다른 물류 노동 현장과 마찬가지로 이곳에서도 디지털 기술은 노동 체제와 노동과정을 크게 변화시키고 있다. 디지털 테일러리즘과 함께 이 분야의 노동력이 급격히 늘어난 점이 물류 인프라 맥락에서 매우 중요한 기초라는 점이 입증되었다. 그리고 물류센터를 떠난 상품이 고객의 집 앞까지 도달하는 '라스트 마일last mile'을 따라가볼 예정이다. 최근 몇 년 동안 온라인 쇼핑이 증가하고 아마존Amazon, 푸도라Foodora, 딜리버루Deliveroo 등 다양한 플랫폼이 확산되면서 라스트 마일은 도시 환경에서 물류 운영의 중요한 초점이 되었다. 배달 자체뿐 아니라 배달시간에 대해서도 점점 민감해지면서, 도시 공간과 노사 관계를 모두 재구성하고 있다. 특히 라스트 마일의 노동은 한편으로는 극심한 시간 압박, 표준화, 알고리즘을 통한 노무 관리, 디지털 기반의 감시, 다른 한편으로는 플랫폼에 의한 불안정 노동화 및 유연성 강화라는 특징을 갖는다.

물류 노동에 대한 자세한 논의로 넘어가기 전에 흔히 "물류 혁명"으로 묘사되는 역사적 과정을 거슬러 올라가면서 물류가 어떻게 하나의 산업으로, 그리고 합리성의 대명사로 부상했는지에 대해 이야기할 필요가 있다. 이 과정에는 산업의 변화뿐 아니라 더 중요하게는 자본주의 자체의 변화가 수반되었기 때문이다. 이 장에서는 물류 산업이 부상하는 데 필수적인 기술이 되어준 컨테이너와 알고리즘을 살펴봄으로써 물류가 어떻게 필수적인 경제 부문이 되었는지, 그리고 물류가 오늘날 자본주의에 어떻게 스며들어 근본적인 영향을 줬는지 논의해보도록 한다.

컨테이너, 또는 물류 혁명

1956년 4월 26일은 컨테이너 운송이 최초로 시작된 날로 언급된다. 이날 뉴저지의 어느 항구에서 유조선 한 척이 출항했다. 이 유조선에는 크레인을 이용해 트럭으로 직접 옮길 수 있는 58개의 강철 상자가 갑판에 고정되어 있었다. 이 시스템은 당시 운송 사업가였던 말콤 맥린과 로이 프루하우프가 개발한 것이었다. 기차나 트럭에서 특수 크레인을 사용해 선박으로 직접 옮길 수 있도록 트위스트 잠금 시스템을 갖춘, 적재 가능한 강철 상자―이것이 그들이 만든 혁신의 전부였다. 컨테이너 시스템, 그리고 이를 표준화하려는 시도는 한 세기 이상 지속된 것이라 특별히 새로운 건 아니었다. 그럼에도 최종 승자는 맥린과 프루하우프의 시스템이었다. 미군은 베트남전쟁이 요구했던 물류 필요사항을 충족시키기 위해 시스템을 조정하면서 그들의 시스템이 성공하는 데 중요한 역할을 했다. 1968년부터 1970년까지 만들어진 ISO 국제표준 4개가 오늘날 사용되는 복합 운송 컨테이너의 토대를 세웠다. TEU(20피트 환산 유닛)는 적재 및 배송량을 계산하는 데 사용되는 약 20피트 길이의 표준 컨테이너를 뜻한다.

복합 컨테이너는 항구의 모양을 드라마틱하게 변화시켰다. 컨테이너를 다른 배로 옮겨 싣기 위한 시간과 공간이 크게 줄어들었고 노동력도 훨씬 적게 요구됐다. 일부 노조는 컨테이너화 과정을 지연시키거나 규제하려고 시도했지만 결국 패배로 귀결되고 말았다. 이런 의미에서 컨테이너화는 과거 전투적·국제주의적 노동운동을 대표했던 국제항만노련과 같은 조직노동자 운동에도 타격을 주었다. 작업 장소이자 환승 거점으로서 항구는 컨테이너화의 결과로 매우 빠르게 극적인 변화를 겪게 된다. 동시에 컨테이너는 상품 운송에서 그 어느 때보다 큰 역할을 하기 시작했다. 오늘날 거의 모든 국제 무역은 표준화된 컨테이너를 중심으로 이뤄진다. 일반 화물의 90%가 선박을 통해 컨테이너로 운송되며, 이는 다시 전 세계 상품 운송의 90%를 차지한다. 함부르크, 로테르담과 같은 주요 항구에서는 매일 2만 5,000개 이상의 표준 컨테이너를 처리할 수 있다. 컨테이너화는 또한 해운 회사가 부상하는 데 기여했다. 앞서 언급한 '미지의 땅' 답사를 주최한 컨테이너선인 군힐데 머스크호는 오늘날 세계에서 가장 중요한 해운 회사 중 하나인 머스크 라인Maersk Lines이 소유하고 있다. 머스크는 260만 TEU를 운송하는 600척 이상의 선박을 운영하고 100개 이상의 국가에 사무소를 두고 있으며 수만 명의 선원과 기타 직원을 고용하고 있지만, 다른 물류 기업과 마찬가지로 일반 대중에게는 잘 알려져 있지 않다. 이는 또한 물류 운영 인프라가 많은 공간에 침투해 있음에도 물류가 실패하거나 사고가 터졌을 때나 인식된다는 사실을 보여주는데, 나이젤 쓰리프트Nigel Thrift의 개념을 빌리자면 물류 운영 인프라를 글로벌 자본주의의 '기술적 무의식' 중 일부라 불러도 좋을 것이다.[4]

쌓여 있는 컨테이너는 세계화의 기술적 전제 조건이자 상징이라 할 수 있다. 이들은 또한 표준화와 모듈화 원칙을 대표하기도 하며, 전 세계 유통이 엄청나게 증가하고 가속화는 데 기여한 바가 크다. 그런 의미에서 이를 20세기 두 번째 세계화를 위한 전제 조건이라 할 수도 있겠다. 이렇듯 컨테이너와 물류 혁명에 초점을 맞추면 세계화에 대한 새로운 역사학이 탄생하게 된다. 기존에 신자유주의 세계화에 대한 대부분의 서술은 자유무역협정이나 구조조정 프로그램, 또는 세계은행이나 국제통화기금 같은 기관에 초점을 맞추지만, 지금 우리가 얘기하는 새로운 역사학 서술법을 따르게 되면 컨테이너 기술, 물류의 부상, 그 결과 앞서 언급한 ISO나 초국적 해운 운영 관련 기관에 더 초점을 맞추게 된다. 이러한 관점은 세계화의 물질적 역사를 되짚어볼 수 있게 해주며, 앞서 존재했던 수많은 서술법에 대한 중요한 별책부록을 제공한다.

컨테이너가 지닌 중요성은 틀림없는 사실이지만, 지리학자 데보라 코웬Deborah Cowen의 주장처럼 컨테이너는 물류 혁명을 구성하는 다양한 요소 중 하나에 불과하며 "20세기에 가장 연구가 덜 진행된 혁명"이라 할 수 있다.[5] 운송, 유통, 보관 문제는 거의 모든 유형의 경제 활동에서 기본적으로 중요하지만, 물류라는 용어는 역사적으로 보면 민간 경제가 아닌 군대에서 그 유래를 찾을 수 있다. 장거리 병력과 물자 이동, 보급품 운송, 도로 및 교량 통제 등은 모두 전쟁에 있어 결정적인 요소다. 이런 맥락에서 물류라는 용어는 19세기, 아니 어쩌면 그보다 더 일찍 탄생했다고 할 수 있다. 민간 경제 측면에서 물류의 또 다른 기원은 우편 시스템에서 찾을 수 있다. 이 부문에서 운송을 목적으로 공간을 측정하거나 매핑mapping하는 문제는 아주 일찍부터 등장했다. 스테파노 하니Stefano Harney와 프레드 모텐Fred Moten은 물류의 또 다른 계보를 추적해 대서양을 횡단하며 진행되었던 노예무역에서 그 기원을 찾았다.[6]

우리가 알고 있는 물류에 관한 보다 최근의 경제적 기원은 1950~1960년대에 주로 미국에서 일어난 소위 물류 혁명으로 거슬러 올라갈 수 있다. 여기서 '물류'라는 용어는 군대의 영역에서 민간 경제로 옮겨갔는데, 이는 제2차 세계대전 이후 군대의 많은 물류 전문가들이 민간 부문으로 자리를 옮겼기 때문이다. 이때까지만 해도 운송과 보관은 보통 생산 후 최대한 저렴한 비용으로 수행하는 걸 중요시하던 시절로 '물류'라는 이름 아래 설계, 주문, 생산, 운송, 창고 보관부터 판매, 수정, 재주문에 이르기까지 모든 것을 포함하는 전체 공급망으로써 새롭게 조직이 구상되기 시작했다. 물류는 점점 더 생산과 유통의 전체 싸이클을 계획하고 분석하는 주역을 맡게 되었다. 이러한 관점의 변화는 현대 물류의 원칙을 이끌어냈고, 현재 '물류 혁명'이라는 용어로 요약되는 변화의 시작을 만들어 냈다.[7]

　이러한 관점의 변화는 1950~1960년대에 물류가 경영 패러다임으로 부상하고 학문적 연구 대상으로 자리하게 했을 뿐 아니라 처음으로 디지털 컴퓨터 시스템과 연결되어 탄력을 받게 했다. 물류는 점점 더 경제 기획에서 중심을 차지했고, 지식의 한 분야이자 이론적 근거로 자리했다. 운송에서 물류로의 전환은 "그동안 사후적으로나 쓸모 있었던 실용적인 고려사항에서 생각을 정의하는 미리 계산된 실천으로의 전환"을 의미했으며, 자본에게 상품의 물리적 순환이 전략적 중요성을 갖는 개념으로 성장했음을 의미했다.[8] 물류는 이제 생산에 뒤따르는 필수요소로서의 운송 개념을 넘어 잉여가치 생산의 핵심 요소로 올라서게 되었다.[9] 생산, 유통, 그리고 점점 더 소비까지 통합시킨 것이야말로 물류 혁명의 핵심 효과라고 말할 수 있다. 이러한 경향은 마르크스가 "교환의 물리적 조건"에 대해 간간이 언급한 대목에서도 명확하게 드러난다.[10] 분명히 생산에는 항상 운송 단계가 포함되어 왔지만(조립 라인을 생각해보라), 오늘날의 물류는 코웬의 말을 다시 빌려오자면, "상품이 단일 장소에서 생산되는 게 아니라 물류 공간 전체에 걸쳐서 생산"되는 경향을 낳는다.[11] 생산과 유통의 구분이 점점 모호해지면서 물리적 유통의 중요성이 점점 커지고 있음을 알려주는 것이다.

알고리즘, 또는 두 번째 혁명

컨테이너화가 물류의 부상에 있어 중요한 요소로 이해될 수 있다면, 디지털 기술의 부상 역시 의심할 여지 없이 또 다른 중요한 요소라 할 수 있다. 간단히 말해, 물류의 컴퓨터화는 다시 한번 산업과 전 세계 상품 유통에 큰 변화를 가져오는 제2의 물류 혁명을 수반한다고 말할 수 있다. 디지털 컴퓨팅은 표준화·모듈화·처리 등 특정한 논리적 방식을 따른다는 의미에서 컨테이너와 매우 유사하다. 물류 영역에서 디지털 기술은 각 분야로 퍼진 속도가 고르지 않고 수준도 천차만별이지만, 이제 대부분의 물류 운영에 널리 퍼져 있으며 글로벌 유통을 더욱 가속화하는 데 기여하고 있다. 디지털 기술에는 물류센터에서 개별 제품을 추적하고 개인들의 작업 프로세스를 세부적으로 제어하는 시스템부터 전체 공급망을 감독, 분석, 조정하는 고도로 복잡한 소프트웨어 아키텍처에 이르기까지 다양하다. 특수한 인프라를 갖춘 디지털 기술은 사회적·공간적·정치적 부분에 영향을 미친다. 물류 분야에서는 주로 상품(및 사람)의 이동을 조직하고, 측정하고, 제어하고, 예측하는 역할을 한다. 전체 공급망에 걸쳐 점점 더 상호 연결된 동시에 점점 더 자율적으로 운영되는 이러한 시스템은 인간이 감독할 수 있는 범위가 점점 더 줄어드는 효과를 낳는다.

물류의 디지털화에는 배송 소프트웨어, ERP(전사적 자원관리) 시스템, GPS(위성 위치확인 시스템), 바코드, 나중에는 RFID(무선 주파수 식별) 기술 및 그에 상응하는 인프라 등 다양한 차원이 포함된다. 사람, 금융, 사물의 이동을 조직, 포착, 제어하는 이 모든 기술들을 미디어 이론가 네드 로시터Ned Rossiter는 "물류 미디어logistical media"라고 이름 붙였다.[12] 물류 미디어에는 소형 디바이스도 포함되지만 물류 운영을 관리하는 점점 더 복잡해지는 소프트웨어 아키텍처까지 포괄한다. 이러한 알고리즘 거버넌스의 중요성을 보여주는 예로 기업의 모든 부분(가령 재무관리, 물류, 판매 및 유통, 인사, 자재관리, 워크플로 계획)을 하나의 프로그램으로 통합하기 위한 디지털 실시간 플랫폼인 ERP 소프트웨어를 들 수 있다. 일반적으로 ERP 소프트웨어는 소수의 회사에서 생산하는 고가의 특허 소프트웨어다. 그런 기업 중 가장 중요한 곳 하나가 독일 기업 SAP로, 자신들이 포브스 글로벌 2,000대 기업 중 87%에 다양한 소프트웨어 제품을 공급한다고 밝혀왔다.[13] 마틴 캠벨-켈리Martin Campbell-Kelly는 SAP 소프트웨어의 중요도와 마이크로

소프트 제품의 중요도가 반비례한다고 주장한다. SAP의 ERP 시스템이 중단될 경우 대체 제품이 글로벌 경제의 공백을 메우는 데 수년이 걸리는 반면, 널리 사용되고 있는 마이크로소프트의 소프트웨어는 며칠 내에 대체될 수 있다고 추측하는 것이다.[14]

ERP 시스템과 유사한 소프트웨어는 그 작동 방식이 불투명한 경우가 많으며, 심지어 이 시스템을 운영하는 개인에게도 불투명한 경우가 많다. 이러한 소프트웨어 아키텍처는 때로 매우 복잡할 뿐만 아니라 강도가 센 우발적 상황에도 대처할 수 있지만, 추상화와 표준화를 지향하는 특정 논리를 고수한다. 그렇기에 프로토콜, 매개변수, 표준, 규범, 벤치마크는 반자동화된 관리 시스템에 의한 상품 및 노동을 조직하는 핵심 수단이다. 노동 생산성과 공급망 운영을 모니터링, 측정, 최적화하도록 설계된 물류 미디어는 다양한 공급망을 따라 물류 운영을 조직하는 데 매우 중요한 역할을 한다. 이러한 형태의 물류 미디어는 물류 노동조직화에도 중요한 구성요소가 된다.[15] 이 장에서 자세히 설명하듯이 디지털 기술은 물류 운영에 살아 있는 노동을 투입하는 데 결정적 역할을 한다. 동시에 노동과정 표준화와 실시간 감시는 이 부문에서 노동의 유연화와 증식multiplication을 가능하게 하는 원동력이 된다.

컨테이너와 마찬가지로 알고리즘은 물류 운영의 빠른 가속화와 그 중요성이 날로 증가하는 데 필수적이다. 또한 물류가 현대 자본주의의 핵심 규범으로 부상하는 데 기여한 것은 표준화 및 모듈화 기술이다. 컨테이너와 알고리즘은 광범위한 규모의 경제적 변화를 몰고 온 세계화의 필수 인프라다. 컨테이너와 알고리즘이 주도하는 물류 혁명의 중요한 영향은 상품을 생산하는 기업과 상품을 판매하는 기업 간 힘의 이동이다. 오늘날 경제에서 가장 크고 중요한 대기업이자 유통업 공룡이라 할 수 있는 아마존과 저가이면서도 대규모 비즈니스를 운영하는 월마트 모델은(이 역사는 아마존의 가장 중요한 글로벌 경쟁자로 부상한 중국의 거대 유통업체 알리바바의 등장으로 완성될 것이다) 물류 혁명과 밀접하게 연관되어 있으며, 이러한 힘의 이동을 잘 보여주는 사례라 할 수 있다.

소매업의 부상

거대 소매업체 월마트가 세계 최대 매출을 올리는 기업으로 부상한 것은 컨테이너 물류와 밀접한 관련이 있다. 월마트의 저가이면서도 대규모 비즈니스를 운영하는 모델은 대량 생산 제품의 수입에 기반한다. 매년 미국에서만 수입하는 양이 약 70만 개 규모의 컨테이너에 달한다. 표면적으로는 소매업체이지만, 본질적으로는 효과적인 적기공급just-in-time 물류, 적재공간 최소화, 방대한 양의 데이터를 바탕으로 고객 행동의 정확한 예측에 기반한 전략을 가진 물류 회사라 할 수 있다. 다른 대형 유통업체들과 마찬가지로 월마트는 전체 공급망을 통제하기 위해 노력하며 대부분의 제조업체에 생산 및 구매 조건을 지시하고 받아들이게 할 수 있는 위치에 있다. 월마트의 부상은 물류 전략에 힘입은 바가 크며 물류 혁명이 촉발한 변화의 표현이라 할 수 있다. 생산과 유통이 점점 더 통합되고 있지만, 공급망을 장악하고 제조업체에 조건을 제시·결정하는 것은 주로 월마트나 아마존과 같은 대형 유통업체이다. 글로벌 공급망뿐만 아니라 매장 및 물류센터의 지리적 배분, 그리고 혁신적인 판매 아키텍처라는 측면에서 월마트의 전략은, 물류 혁명을 "'경제적 공간 측정과 조직화의 혁명'이라고 간단하지만 명료하게 표현한 코웬의 설명에 잘 요약되어 있다."[16]

이 회사의 공간 활용 기획은 물류센터, 전체 공급망에 대한 엄격한 통제, 혁신적인 컴퓨터 재고 관리뿐만 아니라 자체 데이터센터에 보관된 방대한 양의 데이터, 고객 욕구와 선호도를 예측하고 모델링하기 위해 고용된 2,000여 명의 데이터 전문가가 분석한 데이터를 기반으로 고객 행동에 대한 정밀한 예측을 중심에 두고 이뤄진다. 모든 것이 상품 회전율을 높이고 창고 비용을 최소화하도록 설계되어 있으며, 이것이 바로 월마트가 매출 기준 세계 최대 기업이 될 수 있었던 중요한 요소라 할 수 있다. 월마트의 물류 네트워크는 대량의 데이터를 생성하고 처리하는 거대한 디지털 인프라에 의해 구동되며, 이 데이터는 처리과정 구성, 효율성 증대, 미래 예측에 사용된다. 예를 들어, 하나의 로컬 월마트 허브는 70테라바이트 규모의 정보그림자

information shadow를 생성한다.[17] 월마트는 일찍부터 현대의 적기공급 just-in-time 물류에서 디지털 정보 및 통신이 지닌 핵심 역할에 대해 알고 있었다. 1987년 초, 월마트는 당시 전 세계 사설 네트워크 중 가장 큰 규모인 2,400만 달러를 들여 자체 위성 네트워크를 구축한 바 있다.[18]

이와는 대조적으로, 설립자 제프 베조스가 월마트에서 영감을 얻어 만든 아마존의 부상은 e-커머스의 부상을 대표하는 스토리라 할 수 있다. 매출과 시가총액에서 아마존은 현재 전 세계에서 가장 큰 기업 중 하나다. 온라인 서점으로 시작한 아마존은 오늘날 다양한 서비스와 제품을 제공하고 있다. 예를 들어 아마존 웹 서비스(이하 AWS)는 글로벌 시장에서 데이터센터 및 클라우드 컴퓨팅 인프라를 소유한 최강자 중 하나다. AWS는 대중의 관심을 거의 끌지 못하지만, 스트리밍 플랫폼 넷플릭스부터 중앙정보국CIA에 이르기까지 다양한 고객을 확보하며 전 세계에서 가장 중요한 클라우드 컴퓨팅 서비스 제공업체로 성장했다. 아마존은 독점 소프트웨어, 데이터센터는 물론이고 심지어 고속 해저 케이블에서도 수익성 높은 인프라를 보유하고 있다.

아마존은 다양한 서비스와 제품을 제공하며, 심지어 자체 의류 및 소비재 제품을 아마존 베이직스Basics라는 브랜드로 판매하기 시작했다. 또한 센서를 사용해 고객이 매장을 떠날 때 자동으로 요금을 청구하는 시스템을 통해 계산원이 필요 없는 아마존 고Amazon Go 기술 출시와 연계하여 최초의 오프라인 '스마트' 매장을 열었다. 뿐만 아니라 아마존은 킨들Kindle 전자책 리더기, 태블릿, 스마트 홈 애플리케이션 에코Echo와 같은 가전제품도 생산한다. 알렉사/에코를 통해 아마존은 소비자와 대면하는 인공지능 산업의 최전선에 서 있으며, 이 분야는 성장하는 아마존 제국의 또 다른 중심축이 될 잠재력을 보유하고 있다. 다른 분야에서와 마찬가지로 아마존이 수집할 수 있는 방대한 양의 데이터가 비즈니스와 확장 전략의 핵심이라는 점이 드러났다.

또한 아마존은 프라임 비디오Prime Video 부서를 통해 영화 및 텔레비전 시리즈 제작사로 부상했으며, 이 부서의 제작물은 아카데미와 골든 글로브에서 여러 차례 수상 경력을 갖고 있기도 하다. 이러한 사업들은 유비쿼터스 쇼핑 플랫폼을 중심으로 미디어, 디바이스, 콘텐츠, 애플리케이션이 긴밀하게 얽혀 있는 생태계를 구성하며, 이는 여전히 비즈니스 모델의 핵심으로 기능 중이다. 아마존 프라임 영화 및 텔레비전 시리즈 자체 제작에 관한 컨퍼런스에서 베조스는 이런 생태계의 전략적 사고를 엿볼 수 있는 설명을 곁들인 바 있다. "우리는 이 콘텐츠를 매우 특이한 방식으로 수익화할 수 있습니다. 골든 글로브에서 수상하면 더 많은 신발을 판매하는 데 도움이 됩니다."[19] 이 말인즉슨 아마존 프라임Amazon Prime에 가입한 소비자는 이 플랫폼을 통해 더 많이 소비하게 되고, 성공적인 영화와 시리즈는 더 많은 사람을 아마존 프라임으로 끌어들이고 구독을 유지하는 데 도움이 된다는 의미다(미국에서만 1억 명 넘게 프라임 회원으로 가입해 있다). 이는 대부분의 비즈니스 모델이 e-커머스 플랫폼을 중심으로 돌아가고 있음을 보여준다. 이 플랫폼의 강점은 상상할 수 있는 거의 모든 상품, 수억 개에 달하는 상품을 온라인으로 주문할 수 있는 방대한 제품 목록에 있다. 이 플랫폼의 뒤에는 상품이 점점 더 많은 양과 속도로 고객에게 도달할 수 있도록 해주는 대규모 물류 인프라가 놓여 있으며, 이 회사의 악명 높은 물류센터는 이 인프라에서 중요한 기둥 역할을 하는 중이다.

크리스마스 열병: 물류센터 속으로

12월은 아마존 물류센터에게 아주 특별한 시기다. 회사 용어로 '풀필먼트 센터FC'라 불리는 이 거대한 물류창고가 일 년 중 가장 바쁜 시기이기도 하다. 이 물류센터는 제품이 보관되어 있는 곳으로, 웹사이트에서 판매가 완료되면 고객에게 최대한 빨리 배송할 수 있도록 준비가 이뤄지는데, 이 속도가 바로 온라인 상거래 업체와 오프라인 쇼핑 간의 경쟁에서 중요한 요소로 작동한다. 크리스마스 시즌은 많은 오프라인 쇼핑몰과 마찬가지로 온라인 쇼핑몰도 가장 중요한 시기다.

2014년 크리스마스 시즌은 브리잴랑 풀필먼트 센터에게 특히 불안한 시기였다. 브리젤랑은 미국 다음으로 아마존의 가장 중요한 시장인 독일의 수도 베를린 인근의 작은 도시다. 2013년에 문을 연 브리젤랑 풀필먼트센터는 아마존이 운영하는 독일 물류센터 중 하나였다. 베를린에서 충분히 가까운 곳에 위치하기에 배송을 신속하게 처리할 수 있지만, 독일 동부 지방에서 흔히 볼 수 있는 저렴한 임대료와 저임금을 만끽할 수 있을 만큼 충분히 멀리 떨어져 있기도 했다. 2014년 12월에는 노동자 대부분이 임시 계약직으로 고용되어 있었는데, 약 300명의 정규직 직원이 1,200명 이상의 임시직 직원과 물류센터 공간에서 함께 일해야 했으며, 임시직 중 상당수는 크리스마스 시즌에만 고용된 경우였다. 많은 물류센터에서 크리스마스 전 한 달 동안 인력이 두 배로 늘어난다. 1년 전, 그러니까 2013년 크리스마스를 일주일 앞둔 어느 날 독일 아마존 고객들은 초당 5.3개, 하루 총 460만 개의 제품을 주문하는 기록을 세운 적도 있었다.[20]

휴일 도우미, 소수의 정규직 노동자, 그리고 6개월마다 계약이 갱신되는 임시직 노동자로 나뉘어진 물류센터의 인력 구조가 직면한 문제였다. 독일에서는 6개월마다 갱신을 반복하는 관행이 최대 2년까지만 허용되며, 그 이후에는 노동법에 따라 아마존이 이들을 정규직으로 고용하거나 아니면 해고해야 한다. 아마존 경영진은 12월 22일부터 첫 번째 직원 그룹에게 풀필먼트 센터에서의 미래에 대해 알리기 시작했는데 이는 노동자 대부분을 경악케 했다. 2년 전에 일을 시작한 직원들에게는 정규직 계약을 체결하거나 아니면 새로운 일자리를 찾는 두 가지 옵션만 있었던 것이다. 12월 말이 되자, 대부분 후자(해고되어 새 일자리를 찾는 처지)가 될 것임이 분명해졌다. 실제로 35명 직원만이 정규직 계약을 체결했을 뿐, 대부분은 1개월에서 6개월 사이의 새로운 임시 계약을 맺었고 나머지는 즉시 풀필먼트센터를 떠나라고 통보받았다. 계약이 갱신되지 않았던 어떤 노동자는 당시를 이렇게 회상했다.[21] "휴식시간이 끝난 후, 그들은 15~20명 정도의 소규모 그룹에게 즉시 나가라고 통보하기 시작했죠. 보안 인력도 늘렸기에 동료들과 작별 인사조차 할 수 없었어요."

크리스마스를 앞두고 몇 주 동안 풀필먼트 센터 분위기에는 긴장감이 감돌았다. 최근 아마존이 독일 시장에 서비스를 제공하기 위해 폴란드와 체코에 새로운 물류센터를 오픈하면서 브리젤랑 센터가 폐쇄될 수 있다는 소문이 퍼지고 있었다. 많은 노동자와 노조원들은 새로운 아마존 풀필먼트센터들이 독일 시설에서 진행 중인 파업에 대한 자본의 반응이라고 여겼다. 2013년 4월, 독일 최대 풀필먼트센터인 바트 헤르스펠트에서 1,100명의 노동자가 첫 파업에 참여한 이래로, 이 물류 대기업은 단체교섭, 임금인상, 근무조건 개선을 둘러싸고 노동조합 서비스 부문 산별노조(이하 ver.di)와 끊임없는 갈등을 겪으며 여러 지역에서 오랫동안 파업을 이어왔다.

브리젤랑에서는 파업이 발생하지 않았다. 지난여름에 치러진 첫 번째 종업원평의회Betriebsrat 선거에서 서비스 부문 산별노조는 작은 성공을 거두긴 했지만, 노조로 조직된 노동자들은 브리젤랑이 아직 파업할 준비가 되어 있지 않다고 생각했다. 특히 임시직 계약을 맺은 노동자들은 파업으로 인해 새로운 계약을 맺을 기회가 줄어들까 봐 파업을 주저하고 있었다. 이러한 가정을 뒷받침이라도 하듯, 풀필먼트센터 경영진은 ver.di와 함께 종업원평의회에서 활동하는 노동자들의 계약 갱신을 거부했다. "종업원평의회 활동은 완벽하게 합법적인 것인데, 거기에 참여했다는 이유로 처벌을 받은 것 같아요. 아마존이 공포 분위기를 조성하려는 거죠." 계약 갱신 거부 문제로 법정까지 갔지만 6개월 후 패소한 어떤 노동자가 한 말이다.[22]

다른 많은 독일 기업이 취하는 협력적인 접근 방식과는 대조적으로, 분쟁이 시작된 이래 아마존은 강경한 반反노조주의 사용자임이 드러났다. 아마존은 물류센터에서의 현장 활동과 조직화 사업을 방해하려 시도하고, 폴란드와 체코에 새로운 물류센터를 설립했으며, 물류센터 노동에 대한 더 많은 자동화 관련 보도자료를 배포하는 등 노동조합과 파업 참여 노동자들에게 매우 공격적인 태도를 취했다.

이런 지속적인 갈등은 내가 아마존 물류센터의 노동 실태를 조사하게 된 배경이 되기도 했다. 이들 물류센터는 물류 시스템의 중요한 현장으로 여전히 인간의 노동력에 크게 의존하고 있다. 이러한 노동의 조직과 관리는 디지털 테일러주의의 첫 번째 실증 사례라 할 수 있다. 3장에서는 아마존 물류센터에 비해 전통적인 공장과 닮은 점이 훨씬 덜하지만, 여전히 아마존 사례와 많은 유사점을 보이는 노동의 현장을 다룰 것이다. 노동과정의 많은 특징, 즉 동원, 유연화, 글로벌화 및 디지털화된 유통 시스템으로의 편입은 놀라울 정도로 유사하다. 풀필먼트센터의 공간 구성이 테일러주의를 탄생시킨 공장과 꽤 유사하다는 점에서, 디지털 테일러리즘 논의를 위한 적절한 출발점이 되어줄 수 있을 것이다. 비록 이들 풀필먼트센터가 20세기 초의 공장만큼이나 크라우드워킹 플랫폼과도 공통점이 많기는 하지만 말이다.

브리젤랑 풀필먼트센터는 전 세계 아마존 물류센터와 많은 유사점을 갖는다. 주로 교통 인프라가 잘 발달된 도심과 가까운 곳에 위치하는 경향이 있지만(이 경우 베를린에서 약 30킬로미터 떨어진 곳), 해당 지역 자체는 높은 실업률과 낮은 경제 발전으로 어려움을 겪는 경우가 많다. 이러한 지역은 저임금 노동력과 저렴한 임대료라는 분명한 이점 외에도 지방 정부가 아마존 사업을 유치하기 위해 막대한 보조금과 인프라 개발을 기꺼이 제공하는 경우가 대부분이다.

브리젤랑 풀필먼트센터는 꼭 회색 공장처럼 생긴 건물에 아마존 물류센터 표준 측정 단위인 축구장 열 개 크기, 6만 5,000평방미터 규모의 면적이 6개의 작은 홀로 나뉘어져 있다(애리조나주 피닉스에 있는 가장 큰 풀필먼트센터는 축구장 스물여덟 개 크기의 면적에 1,500만 개의 상품을 보관하고 있다). 대부분의 풀필먼트센터에는 "열심히 일하세요. 즐겨요. 역사를 만듭시다"라는 문구가 적혀 있다. 이는 대부분의 풀필먼트센터들이 지닌 공통적인 여러 특징 중 하나에 불과하다. 물류센터에는 보통 1,000명에서 4,000명의 직원이 근무하며, 현지 상황과 규정에 따라 교대 근무 체제로 운영된다. 독일에서는 일반적으로 풀필먼트센터가 5시 30분에서 23시 30분 사이에 가동되며, 대부분 지역에서 심야 교대조는 거의 없다. 아마존 영국 센터들의 경우 심야 교대조가 표준 운영의 일부처럼 되어 있는 것과 대조적이다.

브리젤랑에 근무하는 직원 대부분은 실업률이 높은 것으로 알려진 인근 지역 출신이다. 대부분은 아마존에 오기 전에 이미 다양한 직종에서 근무한 경험이 있으며, 지역 일자리센터에서 풀필먼트센터로 보내지기 전에는 장기간 실업 상태였던 경우가 많다. 이 경우(장기간 실업 상태였다가 이곳 일자리를 얻은 경우) 만일 출근하지 않으면 그만큼 실업급여에서 공제한다. 여러 물류센터 보고서에 따르면 아마존은 실업자를 다시 직장 생활에 복귀시키기 위해 지급되는 일자리센터 보조금을 조직적으로 악용하여 보조금 수령기간 만료 후 수혜자를 해고하고 있다고 한다. 현장 노동자는 스페인과 터키에서 온 소수의 이주 노동자로 채워지며, 이웃 폴란드에서 매일 몇 시간씩 출퇴근하는 경우도 있다. 대부분의 풀필먼트센터가 처음에는 주변 지역에서 직원을 채용한다. 오래된 물류센터는 시간이 지남에 따라 이러한 현상이 어떻게 확대되는지 잘 보여주는데, 대부분의 풀필먼트센터는 높은 이직률을 보이고 있으며, 심지어 아마존은 70킬로미터 떨어진 곳의 노동자를 셔틀버스로 수송하는 버스 시스템을 도입해야 하는 경우도 있다.

브리젤랑에서의 교대 근무는 '리드lead'(회사 용어로는 '지역 매니저')

라고 불리는 슈퍼바이저의 짧은 동기 부여 연설로 시작된다. 이 연설의 초점은 거의 전적으로 성과와 목표에 맞춰진다. 풀필먼트센터에는 입사, 보직 변경, 퇴사하는 모든 항목이 정확하게 기록되며 모든 팀원에게는 일일 할당량이 주어진다. 작업자는 자신의 자리를 배정받기 전에 출입증을 리더기에 읽힌 뒤badge in 공항과 같은 보안 스캐너를 통과해야 한다. 물류센터의 모든 동선은 규제되고 표준화되어 있으며, 표지판 지시에 따라 노동자들은 난간을 사용해야 하고 노란색 표시는 풀필먼트센터 전체에 걸쳐 올바른 보행경로를 나타낸다. 많은 노동자가 엄격한 프로토콜을 따라야 하는 점에 대해 못마땅해한다. 하지만 아마존 입장에서 보면 표준화는 비즈니스 모델의 중요한 요소이며, 풀필먼트센터의 노동과정은 세세한 부분까지 최적화되어 있다.

바코드와 스캐너의 리듬에 맞춰 작업하기

브리젤랑의 외관은 이 물류센터로 상품을 가져왔다가 다시 고객에게 배송하는 역할도 수행하는 물류 회사 DHL의 빨간색, 노란색 트럭과 컨테이너 모습이 아주 특징적이다. 아마존은 독일 내 여러 회사에 의존하고 있지만 그중에서도 DHL이 가장 중요하다. 이 회사는 2002년에 독일의 국영 우편 독점 기업인 도이치 포스트에 인수되었으며, 전 세계에서 가장 중요한 물류 기업 중 하나로 자리매김했다. 중앙 화물 공항 중 하나인 할레-라이프치히 공항은 브리젤랑과 가깝고, 유럽에서 가장 중요한 컨테이너 항구 중 하나인 함부르크 항구와도 가깝다. 전문가들은 독일 내 소포 7건 중 1건은 아마존에서 발송한다고 추정한다. 그러다 보니 DHL을 비롯한 물류업체들은 아마존과 좋은 관계를 유지하기 위해 상당한 노력을 기울이고 있는데, 이는 가격과 우선순위 측면에서 아마존이 이들 업체에 압력을 행사하는 데 악용되고 있다.

입고된 물품은 트럭 화물칸에서 물류센터로 하역된 후, 패키지에 담겨 처음으로 스캔되어 "인바운드 도크Inbound Dock"에서 개봉된다. 표준 크기라고 가정하면, 이 물품은 전체 풀필먼트센터에 거미줄처럼 뻗어 있는 여러 컨베이어 벨트 중 하나를 타고 센터를 통과하기 시작한다. 다음 스테이션은 "입고Receive"로, 작업자가 상품을 개별 단위로 분리하고 파손 여부를 확인한 후 다시 스캔이 이뤄진다. 아마존은 공급업체와 타사 판매자에게 배송 상자와 개별 품목 모두에 바코드를 부착하여 상품을 배송하도록 요구한다. 모든 물류센터는 바코드 로직으로 관리된다. 한 직원은 "물류센터의 모든 물건에는 바코드가 있어요. 심지어 저에게도 있지요. 스캐너의 삐 소리가 바로 제 작업 소리지요"라고 설명한다.[23)]

1974년 6월 26일 8시 1분, 계산원 샤론 뷰캐넌은 오하이오주 트로이에 있는 마쉬 슈퍼마켓에서 리글리Wrigley사의 쥬시후르츠 츄잉껌 10팩을 스캔했다. 오늘날 대부분의 모델에 사용되는 UPC 바코드가 상업적으로 사용된 첫 번째 순간이었다.[24] 모르스 부호를 기반으로 한 이 시스템은 1940년대부터 존재했지만 뷰캐넌이 사용한 레이저 스캐너가 발명된 후에야 비로소 그 효용성을 발휘하기 시작했다. 여기서도 중요한 점은 기술 자체의 발명이 아니라 생산업체와 소매업체 전반에 걸친 표준화였다. 어떤 시스템을 표준으로 채택할지를 놓고 대립했던 업계 논의기구인 바코드 선택 위원회의 전 위원장 앨런 하버맨Alan Haberman은 이들의 노력에 대해 다음과 같이 말했다. "이 작은 발자국이 (…) 크기와 속도, 서비스, 낭비 감소, 효율성 증가라는 거대한 구조를 구축했다. 별것 아닌 이 작은 발자국은 뒤집어진 피라미드의 끝과 같아서 모든 것이 이로부터 퍼져나갈 것이다."[25] 오늘날 바코드는 매일 수십억 개의 바코드를 스캔하는 수백만 개의 회사에서 배송, 우편, 개인 쇼핑에서 상품을 인식하는 데 다양한 방식으로 사용되고 있다. 사람의 눈이 아닌 기계를 위해 설계된 바코드는 코드와 표준화의 힘을 보여주는 분명한 예시라 할 수 있다. 아마존의 물류센터는 바코드가 인식 기술이기만 한 것이 아니라 시간과 공간을 통해 사물(그리고 나중에 설명하겠지만 작업자)의 추적을 용이하게 한다는 점에서 물류 미디어 기술의 한 사례임을 보여준다.

어느 물류센터에서든 상품들 모두는 스캔되어 입고 스테이션에서 아마존의 재고 데이터베이스에 입력된다. 물류센터에 처음 도착하는 상품은 모두 정밀하게 측정하고 무게를 잰 뒤 그 결과를 전 세계 모든 물류센터와 공유한다. 스캔이 완료되면 수령 측 작업자는 회사 용어로 '토트totes'라 불리는, 어디에서나 발견할 수 있는 노란색 플라스틱 통에 상품을 넣게 된다. 이 상자는 물류센터의 기본 단위를 형성하게 되고, 다시 컨베이어 벨트에 올려져 다음 스테이션인 '스토우Stow'로 이동하며, 작업자는 이 상자를 카트에 넣고 물류센터 전역의 선반에 분류한다.

풀필먼트센터의 보관 시스템은 눈으로 봤을 때 정해진 로직을 따르는 것처럼 보이지 않는다. 미리 지정된 섹션으로 분류되는 것이 아니라 비어 있는 선반 위에 상품이 무작위로 배치되는 것처럼 보인다. 체계적 보관 시스템에서는 동일한 종류의 상품을 지정된 구역(예: 한 구역은 책, 다른 구역은 장난감)에 할당하는 반면, 무작위 보관random storage 시스템을 사용하는 물류센터에서는 아이패드, 칫솔, 장난감 자동차 옆에 책이 놓여 있는 등 명확한 로직이 존재하지 않는다. 무작위 보관 방식은 다양한 제품을 소량으로 취급하고 여러 카테고리의 제품이 결합된 주문이 많은 아마존과 같은 회사에게 특히 매력적이라 할 수 있다. 이러한 요소 외에도 무작위 보관 방식은 여유 공간을 효율적으로 사용할 수 있고, 제품 범위 변경에 대한 유연성을 확보할 수 있으며, 바로 옆의 제품이 서로 다르기에 피킹 오류가 줄어든다는 장점을 갖고 있다.

무작위 보관 방식은 재고 위치를 아는 사람이 아닌 소프트웨어에 의해 운영된다. 아마존 소프트웨어만이 각 상품이 어디에 보관되어 있는지 정확히 알고 있으며 작업자를 해당 위치로 안내할 수 있다. 소프트웨어에 문제가 발생하거나 정전이 발생하면 무작위 보관 방식은 순식간에 아무것도 찾을 수 없는 혼란스러운 난장판이 되고 만다. 그러나 시스템이 제대로 작동되기만 하면 창고 저장 용량과 전반적인 효율성 모두를 최적화할 수 있다. 브리젤랑 물류센터의 각 선반 위치에는 제품 바코드와 함께 휴대용 스캐너를 사용하여 '스토우어 stower'가 스캔하는 고유 바코드가 부착되어 있다. 이 시점부터 소프트웨어는 제품이 어디에 보관되어 있는지 정확히 파악할 수 있게 된다. 이제 풀필먼트센터에 있는 다른 모든 상품과 마찬가지로 이 상품 역시 센터 근처 온라인 쇼핑객의 눈에 띄는 즉시 피킹될 준비를 마치게 된다.

아마존 웹사이트에 등록되어 판매 준비를 마친 상품은 물류센터 선반 위에서 몇 분, 며칠, 몇 달 또는 몇 년 동안 대기할 수도 있다. 고객이 아마존 홈페이지를 통해 제품을 구매하기로 결정하면 아마존 소프트웨어에 의해 적절한 풀필먼트센터에 주문이 전달된다. 대부분 그로부터 불과 몇 시간 안에 물류센터의 다음 작업자 그룹인 피커가 작업을 시작한다. 비가 오면 주문이 증가하는 경향이 있어서 풀필먼트센터 작업자는 때때로 주문량을 기반으로 날씨를 추측할 수 있을 정도다. 피커의 장비는 적재 작업자와 마찬가지로 휴대용 스캐너와 피킹 타워의 선반을 이동하는 트롤리로 구성되어 있으며, 이 스캐너의 명령에 따라 풀필먼트센터 내에서 이동을 시작한다. 스캐너는 피킹할 품목의 위치를 제공하며, 선반에 도달하면 반드시 스캔이 이뤄진다. 피커는 물품을 가져와 스캔한 뒤 카트에 올려놓는다.

스캐너와 여기에 탑재된 소프트웨어는 물류 미디어 중 일부로, 노동력을 조직하고 효율성을 높이는 데 매우 중요한 역할을 한다. 아마존은 물류센터 운영의 기반이 되는 소프트웨어를 비밀로 유지하고 있다. 물류센터에서 사용되는 소프트웨어 대부분은 독점적 자산으로 분류되고 있어서 아마존이 출원한 특허는 센터 노무관리에 활용되는 알고리즘의 특징이 무엇인지에 대한 중요한 단서가 될 수 있다. 2004년에 아마존은 "시간 기반 창고 이동 지도"에 대한 특허를 출원한 바 있다. 이 소프트웨어는 풀필먼트센터 내부를 움직이는 피커를 추적함으로써 물류센터 공간에 대한 시간 지도를 생성할 수 있도록 설계되었다. 작업자가 식별 가능한 위치 사이를 이동하는 데 걸리는 시간이 얼마인가에 따라 풀필먼트센터 매핑이 이뤄진다. 우선 지점 간 이동 시간 집계를 통해 시간적 지도가 생성되고, 이 지도는 물류센터의 알고리즘 노무관리의 기초가 되어 "물품 피킹 예약, 직원 성과 평가, 창고 내 물품 보관 정리 및 기타 용도"에 활용된다.[26] 이러한 관계형 지도는 물류센터를 속도와 효율성이 지배하며 알고리즘을 통해 조직된 "타임스케이프timescape"로 만들어 낸다.[27] 아마존 물류센터에서 작업자 동선을 파악하는 휴대용 스캐너와 같은 네트워크형, 웨어러블 디바이스는 프레드릭 테일러가 개척한 것으로 유명하고, 이후 프랭크와 릴리안 길브레스Frank and Lillian Gilbreth 부부의 동작 연구motion studies로 보완된 노동효율성을 높이기 위한 시간 연구time studies에 새로운 가능성을 열어주었다.

피킹은 풀필먼트센터에서 가장 힘든 작업이다. 스캐너의 리듬에 따라 어떤 작업자는 한 교대 근무에 20킬로미터 이상을 걷기도 한다. 일부 물류센터에서는 작업자들의 스캐너에 카운트다운을 내장하여 다음 지점에 도달해야 하는 시간(초)을 지정한 적이 있다. 라이프치히에 위치한 물류센터에서 이러한 카운트다운을 테스트한 결과 불만과 항의가 쇄도하자 브리젤랑 풀필먼트센터는 이를 도입하지 않았다.[28] 그럼에도 물류센터에서 일하는 다른 노동자와 마찬가지로 피커에게는 시간당 60~180건의 피킹에 대한 명확한 성과 목표가 부여된다. 아마존은 이러한 목표가 이전 실적 또는 평균 실적에서 도출된 것이라고 주장한다. 하지만 작업자에게는 그 기준이 매우 불투명하고 시간이 지날수록 증가하는 것처럼 느껴진다. "일단 목표에 도달하면 이튿날이나 다음 시간에는 거의 항상 목표가 더 높아집니다. 한 번은 상사에게 물어봤더니 스포츠맨답게 행동하라고 하더군요." 라이프치히 풀필먼트센터에서 일하는 한 피커의 말이다.[29] 브리젤랑의 노동자들도 그곳 상황 역시 비슷하다고 설명한다. 경영진은 스캐너를 통해 모든 직원의 성과를 세세한 부분까지 파악한다. 리더와 지역 관리자는 정기적인 성과표를 손에 들고 작업자들에게 현재의 페이스를 유지하거나 속도를 높여달라고 요구한다.

할당량(쿼터), 목표 및 기타 핵심 성과 지표(이하 KPI) 시스템은 물류 모빌리티 거버넌스만이 아니라 집단적·개별적 수준의 노동력 관리 모두에 매우 중요하다. 물류센터는 모든 움직임을 실시간으로 세분화하여 감시하는 시스템을 기반으로 하며, KPI는 노동력을 측정하고 분석할 수 있는 객관적인 매개변수로 구성된다. 그러나 휴대용 스캐너와 풀필먼트센터의 소프트웨어 시스템으로 수집된 데이터가 브리젤랑과 다른 곳에서 사용되는 방식을 보면 할당량이 불투명할 뿐만 아니라 변화무쌍하다는 점을 알 수 있다. 정해진 할당량에 도달하면, 다음에는 모든 사람이 평균보다 더 나은 성과를 내야 한다는 목표치 재설정이 이뤄지는, 전혀 논리적이지 않은 이 할당량 제도는 소위 '피드백 대화'를 통한 노동의 미시적 관리와 상대적 잉여가치 증대가 가능해진다는 점에서 그 자신의 본질이 가속화 기술이라는 사실을 드러낸다. KPI는 알고리즘 거버넌스와 표준화된 절차라는, 겉보기에는 중립적이고 추상화·정량화된 논리를 활용하며 풀필먼트센터의 세세한 경제 운영에 결정적인 역할을 맡게 된다. 한 노동자의 표현을 빌리자면 "모든 것이 표준화되어 있고 유일하게 변하는 것은 성과 수치뿐"이다.[30] 겉으로는 중립적인 것처럼 보이는 이 방식이 실제로 힘을 얻는 원천은 역설적이게도 비객관성이라 할 수 있다. 아마존에서는 개별 직원, 팀, 관리자, 전체 풀필먼트센터가 성과 지표를 통해 서로 경쟁하는 상시적 경쟁 모드로 내몰린다. 모든 직원이 평균보다 더 나은 성과를 내야 한다는 이 불가능한 요구는 객관성으로 포장된 정량화 수치를 통한 노무관리가 갖는 끊임없는 가속화 논리를 보여주는 좋은 예라고 할 수 있다.

스캐너와 표준화된 절차는 사회적 공간에서 업무와 소프트웨어의 상호 결합, 알고리즘을 통한 관리로 특징지어지는 공간을 만들어내는 거의 완벽한 사례로 이런 방식으로 풀필먼트센터의 코드화된 공간을 통과하는 경로를 지시한다. 스캐너는 작업 과정에서 조금의 일탈도 허용하지 않는다. "때로는 경로가 정말 터무니없고 비논리적이지만 스캐너를 따라야 하기에 어떻게 할 수가 없어요. 가끔은 일이 거의 없는데도 나를 계속 바쁘게 만들고 싶어 하는 것 같아요." 한 노동자의 말이다.[31] 피커 직책은 디지털 테일러리즘의 핵심 특징을 보여주는 대표 사례라 할 수 있다. 즉 기술과 인간 노동의 관계를 뒤집는 방식으로 복잡한 알고리즘 기계에 인간 노동을 투입하는 특징 말이다. 소프트웨어가 물류센터의 코드화된 공간 통과 경로를 지시하면, 피커는 소프트웨어의 지시를 실행하는 역할을 맡게 된다. 제시 르 카발리에Jesse Le Cavalier는 건축학 관점에서 진행한 월마트에 대한 그의 뛰어난 연구에서 이 과정을 다음과 같이 설명한 바 있다. "주변 환경을 제어하지만 명령을 실행할 수 있는 손재주도 없고 비용 효율성도 부족한 컴퓨터 시스템은 작업자 집단을 통해 스스로를 유기적으로 확장하게 된다."[32]

소프트웨어, 휴대용 스캐너와 같은 인프라는 인간 노동력을 소프트웨어 논리에 종속시키는 이 통합의 특이한 단계를 대표한다고 할 수 있다. 영국 루글리Rugeley의 아마존 물류센터에서 일하는 어떤 관리자는 스캐너를 사용한 피킹 작업을 이렇게 설명한다. "당신은 일종의 로봇이나 다름없죠. 다만 사람의 모습을 하고 있을 뿐이에요. 한마디로 인간 자동화라고 할 수 있죠."[33] 마르크스는 그의 유명한 저서 《기계에 관한 단상》에서 자동화를 언급하면서 노동자가 대규모 기계 시스템 사이의 그저 '의식적 연결고리'에 불과해지는 자동화 기계 시스템을 예견한 바 있다.[34] 아마존 물류센터의 피커 업무의 경우 과연 여기에 '의식적'이란 수식어를 붙이는 게 옳을까 하는 의심이 들 정도다. 소프트웨어가 모든 노동과정을 구성하고 통제한다. 거기에 비하면 피킹을 자동화하는 문제는 오히려 수동적인 작업에 속한다고 볼 수 있다. 아마존 물류센터의 상품은 모양과 크기가 매우 다양하기에 이 상품들 모두를 잡을 수 있는 로봇을 만드는 것은 아주 어려운 일이다.

이런 문제를 염두에 두고 아마존은 피킹 자동화를 위한 또 다른 방법을 모색해왔는데, 바로 2012년 로보틱스 회사인 키바를 7억 7,500만 달러에 인수한 것이다. '아마존 로보틱스'로 이름을 바꾼 이 회사는 상호 통신은 물론이고 지상에 설치된 센서와 통신할 수 있는 센서가 장착된 소형 자율주행 로봇 차량을 생산하고 있다. 이 로봇 차량은 선반을 들어 올려 제품이 필요한 곳으로 옮길 수 있다. 이러한 혁신 덕분에 피커들의 긴 행렬은 더 이상 구경하기 어렵게 되었으며, 아마존은 최근 몇 년 동안 점점 더 많은 시설에 이러한 차량을 도입하고 있다. 이제 피커는 정지 상태로 있으면서 로봇 차량이 원하는 위치로 이동하는 이동식 선반에서 물건을 꺼내게 된다. 유럽 물류센터 노동자들 사이에서는 자동화의 유령이 언제나 배회하는 중으로, 아마존은 노동 쟁의나 파업이 벌어질 때마다 물류센터 자동화 관련 보도 자료를 발표하는 것을 즐기는 것 같다.

주문한 상품을 선반에서 꺼내면 피커가 스캔한 뒤 카트에 담는다. 그런 다음 스캐너가 피커에게 다음 선반으로 이동해야 할 위치를 알려준다. 피킹 경로가 완료되면 피커는 상품을 다른 컨베이어 벨트에 올려놓게 되며, 상품은 분류기를 거쳐 다음 스테이션으로 이동하게 된다. 컨베이어 벨트에 올려진 상품은 벨트 옆에 위치한 포장 스테이션이 있는 라인으로 옮겨진다. 여기서 다른 작업자가 상품을 가져와 다시 한번 스캔한 뒤 아마존에서만 사용되는 갈색 골판지 패키지에 넣는다. 컴퓨터 화면에는 주문 사항과 창고에서 가져올 패키지가 표시된다. 패키지에 상품을 넣고 종이 또는 에어 쿠션을 추가해 상품을 보호한 다음 패키지를 밀봉하여 다른 컨베이어 벨트에 올려놓는다. 그런 다음 패키지가 '슬램Slam' 스테이션에 도착하면 기계가 스캔하고 무게를 측정하여 상자에 올바른 물품이 들어 있는지 확인한 후 자동으로 배송 라벨이 부착된다. 이때가 바로 고객의 이름이 처음으로 인쇄되는 순간이다. 또 다른 컨베이어 벨트가 패키지를 배송 도크로 이동하면 다른 작업자가 대기 중인 트럭에 패키지를 싣는다.

'포장' 작업자에게도 채워야 할 할당량이 있으며, 주문에 담긴 품목 전체 스캔을 통해 할당량 이행률을 정확히 측정할 수 있다. 풀필먼트센터 전체에 걸쳐서도 그렇지만, 여기서도 마찬가지로 디지털 측정 시스템은 다소 구닥다리처럼 보이는 엄격한 작업장 감시 시스템을 통해 완성된다. 포장 라인 끝에 있는 작은 망루는 작업장 리더와 구역 관리자가 작업장 규율을 잡기 위해 사용되곤 한다. 풀필먼트센터 내에서 동료와의 대화는 금지되며, 사소한 작업규율 위반도 면밀한 조사대상이 된다. 위반이 발생하면 직원은 지나가는 리더에게 질책을 받거나 상사와 보다 공식적인 '피드백 대화'에 불려갈 수도 있다. 사소한 규약 위반이나 생산성 저하가 발생했을 때 진행되는 이 피드백 대화에서 노동자는 자기 잘못이 상세하게 기록된, 이른바 '프로토콜'을 받아볼 때도 있다. 2014년 독일의 한 물류센터에서 작성된 다음의 프로토콜은 노동자를 세심하게 통제하는 방법의 사례일 뿐만 아니라 관리자의 개별 노동자 감시가 아마존 물류센터에서 얼마나 중요한 역할을 하는지 잘 보여준다.

> (직원) XY는 2014년 xx월 xx일 07:27부터 07:36까지(9분) 비활성 상태였음. 이는 (구역 관리자) XA와 (구역 관리자) XB에 의해 목격되었음. XY는 2번 홀의 레벨3 컨베이어의 05-06번과 05-07번 입고장 사이에서 (직원) XZ와 함께 서 있었고 대화를 나누고 있었음. 또한 2014년 xx월 xx일 XY는 08:15~08:17(2분) 사이에 비활성 상태였음. 이는 (작업장 리더) XC와 (지역 관리자) XD가 목격했음. XY는 08:15에 (직원) XW와 함께 화

장실에서 돌아오는 길이었음. 그 후 그녀는 01:01에 2번 홀 작업장에서 XV와 대화를 나눴음. 그녀는 08:17에 작업에 복귀했음.[35]

노동자들은 화장실에 가는 휴식 빈도에 대해 질문을 받고 몇 분이라도 늦게 돌아오면 주의를 받는다고 말한다. 휴식시간은 많은 풀필먼트센터에서 제기되는 주요한 불만사항이다. 거대한 센터에서 매점과 지정된 휴식 공간까지 걸어가는 데 시간이 오래 걸릴 뿐만 아니라 보안 검사로 인해 시간이 길어지는 경우가 많기 때문이다. 최악의 경우 작업자들은 제 시간에 식사하고 근무지로 돌아갈 시간이 부족해진다. 이로 인해 노동자들 사이에서 상당한 불만이 제기되었고, 이에 대한 항의로 아마존은 일부 지역에 휴게실을 추가하기도 했다.

업무 표준화/노동력 증식

아마존 물류센터에서의 노동은 아주 세세한 부분까지 표준화되어 있다. 아마존은 테일러주의 전통에 따른 시간 및 동작 연구를 바탕으로 물류센터 내 작업에 대한 표준 동작 절차를 개발해 계단 이용 방법부터 올바른 리프팅 자세에 이르기까지 작업자의 모든 움직임에 대한 규칙을 정해놓고 있다. 여기서 보면 개별 노동자에 대한 작업장 통제를 위해 실시간으로 노동을 정밀하게 측정하고 제어할 수 있는 디지털 기술이 동원된다는 사실을 알 수 있다. 컴퓨터를 통한 노동과정 최적화는 다양한 형태의 벤치마크, 표준 동작 절차, 목표치 및 빠른 피드백 메커니즘에 따른 실시간 감시 시스템을 만들어 낸다. 이러한 표준화와 세분화는 노동과정의 효율성 증대뿐 아니라 노동력을 훨씬 유연하게 활용할 수 있게 해준다.

바로 이 대목에서 우리는 디지털 테일러리즘 전반에 걸쳐 가장 핵심적인 요소를 읽어낼 수 있다. 노동의 표준화, 업무의 세분화, 알고리즘을 통한 관리가 노동의 유연화 및 증식을 가능케 한다는 점이다. 풀필먼트센터에서 업무에 관한 대부분 교육은 며칠이면 되는 수준이며, 이는 주로 업무 중에 경험이 많은 직원이 담당한다. 일부 물류센터에서는 단 몇 시간 만에 끝나는 경우도 있다. 이러한 짧은 교육 시간은 물류 공급망의 돌발상황을 관리하는 데 매우 중요한 노동 유연성 확보에 도움을 준다. 노동과정에 더 많은 기술이나 교육이 필요하다면 크리스마스 전 몇 달 동안 풀필먼트센터 인력이 두 배로 치솟는 일은 상상조차 어렵다. 이 과정에 마찰이 없는 것은 아니며, 수천 명의 신규 인력이 유입되면 노련한 직원들은 매우 혼란스럽고 스트레스를 많이 받는다. 그럼에도 이 과정은 착착 진행되고 있다.

단기 고용, 계절 근무, 파트타임 근무, 하도급을 비롯한 다양한 형태의 노동 유연화는 물류센터만이 아니라 공급망의 모든 지점에서 일반적인 현상이다. 물류 부문의 노동자, 특히 계절 및 파트타임 노동자는 정규직 직원보다 더 열악한 조건에서 일하는 이주노동자인 경우가 많다. 2012년 크리스마스 시즌에 독일 TV 방송국 ARD가 스페인과 폴란드의 채용대행업체에서 고용한 임시직 노동자 5,000명의 근무 조건을 조사한 보고서가 방영되자 아마존은 공개적인 스캔들에 휘말렸다. 방송에 소개된 스페인 노동자들은 임금과 노동조건에 대한 잘못된 정보를 제공받았고, 출국 전에 계약서를 받지 못했으며, 독일에 도착한 후에는 더 열악한 조건을 받아들여야만 했다. 일부 이주노동자들은 물류센터에서 거의 한 시간 거리에 있는 허름한 리조트의 숙박대행업체에 수용되어 만원 셔틀버스를 타고 출퇴근을 해야 했다. 버스 운행 지연 때문에 물류센터에 늦게 도착하면 그만큼 급여에서 공제되었다. 리조트의 사나운 경비원 중 일부는 신나치주의자(보고서에 따르면)였던 것으로 밝혀져 상당한 논란이 되었고, 결국 아마존은 해당 경비업체와 계약을 해지해야 했다.[36]

아마존에게 임시직 근로계약은 노동력을 늘렸다 줄였다 할 수 있는 수단일 뿐만 아니라 정규직을 희망하는 임시직에게 규율과 동기를 부여하는 방법이기도 하다. 어떤 노동자가 정규직 자격을 획득하게 될지 결정하는 기준은 복잡하고 불투명하지만, 정규직이 될 수 있다는 희망은 많은 임시직 노동자에게 동기를 부여해 더 높은 생산성을 만들어 낸다. 아마존의 독일 물류센터에서는 계절직 직원 외에도 시간이 지나면서 정규직 직원 수가 서서히 증가하는 경향을 볼 수 있고, 정규직 전환 가능성이 노동을 관리하고 규율하는 도구로 기능하기도 한다. 독일에서도 임시직 계약과 하도급이 여전히 중요하지만, 이러한 형태의 노동이 훨씬 더 보편화되어 있는 나라들도 많다.

폴란드의 풀뿌리 노조인 이니차티와 프라코우니차Inicjatywa Pracownicza가 2014년 크리스마스 시즌에 포즈난 인근 아마존 풀필먼트센터를 조사한 보고서에 따르면, 3,000명의 노동자 중 600명만이 아마존에 직접 고용된 상태였고 나머지는 임시직 채용 대행사[맨파워(Manpower), 아데코(Adecco), 랜드스태드(Randstad) 등 임시직 부문 주요 글로벌 기업]를 통해 고용된 것으로 나타났다. 이들 노동자 대부분은 1~3개월과 같이 매우 짧게 근로계약을 체결했으며, 심지어 일부는 최대 4시간 동안 버스를 타고 출퇴근해야 했다.[37] 영국에서는 아데코와 같은 임시직 채용대행업체가 아마존의 일부 물류센터 내에 자체 사무실을 두고 운영하면서 "3점(6점) 아웃제"에 따라 하청노동자를 직접 관리하고 있었다. 2016년 크리스마스 시즌에 헤멜헴스테드의 아마존 물류센터에서 일했던 한 임시직 노동자는 포인트 시스템에 대해 이렇게 설명한다. "지각이나 조기퇴근 또는 휴식시간에서 늦게 복귀할 경우 0.5점, 결근 시 1점, 사전 통보하거나 사유를 설명한다 해도 무조건 포인트를 받게 됩니다. 사전 통보 없이 결근하면 3점이고요. 만일 6점이 누적되면 계약이 해지됩니다."[38]

소위 '0시간 계약zero-hour contract'은 영국 물류창고에서 극단적인 유연화가 이뤄진 또 다른 형태라 할 수 있다. 이러한 계약은 노동자에게 정해진 노동시간을 보장하지 않으며, 필요할 때만 문자 메시지로 호출해 매우 짧은 시간 동안 근무를 요청하는 경우가 많다. 아마존은 2016년 크리스마스 시즌에 영국 내 12개 물류센터에 2만 명의 임시직 노동자를 고용했다. 아마존과 채용대행사는 물류센터에서 꽤 멀리 떨어진 곳에 거주하는 노동자들을 풀필먼트센터까지 운송하기 위해 일부 지역에서 셔틀버스를 운영했다. 하지만 몇몇 노동자들은 셔틀버스가 너무 비싸고 신뢰할 수 없다고 말했고, 심지어 일부 노동자는 던펌린의 풀필먼트센터 근처 숲속에서 텐트에서 잠을 자기도 했다.

미국에서는 아마존이 캠핑카에 거주하며 전국을 여행하는 노동자를 유치할 목적으로 '캠퍼포스' 프로그램을 운영하며 이를 통해 유연한 노동력 동원의 새로운 단계를 만들어 내기도 했다. 아마존은 성수기 동안 풀필먼트센터에서 일할 의향이 있는 노동자에게 유료 캠프장을 비롯한 혜택을 제공한다. 전국을 유랑하는 이동노동자들이 이 힘든 일을 그만두지 않도록 아마존은 때때로 크리스마스까지 근무할 경우 시간당 1달러를 추가로 지급하기도 한다.

캠퍼포스 프로그램에 참여할 이동노동자 구인 공고를 읽다 보면 작업의 고된 특성을 아주 솔직하게 묘사한다는 느낌을 받는다. 작업의 고된 특성을 미리 알리는 것이 혹시 크리스마스 시즌이 끝나기 전에 떠나는 이동노동자 수를 줄이려는 조치가 아닐까 그저 추측만 해볼 뿐이다. 예를 들어, 켄터키주 캠벨스빌에 있는 풀필먼트센터의 2017년 크리스마스 시즌 이동노동자 채용 공고에는 아마존 풀필먼트센터 업무에 대한 훌륭한 설명을 제공하고 있다. 작업자는 "모든 교대 근무를 기꺼이 할 수 있어야 하며", "필요에 따라 초과 근무를 기꺼이 할 수 있어야 한다"고 명시되어 있다. 아마존은 물류센터를 "매우 빠르게 변화하는 환경"으로 묘사하며, 노동자는 "엄격한 안전, 품질 및 생산 표준"을 준수해야 하고 "최대 10~12시간 동안 서 있거나 걸을 수 있어야 한다"고 설명한다.[39]

공급망의 돌발상황에 대처하기 위한 노동력 동원과 유연화는 결코 아마존에만 국한된 것이 아니다. 브리젤랑에서 마드리드, 롱비치에서 선전Shenzhen에 이르기까지 전체 물류 부문에 널리 퍼져 있다. 상당수 일자리가 계절적 · 이동적 특성을 갖고 있어서 많은 노동자에게 다양한 형태의 이동성과 유연성을 요구한다. 다양한 계약 형태, 아웃소싱 및 하청의 확산은 물류 부문의 다양한 업무에 널리 퍼져 있으며, 우발적 위험을 하청에게 전가하기 위해 매우 짧은 계약을 선호하는 특성을 갖는다.

더 나아가 브리젤랑 물류센터 사례에서 알 수 있듯이 유연한 고용형태는 노동자 투쟁에 대한 반작용이기도 하다. 브리젤랑 물류센터에서는 비정규직 고용계약이 파업 중인 다른 물류센터와 함께하는데 큰 걸림돌이 되고 있다. 많은 노동자가 노조에 가입하는 것조차 정규직 계약 기회가 줄어들까 봐 두려워하고 있으며, 일부 노동자들은 아마존이 자신의 경력에서 비교적 짧은 경유지가 될 것임을 이미 받아들이고 있다. 반면 많은 정규직 직원들은 자신이 특권을 누리고 있다고 느끼며 고용주에게 불리한 행동을 하는 데 관심이 크지 않다. 다른 물류센터에서는 파업이 6년째 끊이지 않는 반면, 브리젤랑에서는 아직 파업에 참여하지 않는 등 전투적인 노동자와 조합원들이 처한 상황은 상당히 다르다고 할 수 있다. 하지만 다른 물류센터에서의 힘의 균형이 노동조합과 전투적 노동자에게 더 유리하다고 해도 직원들은 여전히 분열되어 있다. 이주노동자들이 신나치 보안 요원들에게 감시를 받고 있다는 ARD의 보도와 같은 사건이 발생한 이후, 공공적 물의를 일으킨 사건 이후, 아마존은 미디어 전략을 개선함으로써 스스로가 노조에 대한 강력한 적수라는 사실을 입증했다. 독일과 다른 지역에서 아마존은 노조 조직화를 방해해왔으며 친사용자 성향의 '황색 노조'와 종업원평의회 선거인단 명단을 만들고 지원하는 방식으로 대응해왔다. 이번 파업을 분석한 한 보고서는 아마존의 반노조 활동을 "노조 조직화를 가로막는 교과서"라고 묘사하기도 했다.[40] 그 결과 대부분의 물류센터에서 작업자들은 파업을 원하는 노동자와 고용주에 동조하는 노동자로 극명하게 나뉜다.

그럼에도 2013년 바트 헤르스펠트에서 전 세계 아마존 최초의 파업이 발생한 이후 수년 동안 파업이 지속되고 있다. 그 이후 다른 유럽 국가 노동자들도 파업을 이어가는 중이다. 노동자들은 "우리는 로봇이 아니다"라는 슬로건을 내걸고 물류센터에서 벌어지는 디지털 테일러리즘에 반대하는 시위를 벌이고 있다. 초창기 노동조합이 제기한 핵심 쟁점이 주로 임금 및 단체교섭 문제였다면, 점차 디지털 감시, KPI를 통한 압박, 알고리즘을 통한 관리의 비논리성이나 편향성이 항의의 핵심 이슈로 떠올랐다.[41]

아마존은 파업이 정시 배송에는 거의 또는 아무런 영향을 미치지 않는다는 점을 강조하곤 한다. 실제로 파업이 영향을 미친다는 징후도 많지만, 아마존이 배송 장애를 피하기 위해 다른 풀필먼트센터로 주문을 재배정할 수 있기에 파업의 전반적인 효과가 감소하기도 했다. 폴란드에 만들어진 새 풀필먼트센터는 이 맥락에서 특별한 역할을 맡고 있다. 파업을 예측하고 주문을 재배정할 수 있는 아마존의 능력에 맞서기 위해, 노동조합은 이제 전국적인 대규모 파업 대신 개별 풀필먼트센터에서 짧고, 자발적인, 예고 없는 파업을 실험 중이다. 노동자와 노조 대의원들에 따르면 이러한 전술은 상당한 문제를 야기하고 경영진을 여러 차례 패닉 상태에 빠뜨렸다고 한다. 폴란드 노동자들도 독일 동료들을 지지하는 '고-슬로우-파업'으로 대응하면서 이 투쟁이 점점 더 유럽 전체로 퍼져가고 있음을 보여준다.

물류센터는 아마존이 운영하는 물류 공급망에서 가장 핵심적인 거점이라고 할 수 있다. 이곳에서 패키지는 자신의 마지막 여정, 즉 개별 고객에게 배송하는 단계를 시작한다. 물류센터를 출발해 고객의 문 앞까지 배송하는 과정은 아마존 운영의 또 다른 초점이 되어 있으며, 현대 자본주의 물류 시스템을 보다 폭넓게 재구성하고 있다.

아마존의 다음 개척지: 라스트 마일

2014년에 아마존은 한 가지 놀라운 특허를 출원했다. 바로 하늘을 나는 물류센터다. "물품 배송을 위해 무인 항공기를 활용하는 공중 풀필먼트센터"라는 특허는 비행선 형태로 설계된 물류센터를 다룬다.[42] 이 비행선은 약 4만 5,000피트 상공에 떠서 인구 밀집 지역을 선회하며 자율 드론의 거점 역할을 하는 동시에 지상의 개인 고객에게 배송하도록 설계됐다. 더 작은 비행선("셔틀")은 비행하는 풀필먼트센터에 재고를 보충하고 작업자를 공중 작업장까지 운송하는 데 사용될 예정이라고 한다. 이 멋진 아이디어를 구현하기 위한 다음 단계는 여전히 두고 봐야겠지만, 배송용 드론의 개발은 한창 진행 중이다. 2016년 12월 7일, 아마존은 영국 케임브리지 외곽의 한 고객에게 드론을 통해 첫 상업용 소포를 배송한 바 있다. 아마존에 따르면 자율적으로 작동하는 드론을 통한 배송은 클릭부터 배송까지 딱 13분 걸렸다고 한다. 이 배송은 2015년 여름부터 아마존이 드론 배송을 테스트하고 있던 케임브리지 지역의 고객 2명에게만 공개된 비공개 시험의 일부였다. 현재 대부분의 국가에서 상업용 드론을 통한 라스트 마일 자동화를 가로막는 가장 큰 걸림돌은 높은 비용 외에도 항공에 대한 법률적 규제다. 하지만 이러한 제한이 있음에도 아마존을 비롯해 월마트, DHL, 머스크, 구글 등 다양한 기업들이 이러한 시스템 개발에 막대한 투자를 하고 있다.

그 이유는 어렵지 않게 이해할 수 있다. 온라인 상거래의 중요성이 커지고 거의 모든 것을 앱으로 주문함에 따라 라스트 마일 배송의 용량, 속도, 유연성에 대한 요구사항이 기하급수적으로 증가했다. 고객에게 상품을 배송하는 라스트 마일은 많은 기업이 치열하게 경쟁하는 현장이 되었으며, 소비 패턴뿐만 아니라 노동력과 (도시)공간 형성에도 큰 영향을 미치는 광범위한 변화의 초점이 되어 있다. 한 업계 웹사이트에서는 라스트 마일을 "물류의 마지막 개척지"라 표현하며 그 중요성을 강조하고 있다.[43] 라스트 마일은 경로와 목적지가 끊임없이 바뀌는 매우 복잡한 부문이라는 점, 비용과 노동이 집약적이라는 점, 그리고 문앞 배송에 대한 수요가 폭발적으로 증가하는 점에 따라 그 중요성이 날로 더 커지고 있기 때문이다.

아마존은 오랫동안 라스트 마일 배송의 복잡성을 피하기 위해 노력해왔지만 최근 상황이 바뀌었는데, 그 이유 중 하나는 다른 배송 업체들이 물량과 속도 면에서 아마존의 요구사항을 따라잡지 못하기 때문이다. 아마존은 제품의 배송 속도를 높이기 위해 지속적으로 노력하는 중이다. 이를 통해 아마존은 오프라인 매장과 비교할 때 E-커머스의 가장 큰 단점 중 하나였던 구매와 상품 수령 사이의 시간 단축이 가능할 것이라 믿는다. 아마존 프라임 구독 서비스는 항상 익일 배송을 주요 강점으로 홍보해왔다. 게다가 많은 지역에서 익일 배송은 이미 당일 배송으로 변경되었으며, 특정 상황에서는 심지어 1시간 배송제를 운영하기도 한다. 오랫동안 아마존은 라스트 마일 배송을 위해 다른 공급업체를 이용해왔다. 하지만 최근 몇 년 동안 아마존은 자체 배송 운영을 시작하며 라스트 마일 배송에 뛰어들었다. 이로써 아마존은 현대 물류 공급망의 핵심 분야에 진입했으며, 아마존의 로고가 새겨진 배송 트럭이 UPS, DHL 등의 배송 트럭에 합류하면서 많은 도시 지역의 거리를 혼잡하게 만들고 있다. 도시 거리를 보면 물류 운영의 보편성을 한눈에 확인할 수 있다. 다양한 종류의 배송 트럭, 자전거 퀵서비스, 스쿠터를 타고 음식 배달을 하는 기사, 그밖에도 많은 사람이 고객에게 모든 종류의 제품을 최대한 빠른 속도로 배달하기 위해 분주하게 움직이고 있다.

배달 트럭과 자전거·스쿠터를 탄 택배기사들의 부대는 도시 외곽의 산업단지에서 도심으로 물류 운영이 이동하는 새로운 물류 도시화를 표현해주는, 눈으로 볼 수 있는 광경 중 하나다. 빠른 배송 서비스를 제공하기 위해 아마존과 다른 기업들은 물류센터를 고객과 더 가까운 곳으로 옮겨야만 했다. 아마존은 대개 주요 도시 외곽에 위치한 대형 물류센터에다 도심 경계 안에 위치한 소규모 물류센터를 보탬으로써 그곳을 몇 시간 안에 제품을 배송할 수 있는 출발점으로 삼았다. 보통 물류단지, 항만, 경제특구 등으로 이뤄지는 물류도시는 특정 형태의 공간 및 도시 계획으로 인해 대부분 도시 집적지 외곽에 위치하는데 배송 속도에 대한 강력한 요구는 물류 운영 공간을 도심 쪽으로 점점 통합시키는 경향이 있다.

아마존은 라스트 마일에 진출하면서 음식부터 기술 제품에 이르기까지 모든 종류의 제품을 판매하는 다양한 비즈니스와 경쟁하고 있다. 1시간 배송과 앱 기반 주문은 도시를 "통합 서비스 플랫폼"으로 재정비한다.[44] 이러한 맥락에서 시간은 공간을 형성하는 가장 중요한 속성이 된다. 물류가 어떻게 현대 도시를 재구성하는지를 연구하는 건축가이자 도시학자인 클레어 라이스터Clare Lyster는 이제 도시를 과거의 건축가들이 생각해온 것처럼 정적인 물체로만 이해할 수는 없으며, 점점 더 물류 시스템 및 그 흐름을 통해서만 이해할 수 있다고 얘기함과 동시에, 이제 시간이 "도시를 만드는 가장 중요한 속성"이라고 설파한다. 그녀에 따르면 "물류"는 "시간에 따라 공간을 보정하여 도시를 타임스케이프(시간이 만들어 낸 풍경)으로 만들어 낸다"는 것이다.[45] 타임스케이프(시간 풍경)로서의 도시라는 개념은 1시간 배송 사업, 그리고 트럭과 자전거를 타고 도시를 누비는 운전자의 노동을 떠올리게 한다. 상품, 정보, 사람을 실어 나르는 물류 흐름은 현대의 도시를 끊임없이 재구성한다. 알고리즘에 의한 모빌리티 시스템은 오늘날 글로벌 도시의 중요한 인프라이자 또 다른 유형의 물류 미디어로 공간을 생성하는 데 있어 점점 더 많은 주도권을 행사하고 있다.

라스트 마일 부문의 노동

자동화를 위해 수많은 시도를 했음에도 라스트 마일은 여전히 물류 운영에서 가장 노동집약적인 분야라 할 수 있다. 라스트 마일의 노동은 떠오르는 물류 산업과 소위 긱 경제의 교차점에 위치하므로 생산, 유통, 소비의 변화를 분석하는 데 중요한 진입로가 되어줄 수 있다. 공급망에서 가장 중요하면서도 비용이 많이 드는 지점이라 할 수 있는 배송 부문의 노동은 항상 극심한 압력에 시달려왔으며 유연하고 불안정한 노동조건을 그 특징으로 한다. 그런데 이 부문 노동이 지금 극적인 변화를 겪고 있다.

특히 두 가지 측면이 중요하다. 첫째, 디지털 기술을 통해 새로운 형태의 노동조직 및 통제 방식이 배달 노동으로 확산되고 있다. 다른 업무 영역과 마찬가지로 배달 노동 역시 알고리즘을 통한 관리, 노동 표준화와 측정에 사용되는 신기술, 감시 강화 등의 특징이 강하게 나타나고 있다.

둘째, 노동과정은 점점 더 표준화되는 반면, 노사관계의 계약적 요소나 법적인 요소는 더욱 유연화되고 있다. 특히 배달과 같은 물류 부문은 아웃소싱, 하도급, 유연한 노동 계약이 특징이라 할 수 있다. 그런데 긱 경제의 등장으로 이러한 과정은 더욱 확대 강화되고 있다. 긱 경제의 주요 기업들(예: 우버, 딜리버루, 푸도라)이 배달 및 운송 분야 사업을 운영하면서 플랫폼 노동은 이미 이 업계에서 노사관계를 변화시키는 중요한 수단으로 자리한다. 아마존 역시 플렉스 프로그램을 통해 제품 배송을 위한 긱 이코노미 플랫폼에 뛰어들었다. 디지털 관리, 표준화, 엄격한 감시, 불안정성과 유연화 등 라스트 마일 노동은 물류센터에서의 노동과 많은 유사점을 공유한다. 아마존의 배송기사들은 DHL이나 UPS와 같은 시장 선도업체의 기사들과 경쟁해야 한다. 아마존의 트럭 운전 노동은 디지털 테일러리즘이 물류센터에만 국한된 것이 아니라 물류 부문 전반에 걸쳐 보편화되어 있다는 사실을 보여준다.

UPS는 미국에서 가장 큰 민간 부문 고용주 중 하나로, 전 세계 45만 명 이상의 직원 중 미국에서만 37만 4,000명을 고용하고 있다. 오늘날 UPS는 자체 화물 항공사와 화물트럭 운송 사업을 통해 차별화된 물류 업체로 거듭나고 있지만 여전히 핵심 사업은 포장물 배송이다. 2017년 UPS는 하루 평균 2,000만 개, 총 51억 개의 소포를 배송했으며 650억 달러 이상의 매출을 올린 바 있다.[46] UPS를 상징하는 갈색 트럭은 미국 경제의 중요한 문화적 상징이 되었으며 다양한 미디어에 등장 중이다. 이 트럭은 미국에서 5만 명 이상의 운전자가 몰고 있으며, 크리스마스 전 성수기에는 더 많은 기사가 이 트럭을 운전한다. (적어도 미국에서) UPS의 특수성은 직접 고용된 운전기사 수가 많다는 점인데, 이는 UPS 노동자들 다수가 노조로 조직되어 있기에 가능한 일이었다.[47] 이로 인해 근로계약의 유연성을 높여 수익을 극대화하는 전략은 끊임없이 저항에 부딪혀왔다. 임금(및 복리후생)도 업계 표준에 비해 상대적으로 높은데, 이 역시 노조 조직률과 오랜 투쟁의 역사에 기인한다. 페덱스나 아마존과 같이 노조가 거의 활성화되지 않은 기업과 비교할 때, 팀스터스 노조에 조직된 약 28만 명의 노동자 규모는 천문학적 숫자라 할 수 있다. 이러한 특수성을 고려하면 UPS가 경쟁력을 유지하기 위해서는 업무의 집중화가 가장 중요하다는 점이 분명해진다. 이를 위해 UPS가 채택한 정교한 기술은 디지털 테일러리즘으로 설명할 수 있는 또 다른 사례를 보여준다.

임금 및 복리후생에 대해 불만을 제기하는 정규직 배송기사는 상대적으로 적지만, 장시간 근무와 함께 빠른 속도로 표준화·규율화된 업무 특성은 배송기사들 대부분이 갖는 불만 요소들이다. UPS 운전기사는 오랫동안 표준 업무 절차에 따라 일해왔다. 입사 후 교육 과정에서 미래의 운전자들은 한 손으로 트럭의 시동을 걸고 다른 손으로 안전벨트를 매는 방법 등 시간을 절약하기 위한 수많은 프로토콜을 배우게 된다. 배송 효율성을 극대화하기 위해 운전자에게 배포되는 74페이지 분량의 가이드북은 시간 및 동작 연구를 기반으로 한다. 이 지침은 펜을 어디에 넣어야 하는지(오른손잡이 운전자의 경우 왼쪽 주머니에 넣어야 함)와 같은 내용을 포함해 운전자의 노동에 대한 아주 사소한 부분까지 규율하고 있다.[48]

UPS는 "텔레매틱스" 시스템을 도입하면서 운전기사들의 업무 루틴을 더욱 급진적으로 표준화하고 노동강도를 강화시켰다. 각각의 배송 트럭에는 200개 이상의 센서가 장착되어 있으며, 운전기사의 휴대용 스캐너(DIAD, 배송 정보 수집 장치)는 추가 데이터를 생성한다. 이 시스템은 트럭에서 속도, 제동 등의 변수, GPS 데이터, 고객 배송 데이터, 운전자 행동 데이터 등 방대한 양의 데이터를 수집한다. 이 시스템은 안전벨트 사용, 유휴시간, 운전자의 후진 횟수 등을 모니터링한다. 운전자가 정차하거나 패키지를 스캔하거나 다른 작업을 수행할 때마다 시스템은 이러한 세부 정보를 기록한다. 지속적인 정보 흐름은 UPS 데이터센터로 전송되어 수집, 분석될 뿐만 아니라 관리자들에게도 전달된다.

이 회사는 노동과정에서 작은 효율성을 하나 개선하는 게 얼마나 큰 이득이 되는지 정확히 알고 있다. 이 회사의 프로세스 관리 담당 수석 이사인 잭 리비스는 내셔널 퍼블릭 라디오와의 인터뷰에서 "운전자 1명당 하루 1분만 절약해도 1년에 1,450만 달러의 비용을 절감할 수 있다"고 밝힌 바 있다.[49] 공개 프리젠테이션에서 UPS는 텔레매틱스의 주요 이점으로 연료 및 유지보수 비용 절감을 강조하지만 노동력 역시 분명히 중요한 사안 중 하나다. UPS는 완곡하면서도 솔직한 표현으로 텔레매틱스 시스템이 노동자 관리에 어떻게 사용되는지에 대해 이렇게 설명한다.

텔레매틱스의 이점을 극대화하기 위해 우리는 운전기사들을 프로세스에 참여시킵니다. 우리는 운전기사와 관리자에게 연료를 절약하기 위해 부드럽게 가속하고 제동하는 것과 같은 운전자의 행동이 우리가 추구하는 결과와 어떻게 일치하는지에 대한 자세한 보고서를 제공합니다. 구체적인 데이터를 통해 운전자는 운전 중 행동을 최적화하고, '움직이는 실험실'을 더욱 효율적으로 운영할 수 있게 됩니다.[50]

소프트웨어는 성과 지표를 설정하고, 이를 바탕으로 운전자에게 압박을 가한다. "우리는 운전자 데이터를 가지고 있으며, 운전자가 얼마나 빨리 운전하고 얼마나 세게 멈추는지 알고 있습니다." 한 비즈니스 잡지와의 인터뷰에서 UPS의 자동차 엔지니어링 부문 이사인 데이브 스펜서는 이렇게 솔직하게 털어놓았다. "그 운전기사는 회사 비용이 더 축나기 전에 나쁜 습관을 고치게 될 겁니다."[51] 노조의 힘은 UPS가 텔레매틱스 소프트웨어로 평가한 저성과를 이유 삼아 노동자를 해고하는 것을 금지하는 합의를 만들어 내는 데는 도움이 되었지만, UPS는 이 합의를 우회할 방법을 찾아내면서 많은 노동자가 이 지표가 어떻게 압박에 사용되는지 얘기한다. UPS 운전기사들은 관리자가 자신의 실적에 대한 세부 정보가 담긴 인쇄물을 보여주며 배송 건수를 늘리라고 요구했다고 말한다. 트럭 내부에 설치된 센서를 통해 관리자는 모든 휴식시간과 운전 스타일까지 면밀하게 조사할 수 있으며, 심지어 한 운전자가 교대 근무 중에 생성한 모든 데이터의 출력물이 40페이지에 달하기도 했다. 운전자는 화장실 사용이나 사소한 규칙 위반 여부까지 일일이 관리자에게 해명해야 하는 경우가 비일비재하다.

UPS가 사용하는 알고리즘 관리 기술의 또 다른 중요한 특징은 "온로드 통합 최적화 및 내비게이션(이하 ORION)"이라는 내비게이션 및 경로 계획 시스템이다. ORION 소프트웨어는 언뜻 간단해 보이지만 실제로는 매우 복잡한 문제, 즉 공간의 여러 지점을 연결하는 최단 경로를 찾는 문제를 다룬다. 방문해야 할 주소 수가 상당히 적더라도 옵션 수는 매우 빨리 증가한다. 이 문제에 대한 최적의 해법을 찾는 일은 19세기에 '여행하는 외판원 문제(이하 TSP)'로 널리 알려졌으며 이는 그 뒤에 복잡성 이론, 응용수학, 알고리즘 이론, 계산 지리학의 중요한 대상이 되어줬다. 몇 개 이상의 정류장을 거쳐야 하는 경로를 무차별 대입 방법을 통해 계산하는 것은 거의 불가능한 일이다.[52] 하지만 ORION은 2억 5,000만 개 이상의 주소를 저장하고 있으며, UPS 트럭의 통상적인 하루 투어에는 100개 이상의 정류장이 포함된다. 코드를 인쇄하면 약 1,000페이지에 달하는 ORION 알고리즘조차도 TSP를 풀려고 시도하지 않는 이유가 여기에 있다. 대신 ORION은 학습 알고리즘을 통해 트럭에서 생성된 자동화된 피드백을 바탕으로 해당 지역에 대한 시간 지도를 제공한다.[53] 이 지도는 도시를 타임스케이프(시간적 풍경)로 이해할 수 있는 중요한 역할을 하게 되며, 도시공간 생산에서 알고리즘 기반 물류가 얼마나 중요한지 보여주는 사례라 할 수 있다.

텔레매틱스 시스템과 마찬가지로 ORION은 좌회전 감소와 같은 작은 효율성 향상 등 세부 사항에 초점을 맞추고 있다. 그러나 UPS의 효율성은 경로뿐만 아니라 운전자의 능력과도 관련이 있다. UPS에서 중요한 문제는 후진이다. UPS는 사고 위험이 증가한다는 이유로 운전자들이 가능한 후진을 덜 하는 것을 선호한다. 텔레매틱스 시스템은 운전기사가 후진하는 빈도뿐만 아니라 후진하는 거리와 속도까지 모니터링한다. 소프트웨어가 운전자가 너무 자주 후진을 한다고 판단하면 관리자는 해당 운전자에게 운전 스타일을 변경하도록 요청한다. 한 직원은 이렇게 얘기하기도 했다. "최대 후진 속도는 시속 3마일로 설정되어 있어요. 그런데 제 후진 속도가 평균 3.7마일이니 속도를 늦추라는 메시지를 받았어요. 디지털 속도계를 설치하는 즉시 그렇게 하겠다고 말했죠."[54] 그와 마찬가지로 많은 운전자가 ORION 소프트웨어가 비효율적이고 번거롭다고 생각하며, 많은 노동자가 디지털화 이전과 비교했을 때 알고리즘을 통한 관리의 효율성에 의문을 제기하고 있다. 어떤 루틴이 더 효과적인지에 대한 문제는 제쳐놓더라도, 이러한 형태의 알고리즘을 통한 관리는 업무 수행 방식에 관한 사소한 결정권한조차 노동자의 손에서 빼앗아가는 결과를 가져온다.

ORION과 같은 소프트웨어는 속도, 거리, 연료 사용량과 같은 변수에 따라 도시와 농촌 공간을 물류적 방식으로 매핑하는 수단이기도 하지만, 다양한 목표와 지표를 통해 노동자에게 압박을 가하고 생산성을 높이는 도구로도 사용된다. UPS 직원들은 ORION을 도입한 후 소프트웨어가 경로 효율성을 특별히 높여주지 않았음에도 목표치가 높아졌으며, 이에 따라 새로운 목표에 도달하기 위해 전력 질주하거나 안전 문제를 무시할 수밖에 없다고 얘기한다. 아마존의 물류센터에서와 마찬가지로 오늘날 갈색 트럭은 모든 움직임을 실시간으로 세분화하여 감시하는 시스템의 일부이며, KPI는 노동력을 측정하고 분석할 수 있는 객관적인 매개변수로 간주된다. 이론적으로만 보자면 KPI는 알고리즘 거버넌스와 표준화된 절차에 따라 중립적인, 추상화, 정량화 논리로 작동함으로써 노동의 미시적 관리에 결정적인 역할을 하게 된다. 하지만 현실에서 할당량은 종종 비현실적이고 항상 변화하기에 좋은 성과를 객관적으로 측정하기보다는 기술을 가속화하는 도구로 쓰이게 된다.

효율성을 높이고 노동강도를 강화하기 위한 디지털 전략은 UPS에 매우 효과적인 수단이다. 텔레매틱스 시스템을 도입한 후 첫 4년 동안 UPS는 하루에 140만 개의 소포를 추가로 처리할 수 있게 된 반면, 운전기사 수는 소폭 감소했다.[55) 디지털 기술이 UPS에서 노동의 측정, 조직화, 노동강도 강화와 감시를 가능하게 했는지에 대해 살펴보면, 과거 공장이라는 폐쇄된 공간에서만 이뤄지던 테일러주의 규율과 시간 및 동작 연구를 공장 바깥으로, 즉 물류도시의 공간으로까지 확장시키는 핵심 수단이 네트워크 장치와 센서, 그리고 앱의 역할이었다는 점을 확인할 수 있다.

급진적 유연성: 플랫폼 노동의 등장

UPS에 정규직으로 고용된 노조 소속 운전기사는 라스트 마일의 고용 환경에서 다소 예외적인 경우에 속한다. 지난 수십 년 동안 UPS는 파트타임 및 기간제 운전기사를 더 많이 고용하기 위해 끊임없이 노력해왔다. 노조가 저항했음에도 이러한 시도는 적어도 부분적으로는 성공한 바 있다. 최근 유연화 방향으로 시도된 것 중 하나가 주로 피크 시간대 업무량 증가에 대응하기 위해 자신의 차량을 이용하는 사람들을 배송기사로 계약하는 방식이다. 아이디어 자체는 독창적이라 볼 수는 없다. 라스트 마일에서 독립 계약자에게 아웃소싱하는 플랫폼 기반 노동은 점점 더 늘어나고 있으며, 몇몇 기업은 전형적인 긱 경제 플랫폼에서 시작했고, 오래된 많은 기업이 매우 유연한 플랫폼 기반 고용 형태를 실험하기 시작한 상태였기 때문이다. 아마존은 우버가 택시 시장 혁신에 활용한 모델을 모방하여 플렉스 프로그램이라는 이름으로 배송에 도입하게 된다. 2015년 미국에서 시작된 이 프로그램은 지속적으로 확장되어 독일과 영국 등의 국가에 도입하는 것으로 이어진다.

　　배송 및 물류에서 "우버화uberization"라는 용어를 사용하게 될 경우 이러한 노사관계가 디지털 플랫폼을 통해서만 존재한다는 것을 암시하기에 어느 정도 오해의 소지가 있을 수 있다. 오히려 관점을 뒤집어서 물류 산업을 긱 경제의 계보 안에서 파악할 필요가 있다. 여러 가지 측면에서 물류 산업은 글로벌 공급망에서 발생하는 돌발상황에 대응하기 위해 항상 매우 유연한 노동 형태를 실험하는 현장이 되어주었다. 긱 경제에 특징적인 노사관계는 디지털 플랫폼이 등장하기 훨씬 전부터 물류 부문에서 존재해왔다. 한 가지 예로 미국 항구의 트럭 운송 부문을 들 수 있다. 1970년대 후반, 이쪽 업계에 대한 규제 완화가 시작되면서 "오너 오퍼레이터owner operator" 또는 "독립 계약자"가 등장하기 시작한다. 이 용어는 트럭을 소유하거나 임대하여 대형 화물 회사와 서비스를 계약하는 개인 운전자를 의미한다.[56] 실제로 이러한 운전자는 법적 지위를 제외한 거의 모든 측면에서 이들 대형 화물 회사의 직원과 다를 바 없다. 운전기사와 계약을 체결하고 대개 건당 임금을 지급하는 소유주-운영자로 계약함으로써 기업은 임금을 줄일 수 있었을 뿐만 아니라 보험을 비롯한 각종 혜택은 물론이고 초과 근무 수당을 주지 않아도 되었으며, 그럼으로써 이들 운전자에게 기업이 부담해야 할 많은 위험을 떠넘길 수도 있었다. 2014년 미국 항만 트럭 운전자 75만 5,000명 중 약 4만 9,000명이 독립 계약자 지위였다.[57] 이러한 항만 트럭 운송 부문의 고용 관계는 여러 측면에서 오늘날 긱 경제라고 불리는 노사관계의 현실과 정확히 일치한다. 현재 플랫폼 노동의 부상을 특징 짓는 연속성과 변화를 역사적으로 더 잘 이해하기 위해서는 오늘날 긱 경제의 선조들이라 할 수 있는 이들 사례를 인정하는 것이 중요하다고 할 수 있다.

"직접 사장이 되어서, 스스로 업무 일정을 결정하고, 목표와 꿈을 추구할 시간을 더 많이 가질 수 있습니다. 우리와 함께 아마존의 힘을 어떻게 활용할 수 있는지 알아보십시오"라는 광고 문구는 개인을 플렉스 프로그램의 '배송 파트너'로 확보하려는 아마존의 목표를 잘 보여준다. 아마존 플렉스는 사람들이 개인 차량을 사용하여 택배기사로 등록할 수 있는 앱이다. 신원 조회를 거쳐 합격한 지원자는 독립 계약자로 일을 시작할 수 있다. 개인 스마트폰에 설치해야 하는 앱을 통해 업무 과정 전체가 진행되며, 교육 기간 대신 몇 가지 교육용 동영상이 제공된다. 택배기사로 받아들여지게 되면 드라이버는 앱에서 1~5시간 교대 근무(소위 배달 블록)에 등록할 수 있게 된다. 교대 근무가 시작되기 전에 앱은 운전자에게 패키지를 수령할 위치를 알려준다. 물류센터에서 배송기사는 다른 차량 뒤에 줄을 서서 앱을 통해 체크인한 후 패키지를 수령하고 스캔한 다음, 앱에 명시된 경로를 따라 배송을 시작한다. 배송은 앱을 통해서만 승인이 완료되며, 때로는 문 앞에 놓인 포장물 사진도 첨부해야만 한다. 이 앱은 단순히 패키지를 탐색하고 스캔하는 도구로 기능하는 것만이 아니다. 이 앱은 소프트웨어 아키텍처에 내장되어 노동과정 전반을 관리하고 성과를 평가하기 위해 광범위한 지표(고객 피드백 포함)를 생성하도록 설계되었다. 이렇게 알고리즘을 통한 노무 관리를 수행함으로써 기업은 노동자에 대한 직접적인 관리 통제 대부분을 대체할 수 있게 된다.

공식적으로 독립 계약자로 간주되는 이들 기사는 시간당 최소

18~25달러의 수입을 약속받으며, 다른 통화로 환산하더라도 이에 상응하는 금액을 받는다. 많은 드라이버에게 이 급여가 꽤 괜찮은 것처럼 보이지만, 최저 18달러가 실제 임금이 아님을 금방 알 수 있다. 한 플렉스 드라이버는 이렇게 요약해서 설명한다. "시간당 18달러를 받고 팁을 받는다고 생각하지만, 그 돈은 모두 기름값과 차량 유지비로 들어갑니다. 차에 엄청 무거운 기름을 싣고 다니는 것과 마찬가지죠."⁵⁸⁾ 많은 사람이 하나의 근무조one shift에 배정된 포장물 수에 대해서도 불만을 제기한다. 지정된 시간 내에 배송하지 못하면 초과 근무에 대한 보상이 주어지지 않으며, 집에서 여러 물류센터까지 운전하는 데 걸리는 시간이나 근무가 끝난 후 집으로 돌아오는 시간도 마찬가지다. 기술적으로만 보면 추가 근무 시간을 정확하게 계산할 수 있지만, 아마존은 전략적으로 비용 절감을 위해 그 길을 무시해버린다. 또한 운전자는 보험, 세금, 사회 보장 등의 기타 비용을 스스로 부담해야 한다. 통상적으로 실질 임금은 여러 요인에 따라 달라지긴 하겠지만 대부분 약속된 18달러에 훨씬 못 미치며 최저임금에 미치지 못하는 경우도 드물지 않다. 따라서 독립 계약자라는 법적 지위를 활용하면 아마존은 임금을 낮추는 동시에 장비 또는 보험과 같은 추가 비용, 그리고 기업이 부담해야 할 위험을 노동자에게 전가할 수 있게 된다.

초창기의 운전기사들은 2017년부터 아마존을 상대로 소송을 제기하기 시작했다. 자신들이 아마존 비즈니스에 완전히 통합되어 있을 뿐만 아니라 아마존이 노동력을 조직하고 통제하는 방식을 고려하면 자신들은 독립 계약자가 아닌 노동자로 간주해야 한다고 주장했다. 소송을 제기한 이들은 또한 비용을 제하고 나면 수입이 일반적으로 최저임금에 미치지 못한다고 주장했다.[59] 아마존 플렉스에 소송을 제기한 원고를 대리하는 변호사 중 일부는 비슷한 맥락에서 우버를 상대로 한 집단 소송에도 관여하고 있다.

불안정성은 일감의 많고 적음과 같은 변동성이 커짐에 따라 더욱 심화된다. 많은 플렉스 기사들이 일감이 안정적이지 않은 점에 대해 불평한다. 아마존은 필요 이상으로 많은 드라이버를 받아들이고 있는 것으로 보이며, 이는 종종 근무조 배정을 위한 치열한 경쟁으로 이어진다. 이는 독립 계약자를 상대로 한 앱 기반 알고리즘을 통한 관리에서 흔히 볼 수 있는 현상이며, 우버 기사나 딜리버루 라이더, 기타 긱 노동자에게도 큰 문제가 되고 있다. 한 온라인 포럼에서 어느 운전기사는 이렇게 얘기하기도 했다. "아마존이 계속 더 많은 사람을 고용하고 있기에 경쟁이 더욱 치열해지고 있다. 하루 종일 주문 화면을 집요하게 스와이핑을 하는 것만이 근무조 배정을 확보할 수 있는 유일한 방법이 되는 지경에 이르렀다."[60] 많은 운전기사가 손가락만 사용하는 이들보다 근무조 배정 확보에 우위를 점하기 위해 오토탭 앱을 사용하고 있으며, 아마존과 아마존 소유의 홀 푸드Whole Food 배송센터 앞 나무에 스마트폰을 매달아 놓은 사진까지 등장했다. 운전기사들은 동료 노동자보다 1,000분의 1초라도 앞서서 더 많은 일감을 얻고 싶어 한다.

불만이나 문제가 발생하면 아마존은 정규직보다 훨씬 쉽게 독립 계약자를 해고할 수 있으며, 이를 긱 경제 전반에 걸쳐 노동자에 대한 징계 수단으로 활용한다. 이를 통해 아마존은 노동자가 고객 불만을 피하고 고객과 플랫폼을 만족시키기 위해 각고의 노력을 다하며, 높은 평가 등급을 받아서 더 많은 일감을 얻으려 하고, 긱 경제에서 해고 통지서나 다름없는 계정 정지를 피하기 위해 노력하도록 만들 수 있다. 아마존의 경우 플랫폼 기반 독립 계약자 고용을 활용해 고정 비용이 매우 낮고 유연성과 확장성이 뛰어난 온디맨드on-demand 인력을 확보할 수 있게 된다. 이러한 고용 형태 운전기사들에게도 유연성을 제공하게 되는데, 특히 추가 일자리가 있는 운전기사들은 이를 높이 평가하기도 하지만 동시에 이는 여러 측면에서 매우 불안정성이 높은 시스템이다. 그럼에도 독립계약자 형태로 일하는 노동자 수는 점점 늘어나고 있다. 정확한 수치를 파악하기는 어렵지만 분명한 지표들이 있다. 아마존 플렉스 드라이버를 위해 회사에서 운영하는 비공개 페이스북 그룹에는 이미 2만 7,000명이 넘는 회원이 가입해 있다. 동시에 아마존 대변인은 영국에서만 "수천 명의 배송 파트너"가 아마존 플렉스를 위해 운전하고 있다며 대략적인 수치를 제시하기도 했다. 아마존에게 이러한 배송 파트너는 고객 수요에 발맞추고 유연성을 높이는 데 중요한 역할을 하고 있다.

아마존 플렉스의 고용 모델은 여러 가지 면에서 오랫동안 하청

공급망의 마지막 단계에 위치한 택배 배송에 존재해온 고용 관계와 크게 다르지 않다. 하지만 디지털 플랫폼은 중개자를 배제하고 유연성을 강화할 수 있다는 점에서 차이가 있다. 짧은 '긱'을 통해 플랫폼 노동이 고객 수요에 유연하게 대응할 수 있다는 점은 분명하지만, 종종 간과되는 측면은 플랫폼 노동이 효율적이고 저렴한 노동을 위해 디지털 조직과 업무 감시에 의존한다는 사실이다. 다양한 표준화 기법 및 알고리즘을 통한 관리 기술은 교육·훈련시간을 줄이고 노동과정에 대한 (자동화된) 조직 및 통제를 증가시켜 노동력을 신규로 모집할 때 유연하고 단기적인 해결책을 찾아준다. 플렉스 규모의 극도로 유연한 노동력을 효율적이면서도 관리와 확장이 가능하게 만들어주는 것은 바로 알고리즘 조직과 디지털 통제라는 새로운 가능성이다.

라스트 마일의 부상은 쇼핑과 식사와 같은 소비 패턴에도 중요한 변화를 가져온다. 이러한 활동들은 도시를 건설하고 탐색하는 방식에서 매우 중요하다. 도시의 쇼핑 지역과 레스토랑, 그리고 이에 수반되는 소비와 일상생활의 모빌리티(즉, 도시 공간)는 플랫폼의 등장으로 변화의 대상이 되고 있다. 이러한 발전을 나타내는 가장 눈에 띄는 징후는 플랫폼 기반 음식 배달의 부상이다. 베를린, 런던을 비롯한 여러 도시의 풍경에는 자전거나 스쿠터를 타고 딜리버루, 우버이츠, 푸도라 등 음식 배달 플랫폼에서 일하는 수많은 배달원이 있다. 이들 중 상당수는 독립 계약자다. 여기에서도 유사한 계약 구조와 앱 기반 알고리즘에 의한 노동과정 관리를 접하게 된다. 시간당 임금을 받는 경우도 있고, 배달 '건'수에 따라 임금을 받는 경우도 있는데, 이는 기업의 고정비 절감과 긱 경제의 또 다른 경향인 '도급제 임금piece wage'의 귀환이라고 할 수 있다. 베를린의 자전거 배달원 중 상당수가 위기를 겪고 있는 유럽 국가에서 온 이주민으로, 독일어를 못해도 앱을 통해 쉽게 배달 노동에 투입될 수 있다는 점은 여러 물류 운영에서 이주노동의 중요성, 그리고 플랫폼이 노동시장의 계층화를 재구성할 수 있다는 점을 말해준다. 이러한 어려운 여건 속에서도 음식 배달 노동자들은 긱 경제에서 저항이 가능하다는 것을 보여주기도 했다. 최근 몇 년 동안 유럽 전역에서 창의적인 형태의 조직화와 파업의 물결이 이어지면서 플랫폼 노동이 노조에 제기하는 도전과 플랫폼 노동자를 성공적으로 조직화하기 위한 길이 무엇인지를 보여준다.

라스트 마일은 플랫폼의 부상과 함께 생산, 유통, 소비의 '물류화'가 벌어지는 물류의 마지막 개척지를 운영하는 핵심이 되고 있다. 사통팔달의 온디맨드 논리로 보자면, 라스트 마일은 시간과 물류 흐름에 따라 도시 지리를 재구성하는 중요한 요소다. 이러한 물류도시화는 새로운 교통 인프라, 도심 창고, 배송 차량으로 혼잡한 거리를 만들어 내는 데 그치지 않는다. 온라인 소매업이 부상하고 더욱 빨라진 문 앞 배송이 가능해지면서 이미 변화하기 시작한 도시의 소매업 및 공공장소의 미래 구조에도 영향을 미치게 된다.

결코 원활하지만 않은

앨런 세쿨라는 그의 저서 《피쉬 스토리》에서 "과거에 항구 주민들은 글로벌 경제를 보고, 듣고, 냄새 맡을 수 있다는 환상에 사로잡힌 적이 있다"라고 말한 바 있다. "그러나 항구의 상품 이동이 더 규격화, 말 그대로 컨테이너화될수록, 즉 더 합리화되고 자동화될수록 항구는 점점 더 주식시장과 닮아가고 있다"라고 얘기한다. 그에게 있어 결정적인 순간은 냄새를 억제하는 것이었다. 냄새가 나던 물품은 이제 "약간 길쭉한 지폐의 비율을 가진" 상자에 보관된다.[61] 컨테이너 물류 풍경의 추상적 특성은 현대 시각예술뿐만 아니라 웹사이트, 브로셔, 홍보용 비디오, 제품 카탈로그에 컨테이너, 크레인, 대시보드가 넘쳐나는 물류 산업에도 꽤 잘 어울린다. 이러한 사진, 동영상, 서사들은 모두 원활하며 방해받지 않는 유통이 언제까지나 가능할 것이라는 물류의 환상을 나타낸다. 물류 및 물류 미디어를 연구할 때 이런 서사들은 꽤 유혹적이긴 하지만, 현장의 모습은 상당히 다르다.

2016년 8월, 한국의 해운사 한진이 파산을 선언했다. 파산 발표 이후 한진의 선박들은 발이 묶이게 되었다. 일부 선박은 사법부의 선고를 기다리며 항구에 억류되었고 다른 선박들은 압류를 피하기 위해 국제 해역에 정박하고 있었다. 선원들은 물과 식량을 공급할 공급업체를 찾지 못해 하루하루를 버텨야 했다. 발이 묶인 두 척의 선박에

약 3,800만 달러 상당의 물품을 싣고 있던 삼성전자는 블랙프라이데이를 앞둔 중요한 시기에 미국 내 고객들에게 서비스를 제공할 수 없게 될까 봐 전전긍긍했다. 한진해운의 파산은 2007년 글로벌 금융위기 이후 가시화된 해운업 위기를 극적으로 표현한 사건이었다. 10년이 지난 지금 전 세계 컨테이너선 규모는 그때보다 거의 두 배로 증가했고, 선복량(船腹量) 과잉과 치열한 경쟁으로 운임이 낮아지면서 많은 해운사가 파산 위기에 처하게 되었다. 물류는 자본의 모순을 시공간으로 이동시키는 수단인 만큼, 이러한 모순의 영향을 받기도 하고 영향을 주기도 한다. 컨테이너와 알고리즘은 표준화와 모듈화의 힘을 표현한다. 이러한 이미지를 염두에 두면 이 역사를 원활하고 중단 없는 순환과 글로벌 동질화의 역사로 쉽게 이해할 수 있다. 2장의 핵심 목표는 물류를 원활하지 않은 것으로 이해해야 한다고 주장함으로써 이 이야기를 뒤집는 것이다.

수많은 실패와 장애물, 제도적 모순이 글로벌 물류에 균열을 만들어왔다. 물류 현장에는 장애물, 실패, 문제, 오해가 만연해 있다. 많은 문제가 처음에는 평범한 이유로 발생하는 것처럼 보이지만, 자세히 살펴보면 물류 작업 자체의 모순적이고 복잡한 특성에서 비롯된 경우가 많다. 이러한 모순의 중심에는 당연히 노동과 자본의 대립이 포함되지만 이에 국한되지만은 않는데, 자본주의 물류 내부에 존재하는 협력과 경쟁 사이의 또 다른 중요한 모순이 나타나기 때문이다. 그 결과 차이와 모순으로 점철된 글로벌 유통 시스템이 탄생하게 된다. 이는 세쿨라가 컨테이너 운송의 잊혀진 공간에 대한 시각적·이론적 작업을 통해 도달한 결론이기도 하다.

　이러한 모순 중 가장 중요한 자본과 노동 사이의 모순은 최근 몇 년 동안 격동적인 형태로 발전하고 있다. 오클랜드 항구의 폐쇄[필시 점령운동(occupy movement)의 가장 강력한 순간이라고 할 수 있는]부터 최근 홍콩과 발파라이소(칠레)에서 발생한 파업과 시위에 이르기까지, 물류 부문은 노동자 투쟁의 물결에 휩싸여 있다. 유럽에서는 독일, 이탈리아, 폴란드, 프랑스에서 아마존 노동자들의 갈등이 있었고 북부 이탈리아의 물류 중심지에서는 이주노동자들의 강력한 투쟁이 벌어진 바 있다.[62] 긱 경제 전반에 걸쳐 노동자들이 조직화와 파업을 시작하고 있으며, 수많은 공급망이 시작되는 폭스콘, 그리고 중국의 일부 공장 노동자들은 더 나은 조건을 위해 몇 년 동안 싸워왔고 어느 정도 성공을 거두기도 했다. 살아 있는 노동이 공급망에 원활하게 편입되는 것에 저항하는 현장은 이보다 훨씬 많다. 이 챕터의 한 가지 주장이 사실이라면, 즉 오늘날 상품 유통이 더욱 중요해졌다면(즉, 물류가 전 세계적 자본 축적에 있어 더욱 중요한 산업 부문이 되었다면) 이는 부두, 선박, 창고, 트럭 노동자들에게도 좋은 소식이 아닐 수 없다. 간단히 말해, 이들 노동이 자본에게 더 중요해지면서 이들의 (잠재적) 힘도 급격히 상승할 것이기 때문이다.

2장

1) Marx, *Capital*, vol 1. 125.

2) Reifer, Thomas. "Unlocking the Black Box of Globalization." Paper presented at The Travelling Box: Containers as the Global Icon of our Era, University of California, Santa Barbara, November 8–10, 2007.

3) Toscano, Alberto, and Jeff Kinkle. *Cartographies of the Absolute*. London: Zed Books. 2015, 201.

4) Thrift, Nigel. *Knowing Capitalism*. London: Sage, 2005, 213.

5) Cowen, Deborah. *The Deadly Life of Logistics: Mapping Violence in Global Trade*. Minneapolis: University of Minnesota Press, 2014, 23.

6) Harney, Stefano, and Fred Moten. *The Undercommons: Fugitive Planning and Black Study*. New York: Minor Compositions, 2013, 110.

7) Bonacich, Edna, and Jake B. Wilson. *Getting the Goods: Ports, Labor, and the Logistics Revolution*. Ithaca, NY: Cornell University Press, 2008, 3.

8) Cowen, *The Deadly Life of Logistics*, 30, emphasis in original.

9) Cowen, *The Deadly Life of Logistics*, 2.

10) [단순한 운송(transportation)이 아닌] 물류(logistics)에 관한 마르크스의 산재해 있는 언급, 특히 정치경제학 비판 요강(Grundrisse)과 자본 2권의 언급으로부터 물류에 대한 이론을 도출하고자 할 때, 물류는 그 자체로 생산적인 기업(productive enterprise)이자 생산과정(process of production) 과 개념적으로 구분하기 어려운 것으로 보인다. 마르크스는 그 자신의 물음에 긍정적으로 대답한다 ("Can the capitalist valorise the road[*den Weg verwerten*]?" Marx, Karl. *Grundrisse: Foundations of the Critique of Political Economy*. London: Penguin, 2005, 526, translation amended). 상품의 위치를 변 경하는 것은 그 자체로 상품이 될 수 있다. "상품의 '순환(circulating)', 즉 공간에서의 실제 과정은 상 품의 운송으로 해결할 수 있다. 운송 산업은 한편으로는 생산의 독립적인 부문을 형성하고, 따라서 생 산적 자본의 투자를 위한 특별한 영역을 형성한다."(Marx, Karl. *Capital: A Critique of Political Economy*. Vol 2. London: Penguin, 1992, 229). 다른 한편으로, 아마도 더 중요한 것은 자본의 확장주의적 논 리가 생산과 물리적 순환을 점점 더 구분하기 어렵게 만드는 과정을 낳는다는 것이다. 마르크스에게 있어 "자본에 기반한 생산의 전제 조건은 (중략) 끊임없이 확장되는 유통 영역의 생산"이다(Marx, *Grundrisse*, 407, emphasis in original). 따라서, 자주 인용되는 마르크스의 문구처럼 "세계시장을 창 출하려는 경향은 자본의 개념 자체에 직접적으로 부여된다. 모든 한계는 극복해야 할 장벽으로 생각된 다"(Marx, *Grundrisse*, 408, emphasis in original). 이보다는 덜 자주 인용되는 구절에서 마르크스는 계속해서 이러한 과정이 "생산 자체의 모든 순간을 교환에 종속시키는" 경향이 있고, 결국에는 "상거래 (commerce)는 더 이상 독립적인 생산물들 간에 잉여를 교환하는 기능으로 나타나지 않고, 본질적으 로 모든 것을 포괄하는 전제이자 생산 그 자체의 계기가 된다."라고 주장한다. Marx, *Grundrisse*, 408, emphasis added; 이외에도, Altenried, Moritz. "Le container et l'algorithme: La Logistique dans le capitalisme global." Revue Période, February 11, 2016. http://revueperiode.net/le-container-et-lalgorithme-la-logistique-dans-le-capitalisme-global/ 참조.

11) Cowen, *The Deadly Life of Logistics*, 2, emphasis in original.

12) Rossiter, Ned. *Software, Infrastructure, Labor: A Media Theory of Logistical Nightmares*. New York: Routledge, 2016.

13) According to a company publication titled "SAP: The World's Largest Provider of Enterprise Application Software. SAP Corporate Fact Sheet, 2017," http://donar.messe.de/exhibitor/metropolitansolutions/2016/W443393/sap-corporate-fact-sheet-english-eng-459960.pdf.[원문에 기재된 링크가 연결되지 않아 같은 내용의 다른 문서 링크를 기재하였다. 옮긴이]

14) Campbell-Kelly, Martin. *From Airline Reservations to Sonic the Hedgehog: A History of the Software Industry*. Cambridge, MA: MIT Press, 2003, 197.

15) Rossiter, *Software, Infrastructure, Labor*. 참조.

16) Cowen, The Deadly Life of Logistics, 23.

17) Holmes, Brian. "Do Containers Dream of Electric People? The Social Form of Just-in-Time Production." *Open*, no. 21(2011): 30–44, 41.

18) 월마트의 역사와 현황에 관해서는 Brunn, Stanley D. *Wal-Mart World: The World's Biggest Corporation in the Global Economy*. New York: Routledge, 2006; LeCavalier, Jesse. *The Rule of Logistics: Walmart and the Architecture of Fulfillment*. Minneapolis: University of Minnesota Press, 2016; Lichtenstein, Nelson. *The Retail Revolution: How Walmart Created a Brave New World of Business*. New York: Picador, 2009. 각 참조.

19) Recode, "Jeff Bezos vs. Peter Thiel and Donald Trump|Jeff Bezos, CEO Amazon|Code Conference 2016," 2016, https://www.youtube.com/watch?v=guVxubbQQKE&.

20) "Amazon zieht positive Zwischenbilanz der Weihnachtssaison," press release, December 20, 2013, https://amazon-presse.de/Logistikzentren/Logistikzentren-in-Deutschland/Presskit/amazon/de/News/Logistikzentren/download/de/News/Logistikzentren/Amazon-zieht-positive-Zwischenbilanz-der-Weihnachtssaison.pdf/

21) Interview with Amazon Brieselang worker on the fringes of a political meeting, October 2015.

22) Interview with dismissed Amazon Brieselang worker, Berlin, March 2015.

23) Interview with Amazon Brieselang worker, Berlin, May 2015.

24) On the history of the barcode, see, for example, Nelson, Benjamin. *Punched Cards to Bar Codes: A 200 Year Journey*. Chicago: Helmers, 1997.

25) Dodge, Martin, and Rob Kitchin. "Codes of Life: Identification Codes and the Machine-Readable World." *Environment and Planning D: Society and Space* 23, no. 6(2005): 851–81, 859에서 인용.

26) "Time-based warehouse movement maps," US Patent 7243001 B2 2007, Amazon Technologies, Inc., Janert et al., https://www.google.com/patents/US7243001.

27) Lyster, Claire. *Learning from Logistics: How Networks Change our Cities*. Basel: Birkhäuser, 2016, 3.

28) Conversation with Amazon Leipzig worker on the fringes of a political networking event Berlin, December 2015.

29) Conversation with another Amazon Leipzig worker on the fringes of a networking event in Berlin, December 2015.

30) Interview with Amazon Brieselang worker, Berlin, May 2015.

31) Interview with Amazon Brieselang worker, Berlin, December 2014.

32) LeCavalier, *The Rule of Logistics*, 152.

33) Amazon manager, as quoted in the *Financial Times*, see O'Connor, Sarah. "Amazon Unpacked." *Financial Times*, February 8, 2013. https://www.ft.com/content/ed6a985c-70bd-11e2-85d0-00144feab49a.

34) Marx, *Grundrisse*, 692.

35) "Inactivity Protocol" issued in 2014 and made public by the union ver.di, https://www.amazon-verdi.de/4557.[이 링크는 현재 게시물이 연결되지 않음. 옮긴이]]

36) Diana Löbl and Peter Onneken, ARD, "Ausgeliefert! Leiharbeiter bei Amazon," aired February 13, 2013.

37) According to the union Inicjatywa Pracownicza; see, for example, the blog *LabourNet*: "Amazon im Weihnachtsstress—Das Warenlager in Poznan," April 15, 2015, http://www.labournet.de/internationales/polen/arbeitsbedingungen-polen/amazon-im-weihnachtsstress-das-warenlager-in-poznan/.

38) Report on the 2016 Christmas season at Amazon FC in Hemel Hempstead, posted anonymously on the website Angry Workers of the World, January 7, 2017, https://angryworkersworld.wordpress.com/2017/01/17/calling-all-junglists-a-short-report-from-amazon-in-hemel-hempstead/.

39) Amazon, "CamperForce. Your next adventure is here," online job listing on Amazon (n.d.), http://www.amazondelivers.jobs/about/camperforce/, accessed April 22, 2017.[이 링크는 현재 게시물이 연결되지 않음. 옮긴이]]

40) Boewe, Jörn, and Johannes Schulten. *The Long Struggle of the Amazon Employees*. Brussels: Rosa Luxemburg Foundation, 2017, 39.

41) 아마존에서의 파업에 관한 사브리나 아피첼라의 중요한 연구로 Apicella, Sabrina. *Amazon in Leipzig. Von den Gründen (nicht) zu streiken.* Berlin: Rosa Luxemburg Stiftung, 2016. 참조.

42) "Airborne fulfillment center utilizing unmanned aerial vehicles for item delivery," US Patent 9305280 granted 2016 to Amazon Technologies, Inc., Berg et al. https://www.google.com/patents/US9305280.

43) Edwin Lopez, "Why Is the Last Mile so Inefficient?" *Supply Chain Dive* (blog), May 22, 2017, https://www.supplychaindive.com/news/last-mile-spotlight-inefficient-perfect-delivery/443089/.

44) Lyster, *Learning from Logistics*, 13.

45) Lyster, *Learning from Logistics*, 3.

46) UPS SEC filing for 2017, February 2018, http://www.investors.ups.com/static-files/8d1241ae-4786-42e2-b647-bf34e2954b3e.

47) Allen, Joe. "The UPS Strike, 20 Years Later." *Jacobin*, August 8, 2017. https://www.jacobinmag.com/2017/08/ups-strike-teamsters-logistics-labor-unions-work.

48) Bruder, Jessica. "These Workers Have a New Demand: Stop Watching Us." *The Nation*, May 27, 2015. https://www.thenation.com/article/archive/these-workers-have-new-demand-stop-watching-us/.

49) Jacob Goldstein, "To Increase Productivity, UPS Monitors Drivers' Every Move," NPR, April 17, 2014, https://www.npr.org/sections/money/2014/04/17/303770907/to-increase-productivity-ups-monitors-drivers-every-move.

50) "Telematics," UPS Leadership Matters website, https://www.ups.com/content/us/en/bussol/browse/leadership-telematics.html, accessed July 9, 2018.[이 링크는 현재 게시물이 연결되지 않음. 옮긴이]]

51) Frank, Michael. "How Telematics Has Completely Revolutionized the Management of Fleet Vehicles." *Entrepreneur Europe*, October 20, 2014. https://www.entrepreneur.com/article/237453.

52) Burnett, Graham D. "Coming Full Circle." *Cabinet*, no. 47 (2012): 73–77.

53) "ORION: The Algorithm Proving That Left Isn't Right," *UPS Compass* (blog), October 5, 2016, https://www.ups.com/us/en/services/knowledge-center/article.page?kid=aa3710c2.[이 링크는 현재 게시물이 연결되지 않음. 옮긴이]]

54) Post in an independent online forum run by UPS workers, January 2016.

55) Kaplan, Esther. "The Spy Who Fired Me." *Harper's*, March 2015. https://harpers.org/archive/2015/03/the-spy-who-fired-me/.

56) Bonacich and Wilson, *Getting the Goods*, 113.

57) Smith, Rebecca, Paul Alexander Marvy, and Jon Zerolnick. *The Big Rig Overhaul. Restoring Middle-Class Jobs at America's Ports through Labor Law Enforcement*. New York: National Employment Law Project, 2014.

58) Entry by user identifying as an Amazon Flex driver on an online job review website, March 2017.

59) *Lawson v. Amazon Inc.*, case filed at United States District Court of California, 2017, http://www.courthousenews.com/wp-content/uploads/2017/04/Amazon.pdf.

60) Entry by user identifying as an Amazon Flex driver on an online job review website, April 2017.

61) Sekula, Allan. *Fish Story*. Düsseldorf: Richter, 2002, 12.

62) Cuppini, Niccol , Mattia Frapporti, and Maurilio Pirone. "Logistics Struggles in the Po Valley Region: Territorial Transformations and Processes of A ntagonistic Subjectivation." *South Atlantic Quarterly* 114, no. 1(2015): 119–34.

놀이의 공장 :
게임

3

미국 제45대 대통령 도널드 트럼프의 수석 전략가였던 스티브 배넌은 한때 디지털 이민자들의 노동력을 기반으로 한 사업에 6,000만 달러를 투자한 적이 있다. 2006년 배넌은 이전 직장인 골드만삭스를 설득해 당시 월드 오브 워크래프트와 같은 대규모 온라인 비디오게임과 연결된 지하 경제의 가장 중요한 업체 중 하나였던 인터넷 게이밍 엔터테인먼트(이하 IGE)라는 회사에 투자하도록 했다. 이 게임은 전 세계 수백만 명의 플레이어가 온라인에서 즐기는 가장 인기 있는 게임 중 하나였으며, 지금도 여전히 인기 있는 게임으로 남아 있다. 배넌이 투자할 당시 월드 오브 워크래프트의 온라인 공간에는 700만 명이 넘는 플레이어가 활동하고 있었다. 월드 오브 워크래프트의 디지털 세계에는 어두운 숲, 광활한 평원, 푸른 언덕, 우뚝 솟은 산, 넓은 바다, 거대한 도시, 수많은 인간과 마법 생물들이 사는 조용한 마을로 이루어진, 그래픽이 인상적인 중세풍의 풍경이 담겨 있다. 플레이어는 몬스터를 처치하고, 풍경을 탐험하고, 사교 활동을 하고, 퀘스트를 완료하면서 자신의 아바타 스킬을 발전시키고 골드와 가상 상품들을 축적하며 게임 레벨을 천천히 올려간다.

인내심이나 시간이 부족한 사람들을 위해 IGE는 게임 내 통화인 '골드'를 실제 돈으로 교환할 수 있는 서비스를 제공했다. 이 회사의 웹사이트에서는 무기와 희귀한 '마운트(mounts, 탈 수 있는 생명체)' 같은 가상 상품도 판매했으며, 캐릭터 레벨링 서비스도 제공했다. 플레이어는 자신의 계정을 넘겨주고 돈을 지불하면 몇 시간 후에 원하는 레벨로 되돌려받을 수 있었다. 게임 퍼블리셔가 금지하고 많은 플레이어가 눈살을 찌푸렸지만, 가상 상품을 실제 돈과 비공식적으로 거래하는 것은 수백만 달러 규모의 사업으로 2006년 당시 로스앤젤레스, 상하이, 홍콩에 지사를 둔 IGE는 이런 사업을 벌이는 곳 중 가장 큰 업체로 꼽혔었다. 하지만 배넌의 투자자들에게는 불행하게도 IGE는 얼마 지나지 않아 곤경에 처하고 만다. 플레이어들은 게임 내 화폐를 실제 돈으로 거래하는 것이 게임의 즐거움을 "실질적으로 저해"하고 "감소"시킨다며 집단 소송을 제기했다.[1] 게다가 게임 퍼블리셔인 블리자드 엔터테인먼트가 실제 돈 거래에 대해 강경한 조치를 취하면서 IGE는 수익성을 유지하기가 더욱 어려워졌다. 결국 IGE의 가상 화폐 사업은 해외에 매각되었고 투자는 실패로 돌아갔으며, 회사는 방향을 바꾸어 '아피니티 미디어Affinity Media'로 사명을 변경하고 여러 게임 웹사이트와 커뮤니티를 운영했다. 배넌은 2012년 악명 높은 브레이트바트 뉴스의 회장이 될 때까지 아피니티 미디어의 CEO를 역임했다.

당시 IGE와 마찬가지로 가상 상품과 화폐를 거래하던 지하 산업은 전체적으로 타격을 입었으나, 오늘날에도 월드 오브 워크래프트와 다른 게임에서 계속 존재하고 있는 상태다. IGE와 비슷한 법적 문제에 부딪힌 대부분의 서구 플랫폼들은 이미 공급처를 확보하고 있던 아시아, 특히 중국으로 사업장을 옮겼다. 2006년에 이르러서는 중국의 전문 플레이어 노동자들이 IGE 인벤토리를 압도적으로 대부분 공급하고 있었다. 서양 서버로 이주한 이러한 디지털 이주자들을 흔히

"중국 골드 파머Chinese gold farmers"라고 부른다. 사실상 배넌은 거의 전적으로 중국인 (이주) 노동력을 기반으로 했던 회사에 들어간 셈이다.

로스앤젤레스, 베를린, 선전을 오가는 게임 노동력

언뜻 보기에 게임 산업은 테일러리즘 공장과 가장 거리가 먼 직장으로 보이며, 재미나 놀이와 관련된 자유롭고 창의적이며 비공식적이고 비위계적인 업종이라는 이미지를 갖는다. 그러나 3장에서는 게임 아이템을 얻기 위해 몇 시간이고 게임을 플레이하는 중국 파머들의 노동처럼 지루하고 반복적이며 단조롭고 규율화된 게임 노동이라는 게임 산업의 이면을 조명해본다. 게임을 제작하고 유지하는 데 투입되는 노동이나 게임 내부 경제에서 소비되는 노동 모두 창의적이거나 소통을 통해 이뤄지기보다는 지루하고 반복적인 경우가 대부분이다. 물론 게임 산업에는 고액 연봉을 받는 스타 디자이너와 수만 팬들을 거느린 유명한 e-스포츠 스타가 되는 프로 플레이어도 있지만, 이들은 한 게임의 같은 파트에서 몇 달 동안 같은 작업을 반복 수행하는 수많은 테스터와 파머 없이는 존재할 수 없다. 이 책을 쓰게 된 동기와 연결지어 얘기하자면 나는 이 사람들의 노동에 가장 큰 관심을 갖고 있다.

3장의 주인공은 첫째, 중국 디지털 팩토리의 이른바 '골드 파머'와 둘째, 게임을 제작하는 거대 기업의 게임 개발 및 품질보증에 종사하는 디지털 노동자다. 두 노동자 그룹 모두 게임 산업의 복잡한 대륙 간 가치 사슬에 속해 있다. 이들의 일상에 초점을 맞춰보면 게임 산업은 어른이 되기를 거부하는 괴짜들의 놀이터가 아니라 여기가 바로 디지털 팩토리라는 이미지를 구성하게 될 것이다. 다음 섹션의 주제인 골드 파머는 디지털 팩토리에 대한 흥미진진한 모양새를 보여주는 곳에서 일하는 경우가 많다. 이러한 게임 공장 중에는 수백 명의 노동자와 대규모 기숙사, 교대 근무 시스템, 할당량, 감독관이 있는 곳도 있다. 플레이어들은 하루 24시간 온라인게임이 실행되는 컴퓨터 앞에서 교대로 근무하며 디지털 재화를 축적하고, 이 재화는 주로 자신의 경험을 업그레이드하려는 서양 플레이어들에게 재판매된다.

3장의 첫 번째 부분에서는 게임 내 지하 산업의 정치경제학에 집중한다면, 두 번째 부분에서는 게임 제작에 대해 살펴본다. 최신 비디오게임을 개발하는 데는 수억 달러의 비용이 소요되며, 개발의 여러 부문에 수백 명의 인력이 투입된다. 3장에서는 특히 이 과정에서 덜 화려하게 여겨지는 부분인 품질보증 및 테스트 작업자의 업무에 초점을 맞추는데, 이들은 며칠 동안 대부분을 같은 시퀀스를 계속 플레이하는 데 소모한다. 이들은 단조로움과 반복, 불안정한 환경과 장시간 노동으로 특징지어지는 게임 분야 노동자들의 현실을 대표적으로 보여주는데, 이들의 노동조건은 중국 골드 파머 노동자들에게도 매우 익숙한 것이기도 하다. 테스터와 파머 모두 비디오게임의 다면적인 정치경제의 일부라고 할 수 있다. 둘 사이에 큰 차이가 있다는 사실을 부인할 수는 없지만, 게임 산업에서 다양한 형태의 디지털 노동을 연결하는 놀라운 유사점도 관찰할 수 있다.

"하루 12시간, 주 7일 동안 저와 제 동료들은 괴물들을 죽이고 있다."

게임 업계에서 수년간의 소문과 열띤 토론 끝에 2000년대 초반에 골드 파밍이 공장 같은 환경에서 수많은 노동자를 고용하는 수백만 달러 규모의 사업이 되었다는 것이 명백한 사실로 드러났다. 상업적인 골드 파밍의 출발은 좋아하는 게임에서 디지털 재화를 모아 다른 플레이어에게 실제 돈으로 판매하면 돈을 벌 수 있다는 사실을 알게 된 개인 플레이어들이었다. 이 플레이어 중 일부는 여러 대의 컴퓨터를 구입해 동시에 게임을 플레이하기 시작했고, 몇몇 플레이어는 그룹을 만들어 거실과 지하실에 기반을 두고 사업을 전문화했다. 2000년대 초반부터 더 큰 규모의 작업장이 등장하기 시작했는데, 대부분 중국에 위치해 있었다. 소문에 따르면 한국 기업가들은 중국의 낮은 인건비를 악용해 월드 오브 워크래프트와 같은 인기 온라인 롤플레잉 게임에서 직업적 게이머가 될 사람들을 고용하기 시작했다고 한다. 한 연구에서는 2008년 즈음에 40만~100만 명의 디지털 노동자가 골드 파밍 공장에 고용되어 있었으며, 그중 압도적 다수가 중국

에 있다고 추정했다.[2]

　중국은 상대적으로 저렴한 인건비뿐만 아니라 엄청난 게임 인구로 인해 운영의 중심지로 부상했으며, 중국 유저들은 월드 오브 워크래프트 플레이어 중 전 세계에서 가장 많은 부분을 차지한다. 이미 대규모 온라인 비디오게임의 세계에 정통한 이 플레이어들은 교육이 거의 필요 없는 대규모 노동력 풀을 형성 중이다. 중국의 디지털 팩토리는 서양의 골드 파머들을 쉽게 능가할 수 있었지만, 서방 국가에서도 여전히 소수의 파머들이 활동 중이다. 2016년에 캐나다의 한 파머는 하루 12시간을 일해도 겨우 생계를 유지할 수 있었으며, 중국 농장의 생산량 감소로 금 가격이 상승하는 중국의 주요 명절에 가장 큰 수익을 올렸다고 밝힌 바 있다.[3] 새로운 중산층이 게임에 투자할 시간과 돈의 여유가 더 많기에, 고객 대부분은 (신흥 시장인 중국은 말할 것도 없고) 주로 미국과 유럽에 있으며, 일본과 한국에도 상당 규모 존재한다.

　"일주일에 7일, 하루 12시간 동안 저와 동료들은 괴물들을 죽이고 있어요." 2005년 중국의 어느 젊은 노동자가 신문기자에게 월드 오브 워크래프트 게임 디지털 환경에서 이뤄지는 자신의 업무에 대해 이렇게 설명했다.[4] 이 업무를 통해 얻을 수 있는 디지털 재화들은 그를 고용한 사업주를 통해 판매되는데, 게임에서 빠르게 레벨업을 하고자 하는 지루한 플레이어들에게 이런 재화를 제공하는 디지털 플랫폼을 소유한 중개업체들에의해 주로 판매가 이뤄진다. 그의 작업장은 낡은 창고 지하에 있으며 유사 업무를 하는 다수의 노동자와 함께 사용한다. 일반적인 중국 게임 작업장에는 20~100대의 컴퓨터를 갖추고 50~200명의 노동자가 교대 근무를 하며 모든 컴퓨터가 끊임없이 실행되도록 유지한다. 일부 작업장 그룹은 취미로 생계를 꾸리려는 이들로 구성되기도 하지만, 대부분은 전문적이고 체계적인 방식으로 운영된다. 이러한 디지털 팩토리 대부분 16~40세 사이 남성으로 채워져 있으며, 상당수 사업장에서 노동자에게 기숙사와 식사를 제공한다.[5]

대부분의 중국 게임 노동자들은 중개 플랫폼 및 서구 고객과 거래하는 데 필요한 컴퓨터, 게임 소프트웨어, 계정은 물론 언어 능력과 페이팔 계정 또는 기타 결제 인프라가 부족하기에 어쩔 수 없이 골드파밍 공장 소유주에게 노동력을 파는 신세가 될 수밖에 없다. 특히 규모가 큰 작업장은 고도로 조직화된 방식으로 운영되는 경향까지 보인다. 일부 작업장에서는 감독관, 펀치 카드, 교대제를 통해 하루 24시간 컴퓨터를 계속 가동하기도 한다. 이러한 디지털 팩토리 상당수는 인터넷 카페와 작업장이 같은 공간에 혼재된 형태로 설계되기도 한다. 유니폼, 에어컨, 동기 부여를 위한 포스터가 벽에 붙어 있는 좀 더 전문적인 작업장도 있지만, 오래된 컴퓨터와 허름한 구조, 컴퓨터에서 발생하는 열로 호흡이 곤란할 정도인 작업장도 있다. 소규모 공장에서는 사장이 게임 노동자를 지휘하고 고객과 비즈니스를 진행하는 반면, 대규모 공장에서는 감독관이 노동자를 통제하고 정교한 분업이 이루어지게 된다. 한 게임 작업자가 게임 블로그에 자신의 디지털 팩토리를 이렇게 설명했다.

제가 처음 일했던 골드 파밍은 정말 규모가 컸어요. 이 회사는 최소 만 개의 골드 파밍 계정을 소유하고 있었던 것 같아요. 제 작업장에는 40명이 일하고 있었는데, 일부는 낮에, 일부는 밤에 교대로 파밍을 했어요. 그러니까 그 계정들은 하루 24시간, 일주일 내내 쉬지 않고 파밍에 사용되었다는 얘기죠. (…) 매일같이 정말 정말 피곤했어요. 하루에 최소 10시간 이상 파밍을 했다고 보시면 돼요. 매 순간 컴퓨터 화면을 보고 있어야 하고 항상 같은 장면과 같은 몹들을 보게 되죠. 정말 피곤해요.[6]

이 노동자의 설명처럼 작업은 매우 단조롭고 피곤한 경우가 많으며 교대 근무는 일반적으로 10~12시간 지속된다. 일부 작업자 중에는 열성적인 게이머도 있지만, 골드 파밍 노동 자체를 즐기는 경우는 거의 없다. 일부 파밍 활동은 게임의 더 복잡하고 흥미로운 기능을 포함하지만, 대부분의 파밍은 단순 작업으로 제한된다. 대부분의 다른 게임과 마찬가지로 월드 오브 워크래프트에도 "파밍 지역"으로 간주되는 지역이 있는데, 이는 이곳이 비교적 짧은 시간 안에 골드나 기타 아이템을 축적할 수 있었기 때문이다. 이런 지역에서 자주 골드파머들을 발견할 수 있다. 게임 속 디지털 환경에서 파밍하는 모습을 관찰하다 보면 파밍의 반복적이고 단조로운 특성을 명확하게 파악할 수 있게 된다. 대부분 파머는 게임의 한 가지 수익성 높은 기능이나 허점을 반복해서 활용하는 걸 볼 수 있다. 파머 대부분이 여가시간에는 이 게임에 열정적으로 빠져드는 플레이어들인데, 정작 파밍을 할 때는 놀라울 정도로 많은 이들이 파머들 업무가 단조롭고 지치게 한다고 얘기한다. 한 게임 직원은 이렇게 말한다. "일주일에 6~7일, 하루 12시간씩 같은 것을 반복해서 클릭하다 보면 이게 게임인지 아닌지 알 수 없는 지경에 이르게 되죠."[7]

아제로스의 정치경제학

월드 오브 워크래프트는 아마도 전 세계적으로 가장 잘 알려진 대규모 멀티플레이어 온라인 롤플레잉 게임일 것이다. 2004년 첫 번째 버전이 출시된 이래로 이 게임은 온라인 비디오게임 지형을 크게 변화시켜왔다. 월간 최고 구독자 수가 천만 명이 넘을 뿐더러 이들 중 상당수가 하루 대부분을 게임의 디지털 환경에 몰입해 보내는 월드 오브 워크래프트는 많은 플레이어에게 일상생활의 일부가 되었으며, 빠르게 하나의 문화 현상으로 자리 잡았다. 월드 오브 워크래프트는 2004년 출시 이후 지속적으로 확장해 지난 15년 동안 1억 명 이상의 플레이어를 끌어모았다. 현재 이 게임은 전 세계 여러 지역 서버에서 실행되며 11개 언어로 제공 중이다. 모든 플레이어가 구독료를 지불하는 이 게임은 퍼블리셔인 엑티비전 블리자드Activision Blizzard에 10억 달러의 수익을 안겨준 바 있다. 캘리포니아에 본사를 둔 이 회사는 약 9,600명의 직원을 보유하고 있으며, 여러 사업부를 아우르며 다양한 비즈니스 모델을 통해 <콜오브듀티Call of Duty>, <데스티니Destiny>, <스카이랜더Skylanders>, <디아블로Diablo>는 물론이고 <캔디크러쉬사가Candy Crush Saga>, <팜히어로사가Farm Heroes Saga> 등 엄청난 수의 게임을 다양한 플랫폼에 퍼블리싱하고 있다. 월드 오브 워크래프트는 가장 수익성 높은 게임 소프트웨어 중 하나이며, 다른 문화 형식(예: 텔레비전 시리즈, 책)으로도 자주 등장하는 가장 유명한 게임이다.

플레이어는 월드 오브 워크래프트에 등록한 후 먼저 자신의 아바타를 디자인해야 한다. 아바타는 일반적으로 오랜 시간에 걸쳐 성장하는 비디오게임 캐릭터로, 각자 히스토리와 특정 기능 및 디지털 외형을 갖고 있다. 판타지 세계인 아제로스Azeroth를 배경으로 하는 월드 오브 워크래프트에서는 다양한 유형의 인간 또는 비인간 아바타를 만들 수 있다. 대부분의 아바타는 얼라이언스 또는 호드Horde 둘 중 하나의 진영에 속하며, 두 진영의 지속적인 갈등으로 게임이 구성된다. 아제로스에 입성하면 아바타는 이 마법 같은 중세 세계의 수백만 주민 중 한 명으로 삶을 시작한다. 이제 플레이어는 몬스터를 처치하고, 풍경을 탐험하고, "퀘스트"를 완료할 수 있게 된다. 대부분의 롤플레잉 게임과 마찬가지로 플레이어의 목표는 힘, 민첩성, 정신력, 체력 등 다양한 측면에서 자신의 아바타를 성장시키는 것이다. 월드 오브 워크래프트가 진행되면서 다른 플레이어의 도움 없이는 앞으로 나아가는 것이 점점 더 어려워진다. 따라서 플레이어는 게임 내 기본 사회 단위인 길드를 결성해 서로 결합을 추구한다. 길드는 10명 미만에서 150명 이상까지 다양한 규모의 플레이어 그룹으로 구성되며, 이들은 함께 협력하고 채팅을 통해 대화하며 활동을 조율해 매우 어려운 퀘스트까지 완료할 수 있게 된다.

아바타에 대한 평가는 매우 정교한 지표를 기반으로 이뤄진다. 게임의 다양한 레벨을 통과하는 동안 캐릭터는 힘, 경험치, 무기, 마운트(게임에서 매우 중요한, 탈 수 있는 생물) 등을 수집해야만 게임을 진행할 수 있다. 무기와 방어구armor 등의 아이템을 획득하기 위한 핵심은 게임 내 화폐인 골드라 할 수 있다. 골드는 다양한 생물과 다른 플레이어로부터 약탈할 수도 있지만 약초herb 채집, 금속 채굴, 낚시 등 특정 활동을 통해서도 획득할 수 있다. 아바타가 디지털 노동을 통해 얻게 된 결과물들은 경매장에서 거래할 수 있다. 게임을 즐기는 것은 종종 디지털 소유물에 의해 결정되지만, 이러한 소유물은 보통 특별히 즐겁지만은 않은 작업을 수행해 획득해야 한다. 월드 오브 워크래프트의 많은 플레이는 복잡하고 종종 협동심이 요구되는 흥미진진한 액션을 포함하지만, 지루하고 반복적이며 단조로운 활동도 월드 오브 워크래프트의 큰 부분을 차지한다. 특히 낮은 레벨에서 아바타를 성장시키는 작업은 종종 "테일러리즘에 가까울 정도로 무의미하고 반복적인 플레이 경험을 통해야만 한다. 많은 퀘스트에는 조립식 생산 방식이 적용되어 있다"라고 디지털 문화학자 스콧 레트버그Scott Rettberg는 말한다.[8] 월드 오브 워크래프트에서 골드와 소유물을 축적하고 레벨을 올리는 과정에서 이러한 고된 부분을 피할 수 있는 방법은 거의 없다. 게이머들은 지름길이 없기에 게임 내 소유물이 플레이어가 투자한 시간과 기술을 대표할 수 있다는 의미에서 이 시스템이 공정하다고 생각한다. 하지만 '지루함'에 지쳐 친구를 따라잡고 싶거나 부유하고 강력한 아바타를 동경하는 플레이어에게는 이 시스템이 문제로 여겨질 수 있다. 이 문제가 바로 프로 파머의 기반이 되어주는 것이다.

디지털 그림자 경제

월드 오브 워크래프트는 모든 사용자에게 공평한 경쟁의 장을 제공하기 위해 게임 내 화폐와 아이템을 실제 돈으로 교환하는 것을 공식적으로 허용하지 않는다. 이는 월드 오브 워크래프트처럼 폐쇄적인 가상경제를 가진 게임에서 골드 파밍과 같은 지하경제의 토대가 되어주었다. 골드 파밍에는 다양한 형태가 존재한다. 월드 오브 워크래프트의 경우 가장 고전적인 형태는 게임 내 화폐인 골드를 획득하기 위해 게임을 플레이하는 것이다. 골드 파머는 게임에 로그인해 자신의 아바타로 특정 작업을 수행한다. 월드 오브 워크래프트의 일반적인 임무는 적 무리를 처치함으로써 금과 기타 귀중한 아이템이 떨어지도록 만드는 것이다. 파머는 이 아이템을 가져와 아바타 계정에 쌓아둔다. 이 금은 다양한 플랫폼과 중개자를 통해 나중에 돈을 투자해 디지털 금을 구매하려는 플레이어에게 제공된다. 제공되는 또 다른 서비스는 많은 게이머가 "파워 레벨링"이라고 부르는 것인데, 이 서비스를 통해 게임 노동자들은 다양한 레벨의 게임을 거쳐 아바타를 성장시키며 파워, 스킬, 무기, 골드를 획득하게 된다. 그 후 계정은 구매자에게 다시 양도되며, 구매자는 낮은 레벨에서 캐릭터를 개발하는 데 드는 시간과 노력을 절약할 수 있게 된다. 세 번째는 더 정교한 형태의 파밍으로, 최대 60명의 게임 노동자들을 모아 하이레벨 플레이어 그룹을 구성하는 것이다. 이 프로게이머 그룹은 월드 오브 워크래프트의 최종 레벨에서 정예 몬스터와 싸우는 데 도움이 필요한 고객들에게 가상 용병으로 판매된다.

간단히 구글 검색만 해봐도 월드 오브 워크래프트 골드, 다른 많은 게임의 화폐, 디지털 아이템, 심지어는 개발된 아바타 및 기타 제품을 판매하는 다양한 사이트를 찾아볼 수 있다. 이러한 상점 중 하나는 독일 시장을 선도하는 사이트 'MMOGA.de'이다. 이곳은 다양한 게임 서비스를 제공하며 700만 명 이상의 고객을 보유하고 있다. 월드 오브 워크래프트의 경우 모든 서버에서 골드를 판매하고 있으며, 골드를 획득할 수 있는 방법도 다양하고 파워 레벨링도 가능하다. 이 플랫폼은 "원하는 목표에 빠르게 도달하기 위해 프로게이머만 캐릭터 레벨 조정에 참여할 수 있다"고 약속한다. "우리는 최고의 프로 선수들만 중개한다"라고 광고하며, 이러한 프로 선수들은 "귀하의 계정을 위협할 수 있는 타사 프로그램이나 봇을 사용하지 않는다"라고 주장한다.[9] MMOGA는 2016년에 중국 기업에 3억 유로에 매각됐다.[10] 당시 아무도 매각 금액과 이 거래에 주목하지 않았다는 사실은 이 산업이 수익 측면에서 거대하지만 여전히 음지에 머물러 있다는 사실을 보여준다. 이는 이러한 플랫폼이 활동 무대로 삼고 있는 영역이 법적으로는 회색 지대에 속하기 때문이다. 월드 오브 워크래프트 및 기타 게임의 퍼블리셔는 금을 돈으로 판매하는 것을 분명히 허용하지 않고 있지만, 대부분의 국가에서 가상 아이템과 화폐를 실제 돈으로 판매하는 것에 대한 법률적 제재수단을 제대로 갖추고 있지 않기에 정확한 법적 상태, 즉 합법·불법 여부가 명료하지 않다.

더 나아가 플랫폼은 일반적으로 파머들과 고객 사이의 중개자 역할을 한다. "우리는 증권 거래소와 같다. 우리와 함께 사고팔 수 있다." 상하이에 본사를 둔 게임 작업장 Ucdao.com의 설립자 앨런 치우Alan Qiu는 이렇게 설명한다. "저희는 다양한 일자리를 창출하고 있습니다. 어떤 사람은 1레벨부터 60레벨까지 하고 싶다고 하면 그 일을 해줄 사람을 찾아주기도 합니다."[11] 이건 여가시간이 많지 않은 다수의 플레이어에게 매력적인 옵션이다. 월드 오브 워크래프트에서 최고 레벨에 도달하려면 평균적으로 수백 시간을 플레이해야 하니까

말이다. "저희는 수만 명의 파머로부터 금을 구매합니다. 그리고 소매 플랫폼을 통해 재판매하지요. 그래서 어느 정도는 수출업자에 속한다고 볼 수 있어요." 가상 상품과 화폐를 판매하는 또 다른 대형 플랫폼의 한 직원이 이 비즈니스 모델을 설명하는 방식이다. "유일한 차이점은 상품이 가상의 것이라는 점, 절차가 디지털 환경에서 운영된다는 점뿐입니다."[12] 골드 농장의 소유자는 물론이고, 더 나아가 중개 플랫폼 역시 가장 큰 수익을 확보하게 된다.

글로벌 지하 산업이기에 금 채굴 부문의 수익을 추정하기는 쉽지 않다. 스티븐 배넌의 옛 회사였던 IGE의 경우, 전성기에는 가상 재화의 매출 추정치가 3억 달러에서 100억 달러에 달했다.[13] 당시에는 이쪽 업계가 좀 더 공개적으로 운영되었고 IGE는 대형 게임 퍼블리셔와 계약을 체결하기를 희망하고 있었다. 하지만 그 계약은 체결될 수 없었고 퍼블리셔들은 곧 골드 파밍에 대해 더 엄격한 조치를 취하기 시작했다. IGE는 사업을 홍콩으로 이전했고, 미국 지사는 불만을 품은 플레이어들과의 합의에 따라 월드 오브 워크래프트 가상 재화를 판매할 수 없게 되었다. 홍콩 지사는 몇 년 동안 디지털 골드 및 기타 아이템을 판매하는 가장 인기 있는 온라인 스토어 중 하나였으나, 몇 년간 안정적으로 운영되다가 알 수 없는 이유로 사업을 매각하고 오프라인으로 전환했다. 이러한 격동의 시기 동안 골드 파밍은 지하경제로서의 지위를 공고히 했고, 업계의 전반적인 규모와 발전에 대한 신뢰할 수 있는 데이터와 정보를 수집하는 것을 상당히 어렵게 했다. 일부 플랫폼은 중개 역할에 집중하려다 보니 실제로 골드 파밍 노동이 이루어지는 현장, 즉 게임 노동의 디지털 팩토리에 많은 위험부담을 떠넘겼다.

이중 이주자

인터넷 카페에서 파밍을 하던 1세대 노동자들은 대부분 학생이었는데 이들이 자기 소유의 골드 농장을 열고 농촌 출신 이주민을 점점 더 많이 고용하면서 중국 농업 인력의 구성이 수년에 걸쳐 변화하고 있다. 선전에 있는 농장주 웨이 샤오량Wei Xiaoliang은 사우스차이나모닝포스트에서 "대학생보다는 젊은 이주노동자를 고용하는 것을 선호해요. 학생들에게는 급여가 좋지 않지만 시골에서 온 젊은 이민자들에게는 상당히 매력적이죠"라고 말한다.[14] 이들 중 일부는 한때 실제 농부였다가 중국의 호황을 누리는 도시로 이주한 사람들이다. 월드 오브 워크래프트의 온라인 공간에서 그들은 두 번째로 이주노동자가된다.

　2011년 게 진Ge Jin이 제작한 단편 다큐멘터리 <골드 파머>는 중국 디지털 노동자들의 삶에 대한 통찰력을 담은 드문 작품이다.[15] 저예산으로 제작된 진의 다큐멘터리는 여러 중국 게임 작업장의 노동

환경에 대한 통찰력으로 특히 흥미롭지만, 골드 파밍 노동의 또 다른 측면에 대해서도 집중적으로 다루고 있다. 이 다큐멘터리는 게임 속 파머들의 경험과 서양 플레이어와의 상호작용을 조명하고 있는데, 이런 만남은 종종 적대적인 경우가 많다. <골드 파머>에 등장하는 한 중국인 게임 노동자는 "중국인 파머라는 사실을 알아채면 여기 있을 자격이 없다고 퍼붓거나 이유 없이 공격하기도 한다"[16]고 말했다.

많은 서양 플레이어들이 게임 진행을 위해 골드 파머의 서비스를 이용하지만, 월드 오브 워크래프트의 통상적인 문화는 상업적 파밍과 실제 돈이 사용되는 골드 매매를 인정하지 않는다. 이는 부정행위로 간주될 뿐만 아니라 인플레이션을 유발한다는 플레이어들의 인식 때문에 게임 내 경제뿐만 아니라 게임 정신에도 어긋난다고 볼 수 있다. 따라서 골드 파머는 이러한 활동으로 인해 정기적으로 공격받게 된다. 골드 파밍을 하는 디지털 노동자들은 많은 서양 플레이어들이 골드 파밍을 혐오한다는 것을 잘 알고 있다. 때로는 자신도 열정적인 플레이어이기에 자신의 일이 여가시간을 보내는 게이머의 플레이를 방해할 수 있다는 것을 잘 알고 있다. <골드 파머>에 등장하는 한 노동자는 이렇게 설명한다.

직업적 게이머(파머)는 보통 한곳에 머물면서 같은 몬스터를 계속해서 죽이고 골드를 지속적으로 획득하죠. 이것이 그의 직업이기도 하지만, 상사의 압박 때문에 그는 그 자리를 지키고 있어야 해요. 다른 플레이어가 그

자리에 오면 그는 그들과 싸울 수밖에 없죠. 일해야 하고 압박감을 느끼니까요. 그래서 우리 직업적 게이머들은 일반 게이머들에게 영향을 미칩니다. (…) 게임에서 직업적 게이머를 만나면 그의 직업을 이해하고 약간의 공간만 열어주셨으면 좋겠어요. 그는 매우 감사해할 겁니다. 그러면 그는 자기 공간에서 더 이상 움직이지 않고 당신을 방해하지도 않을 겁니다. 그에게는 약간의 공간만 있으면 됩니다.[17]

월드 오브 워크래프트의 공간에서 파밍은 인종에 따라 크게 나뉘어져 있다. 모든 파머가 중국 출신은 아니며 대부분의 중국 플레이어가 골드 파머인 것도 아니다. 그러나 게임 용어에서 "중국인" 또는 "중국인 플레이"라는 표현은 골드 파밍과 동의어가 되어 있다. 온라인 게임 내에서 인종을 구분 지을 수 있는 출발점은 육체가 될 수 없기에, 이를 구분 짓는 주요 표식은 특정 플레이 스타일, 즉 게임 내 노동이 될 수밖에 없다. 많은 경우에 파머는 쉽게 발견할 수 있으며, 종종 수익성이 좋은 위치에 함께 머무르며 골드를 얻기 위해 동일한 반복 작업을 수행하곤 한다. 아바타가 게임을 플레이하는 것이 아니라 일하는 것으로 보이는 행동을 하거나, 심지어 파밍을 하는 것으로 알려진 장소에 머무르는 것만으로도 인종차별적 공격의 대상이 될 수 있다. 따라서 파밍 노동은 심하게 인종화되어 왔으며, 파밍에 대한 반감은 인종차별적인 이미지와 슬로건으로 인해 더 강화되고 있다.

일부 작업자의 유일한 임무는 경계하는 플레이어나 블리자드의 게임 내 경찰인 "게임 마스터"에게 들키지 않고 구매자의 아바타에게 골드를 전달하거나 게임 내 신규 고객을 유치하는 것이다. 따라서 골드 파머들의 행동은 종종 오프라인 거리의 마약상(서양인들의 머릿속에서는 거의 항상 이주민으로 등장하는 인물)에 비유되기도 한다. 채팅 채널의 값싼 골드 판매 광고는 종종 파머에 대한 분노의 원인이 되며, 이런 광고들로 인해 블리자드는 게임 내 메시지를 통한 판매를 상당히 어렵게 만드는 스팸 방지 시스템을 도입하기도 했다. 월드 오브 워크래프트의 디지털 공간에서 골드 파머는 다른 사람들이 플레이하는 공간에서 일하는 불법이민자로 취급된다. 게임 내 배경에서는 합법적인 "레저 플레이어"와 달갑지 않은 "플레이어-노동자"를 구분하기 위해 인종 프로파일링이 지속적으로 돌아간다. 이름이 숫자로 구성되어 있거나 어떤 식으로든 "서양인"이 아닌 것처럼 보이는 아바타는 종종 의심을 받으며, 말을 걸어도 반응하지 않는 플레이어도 마찬가지다. 심지어 서양 플레이어들은 "자경단" 그룹을 결성해 "중국인 파머"를 사냥하기도 한다.

　다큐멘터리 〈골드 파머〉는 서양 플레이어와 골드 파밍에 대한 서양 플레이어의 반응에 대해서도 다룬다. 미국의 하드코어 플레이어 가레스Gareth도 그중 한 명으로, 게임 전용 라디오쇼를 운영하는 인물이다. 그는 "골드 판매 산업"에 반대하는 웹사이트를 운영하고 있기도 하다. 골드 파머에 대한 의견을 묻는 질문에 그는 "골드 파머들은 회사의 지적 재산권을 존중하지 않을 뿐만 아니라 게임의 다른 플레이어에 대한 존중도 없다"고 주장한다.[18] 그는 잘 알려진 파머들 목록과 그들의 전형적인 위치가 담긴 웹사이트를 운영하는 다양한 서양 플레이어 그룹에 대해 설명하면서 "사람들이 진짜로 지루할 때 나가서 파머들을 죽이고 돈과 아이템을 모으지 못하게 한다"는 말을 전한다.[19] "죽이기killing"란 파밍에 사용되는 아바타를 죽이거나 방해해 그들의 업무를 더 어렵게 하는 행위를 의미한다.

플레이어들은 "중국 골드 파머들은 죽어야 한다"와 같은 제목으로 파머들을 공격하는 동영상을 유튜브에 업로드하기도 하고, 중국 골드 파밍에 반대하는 노래와 동영상을 제작하기도 했다. 리사 나카무라Lisa Nakamura는 자신의 훌륭한 논문에서 이런 영상이 월드 오브 워크래프트에서 노동의 인종화에 어떻게 기여하는지 보여주고 있다.[20] 다큐멘터리 <골드 파머>에 등장하는 플레이어 가레스는 자신의 라디오쇼가 기획한 파밍 노동자들 습격에 대해 이렇게 설명한다.

저는 월드 오브 워크래프트 라디오 방송에서 동부 역병의땅(Eastern Plaguelands)에 있는 티르의 손(Tyr's Hand, 월드 오브 워크래프트의 한 장소)이라는 유명한 장소로 갔는데, 그곳은 드롭(생물을 죽이면 얻을 수 있는 골드와 아이템)이 많아 파머들에게 매우 인기가 많아요. 쇼가 진행되는 동안 약 20명이 그곳에 가서 캠프를 차리고 파머들이 반응할 때마다 죽였어요. 정말 재미있었어요.[21]

디지털 노동/디지털 이민

이 중국 노동자들은 묘한 이중적 지위를 갖는다. 이들은 출신 국가에 머물면서 글로벌 사우스의 신흥 디지털 노동계급에 속하지만, 게임이라는 공간과 그 주변 문화 속에서 많은 경험을 하고 '현실 세계' 이주민의 거의 모든 특징을 갖고 있다. 그들은 게임 공간 자체의 헤게모니 문화와는 다른 위치에 있는 노동자로서 게임 공간에 들어온다. 그들의 노동력은 서구 플레이어에게 서비스로 판매되는데, 이는 다른 서구 플레이어의 공격을 받는 이유이기도 하다. 다른 사람들이 여가 시간을 보내는 곳에서 일하는 것은 다양한 '오프라인' 직종, 특히 서비스 부문에서 일하는 이주노동자들의 공통 특징이다. 골드 파머들은 그들이 대표하는 계층과 경제적 지위 두 가지 측면 모두에서 이주민이자 글로벌 사우스의 '값싼 노동력'이라는 이중적 지위로 살고 있다. 흥미로운 점은 이러한 이중적 지위가 한 사람에게서 나타난다는 점이다. 골드 파머는 중국 작업장에서 일하는 주변부의 외주 노동력인 동시에 디지털 영역에서 인종차별적 공격을 받으면서도 파밍이라는 더러운 일을 하는 이주민이기도 하다.

인도 IT 노동자의 이동성에 관한 중요한 민족지학 연구에서 어니시A. Aneesh는 디지털 기술이 가능케 한 새로운 형태의 노동 이동성을 조명하기 위해 '가상 이주'라는 개념을 만들었다.[22] 많은 인도 디지털 노동자들이 유럽, 미국 또는 호주로 이주하는 반면, 일부는 인도에 남아 있지만 서구 기업을 위해 일하고 있다. 인건비 및 인프라 비용과 고객 현장 근무에 대한 수요를 맞추기 위해 다양하고 유연한 임시직 모델이 활용되고 있다. 이러한 프로세스는 인도의 IT 핫스팟(그리고 지역 및 국가별 이동성의 특정 패턴)을 다른 글로벌 사이트와 다양하고 복잡한 방식으로 연결해줌으로써 통상적인 아웃소싱 전통에 새로운 차원을 보태준다. 어니시는 가상 이주라는 용어를 사용해 해외 고객을 위해 일하면서 인도에 머무는 노동자의 경험을 설명하는데, 이 노동자의 노동은 물리적 위치와 일치하지 않는 문화적·공간적·시간적 맥락을 갖는다. 그는 인도를 떠나지 않고 서구 기업을 위해 일하는 인도 디지털 노동자들에게 "이주 없는 이주"라는 이름을 붙여주었다.[23]

아웃소싱 같은 개념이 공간적·사회적·경제적 복잡성을 따라잡지 못하는 것처럼, 네트워크 경제에서 지리가 따라잡지 못하는 지점이 있기에 가상 이주 개념은 이를 보완하는 중요한 역할을 해준다. 인도 IT 노동자의 사례보다도 온라인게임의 정치경제학과 중국 게임 노동자의 경험은 아웃소싱과 오프쇼어링offshoring[사업의 해외이전을 말한다. 옮긴이]이라는 익숙한 개념이 네트워크화된 디지털 노동의 현실과 경험을 충분히 설명해주지 못한다는 점을 보여준다. 온라인 멀티플레이어 게임은 많은 여가형 및 프로 플레이어가 깨어 있는 시간 대부분을 보내는 글로벌 경제이자 공유된 생활공간이다. 서양 플레이어에게 골드 파머의 직업을 이해하고 게임 내 공간을 조금만 내어달라는 어느 파머의 간청은 게임 내 상호작용이 경제적 영향만이 아니라 정서적 영향도 미친다는 것을 보여준다. 개별 작업자 입장에서 자신이 받는 공격은, 감정적으로든 작업자 대부분에게 일일 할당량을 채워야 한다는 측면에서든, 작업을 더 힘들게 만드는 요소다. 불법 또는 비공식 경제에서 일하는 데 따르는 물질적 위험, 취약성, 정서적 차원은 디지털 이주자들이나 실제 오프라인에서 일하는 많은 이주자 모두 공유하는 특징이다.

디지털 골드 파밍이라는 지하경제와 그로 인해 발생하는 디지털 이주자들은 새로운 형태의 글로벌 인프라 연결이 가져온 위상 변화를 나타낸다. 디지털 노동의 특성 또는 그 생산물의 특성은 노동의 이동성과 상품의 이동성 범주 사이의 경계를 복잡하게 한다. 네트워크 인프라와 소프트웨어는 천분의 1초millisecond 단위로 데이터를 전 세계로 전송할 수 있게 해준다. 이를테면 서로 다른 두 대륙에서 서로 다른 노동자가 동시에 같은 프로젝트를 진행할 수 있는 것이다. 이로 인해 아웃소싱 및 오프쇼어링과 같은 통상적인 용어만으로는 설명할 수 없는 복잡한 공간 구조가 만들어진다.

이 문제를 더 깊이 이해하는 데 있어 가상 이주 또는 디지털 이주라는 이론적 개념이 도움이 될 수 있을 것이다. 가상 이주 또는 디지털 이주라는 개념을 사용한다고 해서 아웃소싱이나 오프쇼어링이라는 개념과 급진적으로 단절해야 하는 것은 아니다. 오히려 이러한 개념을 기존 이론적 범주에 추가함으로써 디지털 기술과 인프라가 가능하도록 하는 노동의 이동성이 어떤 변화를 겪고 있는지 더 잘 이해할 수 있을 것이다. 더 나아가 디지털 기술과 인프라가 위상 개념의 경제적 공간뿐만 아니라 노동의 이동성 및 노동력 증식과 관련한 문제에도 어떤 영향을 미치고 있는지 알 수 있게 된다. 이것이 바로 글로벌 공간이 지속적으로 이질화되고 있는 경향의 한 단면을 보여주는 것인데, 글로벌 공간은 점점 파편화되고 중첩되는 등 불안정한 지도를 구성하기도 하고, 남/북 또는 중심부/주변부와 같은 기존의 주류적인 범주들에 의문을 제기하기도 한다.

선전의 디지털 게임 공장과 월드 오브 워크래프트의 디지털 경제에서 일하는 농촌 이주민은 '이중 이주민'일 뿐만 아니라 복잡한 경제적 위상을 가진 공간에 거주한다. 월드 오브 워크래프트라는 디지털 공간은 노동력의 현장이면서 노동이 벌어지는 현장이고, 소비의 현장이면서 구매자의 현장이기도 하다. 월드 오브 워크래프트의 정치경제학, 인터넷 인프라, 중개 플랫폼을 통한 다양한 형태의 중개, 결제 시스템 등은 서로 이질적이지만 중첩된 다양한 수준에서 작동된다. 이러한 복잡하고 파편화된 시공간적 구조는 다중적이고 파편화된 노동 형태와도 연결되어 있으며, 따라서 다중적이고 파편화된 이주 형태와도 관련이 있다. 골드 파머는 아마도 이러한 현실을 보여주는 전형적인 사례라고 할 수 있을 것이다.

골드러시 이후

월드 오브 워크래프트에서 중국 골드 파밍의 전성기는 끝났을지도 모른다. 수많은 플랫폼에서 월드 오브 워크래프트 골드를 계속 제공하고 있지만, 비즈니스는 다변화되었다. 여가형 플레이어와 게임 퍼블리셔의 골드 파밍에 대한 공격은 이러한 작업장에 경제적 영향을 미쳤으며, 일부 작업장은 계정 및 IP 주소 금지를 통한 강제 폐쇄를 겪기도 했다. 월드 오브 워크래프트에서와 마찬가지로 많은 게임에서 골드 파밍은 금지되어 있으며, 게임 회사들은 가능한 한 골드 파밍을 막으려 노력한다. 월드 오브 워크래프트의 퍼블리셔인 블리자드는 파머와 봇으로부터 게임을 보호하기 위해 수많은 기술 전문가를 고용하고 있으며, 블리자드가 고용한 일종의 게임 내 고객 서비스인 '게임 마스터'는 파머를 사냥하고 파밍이 의심되는 계정을 폐쇄하는 데 대부분 시간을 할애하고 있다. 블리자드는 매달 골드 파밍이 의심되는 수천 개의 계정을 차단하지만, 이러한 조치는 거의 전적으로 파머를 대상으로 이뤄질 뿐 파머를 고용한 고객은 비켜간다. 그 결과, 골드 파밍에 대한 조치로 인해 중국 작업장은 문을 닫고, 직원을 해고하고, 컴퓨터를 팔아야 하는 상황이 반복적으로 벌어지고 있다.

게임 커뮤니티의 소문에 따르면, 블리자드가 게이머 계정 보호를 위한 조치를 취하기 전까지 한동안 해킹된 계정이 시장에 넘쳐났으며, 이로 인해 적어도 한동안은 월드 오브 워크래프트 계정이 은행 계좌보다 더 안전해졌다는 주장이 제기된 적도 있었다. 계정 금지 및 기타 억압 조치 외에도, 블리자드는 파밍 비즈니스 모델을 부분적으로 합법화함으로써 파밍에 대한 새로운 방향을 제시하기도 했다. 2015년에 블리자드는 월드 오프 워크래프트 토큰을 도입했는데, 블리자드에서 토큰을 구매한 뒤 경매장에서 다른 플레이어로부터 골드를 매입할 수 있도록 했다. 경매에서 토큰을 구매한 플레이어는 이를 다시 현금으로 전환할 수는 없지만 한 달간 무료로 플레이할 수 있다. 이 합법적인 골드 구매 방법을 도입함으로써 블리자드는 골드와 화폐 거래 사업 일부를 자신들이 영위하는 동시에 골드 파밍 비즈니스 모델을 약화시킬 수 있었다. 토큰은 월드 오브 워크래프트 골드를 현금으로 전환할 수 없기에 골드 파머들에게는 쓸모없는 것이었다. 이 방식은 골드 파밍 산업이 토큰 가격을 넘어서도록 유지시킬 수 있는 계책의 여지를 남겨두긴 했지만, 월드 오브 워크래프트에서 이 여지는 점점 더 사라지는 중이다.

　중국 남부 지역의 임금 상승도 이 지역 디지털 팩토리에 불리하게 작용하고 있다. 주강 삼각주의 선전 주변 지역에서는 전체 수익에서 더 많은 몫을 요구하는 노동자 투쟁이 조직되고 있으며, 이 지역은 더 이상 저임금 계층에만 의존해 경쟁하기는 어려워졌다. 금광 채굴은 게임 업계에서 계속 문제가 되고 있다. 예를 들어, 최근 몇 년 동안 위기에 처한 베네수엘라의 플레이어들은 현금을 벌기 위해 룬스케이프와 같은 다양한 게임으로 눈을 돌렸다. 초인플레이션 상황에서 골드 파밍은 생계를 유지하기 위해 외화로 돈을 벌 수 있는 방법을 제공해준다. 골드 파밍은 룬스케이프에 긴장을 불러일으켰고, 온라인 포럼 레딧Reddit에서는 게임 내 베네수엘라 파머들을 죽이는 방법에 대한 가이드가 올라와 게이머들 사이에서 논쟁을 불러일으키기도 했다.[24] 많은 사람이 단지 경제적으로 살아남으려는 베네수엘라 파머들을 공격하는 것을 비판했고, 다른 사람들은 그들 활동의 불법성을 주장했다. 그러나 한 베네수엘라 게임 노동자가 호주의 어느 게임 웹사이트에 제보한 내용을 보면 베네수엘라 게임 노동자 중 상당수는 다른 선택의 여지가 거의 없는 것으로 보인다. "매일 게임을 하는 친구들이 있는데요. 그 친구들은 게임을 하지 않으면 그날 밥을 먹을 수가 없어요."[25]

중국, 베네수엘라 및 기타 국가에서 해외 서버를 통해 가상 이주 형태로 일하는 이 노동자들의 경험은 디지털 자본주의에서 노동 이동성의 복잡한 위상들을 적나라하게 보여준다. 온라인게임은 이제 경제적 공간이 되어버렸다. 즉 게임 화폐, 파밍 노동, 다양한 갈등을 중심으로 복잡하고 흥미로운 정치가 이루어지는 노동과 착취의 현장이 되었다는 얘기다. 이러한 게임의 공간적 성격은 서버와 광섬유 케이블뿐만 아니라 중개 플랫폼과 글로벌 결제 인프라를 포함한 다양한 인프라를 통해 글로벌 불평등에 기반한 복잡한 가치사슬을 발전시킨다. 또한 여가형 게이머와 직업적 게이머가 공유하는 생활공간은 비공식 노동의 인종화를 둘러싼 또 다른 정치를 작동시키고 있다. 디지털화가 노동과 이동성을 근본적으로 재구성하고 있으며, 디지털 이주가 계속해서 더욱 중요한 노동 이동의 한 형태가 될 것이라는 점은 분명하다.

이러한 형태의 디지털 이주 개념은 달라진 유통 형태와 연속선상에서 보아야 한다. 상품이 선박과 비행기뿐만 아니라 대륙 횡단 광섬유 케이블을 통해서도 이동하는 경우가 많아지면서 생산과 유통의 글로벌 지리가 상당 수준에서 재구성되고 있다. 오늘날 노동력의 이동은 다양한 형태로 이루어지고 있는데, 가장 대표적인 것이 더 나은 삶을 찾아 국경을 넘거나 도시로 이동하는 수억 명의 이주민들이다. 또한 글로벌 물류 및 인프라는 노동력이 상품으로 결정화되어 전 세계를 이동할 수 있게 해주며, 통신 시스템은 데이터와 서비스를 장거리로 더욱 빠르게 전송할 수 있게 해준다. 눈에 보이는 형태로 사람과 상품이 이동하는 것에 비해 온라인게임에서 파밍 노동자들이 하는 일을 비롯해 이 섹션에서 살펴본 가상 이주 개념은 명확한 형태를 갖지 않는다. 비공식 부문에서 일하면서 자신을 공격하는 바로 그 계층의 플레이어에게 서비스를 제공하는 동안 인종적 학대와 "여기에 있을 권리가 없는 사람"이라고 공격받는 베네수엘라 노동자는—언뜻 보기에는 좀 달라 보일지도 모르지만—국경을 넘어온 많은 이주민과 아주 많은 공통점을 갖고 있다.

게임 제작: 게임 스튜디오의 노동과 갈등

이제 풍경을 좀 바꿔보도록 하자. 새로운 현장은 베를린의 한 게임 회사 사무실이다. 이곳에서는 월드 오브 워크래프트와 매우 유사하거나 그보다 훨씬 작은 게임이 제작 및 유지·관리된다. 이 사무소는 2016년에 중국 게임 회사에 인수된 독일의 대형 게임 회사 소유로 매각 전과 다름없이 여전히 독립적인 자회사로 계속 운영되고 있다. 이 회사는 2010년에 파산한 다른 게임 스튜디오를 인수해 베를린 사무소를 열었다. 약 60명의 직원이 베를린의 유명한 알렉산더 광장 근처 오피스 빌딩 6층에 입주해 있다. 대형 스크린, 콘솔, 빈백 의자 beanbag, 탁구대, 에너지 드링크 등 게임 업계가 가진 전형적인 시설을 갖추고 있지만 사무실은 인근의 다른 오피스 빌딩과 크게 다르지 않다. 전형적인 뉴이코노미 인공물과 캐주얼한 분위기이지만, 노사 분쟁이 벌어지는 현장이기도 하다.

스몰라인의 베를린 사무실에서 찾아볼 수 있는 종이는 말 그대로 딱 한 장. 이 종이는 종업원평의회의 것으로 복도 칠판에 붙어 있었다.[26] 종업원평의회 대변인은 "독일 경영조직법Betriebsverfassungsgesetz은 종업원평의회에 관한 모든 정보를 종이로 게시하도록 규정하고 있지만, 모든 내부 커뮤니케이션은 인트라넷을 통해 온라인으로 이루어집니다"고 말한다.[27] 그의 견해에 따르면, 이는 노동자 권리와 관련된 법규와 게임 산업 간의 관계에 대한 패러다임 문제라는 것이다. "제 동료들은 노조와 파업은 엄청나게 시대에 뒤떨어진 것이라 여겨요. 노조는 여전히 종이와 대면 회의를 활용해요. 이메일도, 화상 회의도 없고 정말 구시대적이고 낡은 방식이라고 생각해요."²⁸⁾ 그럼에도 그가 이끄는 종업원평의회는 유럽 최초의 독특한 성공 사례라 할 수 있다. 독일 전역의 많은 '오래된 산업'에서 당연하게 여겨온 종업원평의회, 하지만 파업과 노조라는 선례가 거의 없는 산업 부문인 이곳에서 자리 잡은 종업원평의회의 존재는 매우 특별하다.

독일의 대형 게임 회사 중 하나인 이곳에서 종업원평의회가 조직된 계기는 2012년 게임 버블이 터졌을 때였는데, 이 사건은 대중에게는 상대적으로 주목받지 못했지만 거의 모든 유럽 게임 제작사에게 위기를 불러일으킨 사건이었다. 스몰라인은 거의 100명에 달하는 직원을 해고했고, 다른 직원들은 패닉 상태에 빠졌다. 현재 종업원평의회 대변인을 맡는 사람 역시 퇴사자 명단에 올랐었다. 그의 임시직 계약이 만료된 상황이었고, 회사는 그를 계속 고용할 생각이 없었다. 하지만 그는 임시직 계약이 만료되면 회사가 노동자에게 정식으로 해고 통보를 해야만 한다는 독일 노동법의 허점을 발견했다. 그리고 만일 정식 통보가 없을 경우 해당 노동자를 정규직으로 전환해야 한다[독일의 단시간 및 기간제 근로에 관한 법률(Gesetz über Teilzeitarbeit und befristete Arbeitsverträge) 제15조 제6항은 "근로관계가 체결된 기간의 경과 이후 또는 목적달성 이후에도 사용자가 이를 알면서도 계속되고, 사용자가 이에 대해 지체

없이 이의를 제기하지 않거나 또는 근로자에게 목적이 달성되었음을 통지하지 않은 때에는 그 근로관계가 기간의 정함이 없이 연장된 것으로 본다라고 규정하고 있다. 옮긴이]. 위기 상황 속 혼란은 그에게 유리하게 작용했다. "당시 회사가 수많은 인사 담당자를 해고해버렸기에 모든 것이 매우 혼란스러웠죠"라고 그는 떠올렸다. "그들은 그 법을 몰랐고 저에게 공식 통보를 하지 않았기에 저에게 정규직 자리를 줘야 했어요. 1시간 후에 저는 종업원평의회를 조직하게 됩니다."[29]

그가 보여준 성공 사례는 독일 게임 업계에서 다소 독특한 케이스로 기록되었다. 스몰라인의 경쟁사인 슈프게임 스튜디오의 노동자들이 종업원평의회를 조직하기 시작하자 사업주는 협박과 압력으로 대응했다.[30] 2015년에는 2개의 다른 노동자 그룹이 베르디 노조에 연락해 종업원평의회 조직화 여부를 논의하기도 했다. 같은 해 가을, 노조 사무국장은 함부르크에 있는 슈프게임의 사무실을 방문해 현장 상황을 파악하게 된다. 하지만 그녀의 방문은 계획대로 진행될 수 없었다. 그날 그녀가 도착했을 때, 그녀를 초대했던 노동자들은 사무실 앞 거리에서 그녀를 맞이할 수밖에 없었다. "그들은 바로 그날 아침 해고 통보를 받고 짐을 싸서 바로 건물 밖으로 나가야 했어요. 그들은 완전히 놀라고 망연자실한 상태였지요."[31]

슈프게임은 이번 해고가 종업원평의회의 조직화 시도와 관련이 없다고 주장했지만, 노조와 노동자들은 잘 알고 있었다. 해고된 노동자 중 상당수는 조직화 절차를 공부하기 시작했고 사내 메신저 채널에서 종업원평의회를 출범시키는 최선의 방법에 대해 논의하고 있었다. 알고 보니 해고된 스물여덟 명의 직원 중 상당수가 이 메신저 채팅의 멤버이기도 했다. 슈프게임은 수영장, 무료 음식, 파티장을 갖춘 캠퍼스를 자랑하지만, 많은 직원이 휴가시간 부족, 빡빡한 일정, 낮은 임금에 대해 불만을 제기하고 있었다. 2015년 독일이 법정 최저임금 제도를 도입했을 때, 실제로 많은 슈프게임 직원의 임금이 인상된 바 있다. 대학 학위를 가진 개발자조차도 한 달에 2,000유로 미만을 받고 풀타임으로 일하고 있었던 것이다. 28명의 노동자가 해고된 뒤에도 직장 내 논의가 계속되었고, 많은 직원이 노조에 대해 "회사에 해를 끼치려는 외부 요소"로 간주하고 협박과 공격을 가했다고 증언했다.[32] 마침내 2016년 초에 종업원평의회 설립을 위한 총회가 열렸지만, 결국 절반 이상의 직원이 반대표를 던져 설립에 실패하고 말았다. 6개월 후 슈프게임은 전체 직원의 약 절반에 해당하는 500여 명의 노동자를 해고하면서 종업원평의회 조직화 시도가 유용했다는 사실을 입증했다.

테스트 노동

스몰라인의 본사는 독일 게임산업의 비공식 수도라고 할 수 있는 함부르크에 있고, 이 외에 몰타, 리옹, 이스탄불, 서울, 샌프란시스코, 베를린에 지사를 두고 있다. 스몰라인의 베를린 지사는 함부르크의 슈프게임 캠퍼스와 비교하면 훨씬 덜 화려한 편이다. 베를린 지사의 유일한 업무는 드래곤보이스라는 온라인게임을 유지 관리 및 개발하는 것이다.[33] 이 게임은 월드 오브 워크래프트와 같은 온라인 멀티플레이어이지만 비즈니스 모델에 있어서는 차이가 있었다. 월드 오브 워크래프트가 구독 기반이라면 드래곤보이스는 무료 게임이다. 플레이어는 브라우저에서 게임에 접속해 아바타를 선택하고 게임을 시작한다. 중세와 마법의 세계로 떨어진 아바타는 혼자 또는 다른 플레이어와 함께 퀘스트를 수행하며 힘을 얻고 레벨을 높여간다. 월드 오브 워크래프트보다 더 많은 게임 내 재화를 획득할 수 있으며, 게임 내 재화의 양에 따라 진행 상황이 달라진다. 이것이 바로 스몰라인의 비즈니스 모델이 지닌 핵심이다. 게임에는 구독료나 광고가 없기에 게임 내 화폐 판매가 퍼블리셔의 유일한 수입원이므로 게임 개발팀은 플레이어의 불만 수준을 세심하게 관리해야 한다. 현재 이 게임의 등록 계정 수는 1,700만 개가 넘고, 정기적으로 게임을 플레이하는 사용자는 200만 명이 넘으며, 한 번에 6~7만 명이 게임을 플레이한다. 이 중 게임 내 화폐를 구매하는 플레이어는 극히 일부에 불과하다. 하지만 이 플레이어들은 게임 운영이 수익성을 확보할 수 있을 만큼 충분히 지출하고 있다.

　내 연구가 진행되는 동안 스몰라인의 부서 중 한 팀이 내 관심을 끌었는데, 바로 품질보증 부서에 근무하는 게임 개발자들이었다. 품질보증팀의 주된 업무는 게임에서 오류를 찾아 소프트웨어 엔지니어에게 보고하는 것이었다. 약 2주마다 새로운 버전의 게임이 완성되어 테스트 서버에 업로드되는데 품질보증팀 직원은 이를 플레이하며 오류를 찾아야 한다. "출구, 입구, 다양한 방, 가상 음료, 무기, 움직임 등 모든 것을 테스트한다."[34] 테스터가 오류를 발견하면 '오류 티켓'을 작성해 담당 팀에 보내 오류를 수정하게 된다. 테스트 작업은 매우 단조롭고 반복적인 특징을 가진 업무다. "실제로 게임을 하는 것과 비슷하지만 항상 같은 일을 반복한다는 점만 다릅니다. 매우 피곤하죠."[35] 여가시간에 게임을 즐기는 품질보증팀 직원도 있지만(의외로 많은 직원이 게임을 즐기고 있다), 테스트는 피곤한 일이라고 입을 모은다. "철강 공장에서 1년간 일했는데 여기서 일하는 것만큼이나 피곤했어요. 하루 종일 같은 오류를 재현하기 위해 컴퓨터 마우스를 7만 번 이상 클릭하고 나면 정말 피곤해요."[36]

보통 아침에 가장 먼저 출근하는 품질보증팀 작업자들은 전날 완료된 작업들을 테스트하게 된다. 드래곤보이스는 베를린에서 완전히 처음부터 개발된 게임이며, 50만 줄이 넘는 코드로 구성되어 있고 지속적으로 수정 및 확장되고 있다. 코딩과 달리 테스트 작업은 자동화가 매우 어렵고 사람이 직접 수행해야 하기에 노동집약적인 업무라 할 수 있다. 동시에 이러한 노동 대부분은 광범위한 교육이나 특별한 창의력을 필요로 하지 않으므로 대체성이 매우 높기도 하다. 6주간의 교육 과정을 통해 자격증을 취득한 사람도 있지만, 대부분의 품질보증 작업자는 정식 교육을 받지 않는다. 일반적으로 팀에는 두 가지 유형의 직원이 있다. 첫 번째 유형은 핵심 팀으로, 대부분 스몰라인에서 한동안 근무한 경험이 있다. 이들 중 다수는 수년째 근무하고 있으며, 일부는 회사 내 다른 직무로 이직하기를 희망한다.

두 번째 유형은 게임에 대한 새로운 시각을 위해 단기적으로 필요한 직원들이다. 이들은 "테스트 원숭이testing monkeys"라고 불리며, 몇 달 동안 근무한 후 새로운 그룹으로 교체된다. 이들 중 다수는 인턴으로, 모두 게임 팬이며 게임 업계에서 일하고 싶어 하는 경우가 많다. "급여가 있다는 사실에 놀라는 분들도 있어요. 그들은 이곳에 와서 게임이 어떻게 작동되는지 보게 되어 매우 기뻐합니다. 적어도 처음에는요."[37] 품질보증팀에서 일하고 있는 실무 협의회 책임자의 설명이다.

이런 양상은 스몰라인의 품질보증팀 인턴뿐만 아니라 전 부문에서 똑같이 관찰된다. 알렉산더 광장이 내려다보이는 스몰라인의 베를린 사무실에서 만난 종업원평의회 대변인은 "직원의 90%가 게임 분야의 팬이에요"라고 비꼬듯 말을 이어갔다. "이 위대한 프로젝트의 일원이 되고자 하는 열의에는 집단적 특성이 작동합니다."[38] 이는 많은 노동자가 저임금과 장시간 노동을 기꺼이 받아들이고, 이 분야에서 노조가 자리 잡기 어렵게 만드는 정서를 조장하는 원인이 된다. 함부르크의 슈프게임 담당 노조 간부는 이러한 인상을 다시 한번 확인해준다. "직원들은 모두 게임 팬이고 그곳에서 일하고 싶어 해요. 그렇기에 그들은 종종 낮은 임금과 열악한 근무 조건을 받아들일 준비가 되어 있는 거죠."[39]

스몰라인의 경우, 노동자들 스스로 조직화를 시작한 계기는 해고였지만 임금도 중요한 역할을 했다. 종업원평의회 초창기 멤버 중한 명은 "내가 종업원평의회 설립에 나선 주된 이유는 시간당 5유로를 받기 때문"이라고 설명했다.[40] 5유로의 임금은 당시 독일 정치권에서 논의되던 법정 최저임금보다 훨씬 낮은 수준으로 건설이나 청소 등 일부 업종에서나 볼 수 있었다. 일반적으로 품질보증팀 직원은 게임 회사에서 하위 노동 계층에 속한다. 노동자들은 종종 회사 내 다른 직종으로 승진할 수 있다는 희망에 동기를 부여받기에 저임금, 장시간 근무, 기간제 계약, 그리고 종종 매우 피곤하고 단조로운 형태의 노동을 받아들이는 경향이 있다. 미국의 게임 업계도 상황은 비슷하다. 테스트 인력은 대부분 젊은 노동자로 구성되어 있으며, 이들 대부분은 임시 계약직으로 자신들이 게임 회사에서 가장 낮고 소모적인 노동 계층에 속한다고 생각한다.[41] 노스캐롤라이나에 위치한 북미 일류의 스튜디오인 레드 스톰에서 일했던 전직 품질보증팀 직원은 잡지 《자코뱅》에 기고한 글에서 젊은 노동자들 다수가 "비디오게임 업계의 새로운 할리우드"에서 사다리를 타고 올라가기를 바라며 레드스톰의 품질보증팀으로 입사했다고 말한다. 대부분 임시 계약직으로 시작해 최저임금 수준의 임금을 받으며, 성수기에는 주당 60시간의 근무 시간을 감당해야 한다. 변동 요인도 심하고 프로젝트가 끝나면 계약직들은 해고되는 경우가 다반사다. "임시직이 더 이상 필요하지 않게 되면 한 그룹을 모아놓고 예고 없이 해고하고, 다시 서비스가 필요하면 연락을 주겠다고 말하는 것이 일상적이었지요."[42]

업계 전반에서 볼 수 있는 많은 측면이 동일하게 관찰되는데, 그 중 하나가 바로 '크런치 타임'과 같은 현상이다. 품질보증 테스터의 매우 낮은 급여는 스몰라인의 급여 구조에서 최하위를 차지하지만, 같은 사무실에서 일하는 다른 팀들과 많은 문제를 공유하고 있다. 게임 업계는 직원들의 초과 근무 시간이 많은 것으로 유명하다. 대표적인 사례는 게임, 새로운 레벨 또는 중요한 업데이트가 출시되기 며칠 전과 몇 시간 전의 '크런치 타임'이다. 스몰라인의 한 직원은 이를 다음과 같이 설명한다.

> 크런치 타임이 되면 사람들은 침낭을 가져와 5일 동안 머물면서 출시를 마무리해요. 사무실을 떠날 수도 없고 집에도 갈 수 없어요. 피자를 주문하고 쉬지 않고 일해야 해요. 아이들을 돌보기 위해 집에 가고 싶은 사람이 있다? 그럼 이내 부정적인 시선이 날아오죠.[43]

이 얘기는 게임 업계 인력이 주로 남성으로만 구성된 이유 중 하나를 알려주는 것이기도 하다. 여전히 주로 여성의 몫인 자녀 돌봄은 보통의 경우 장시간의 유연한 근무 시간에 적합하지 않다. 스몰라인

종업원평의회는 근무 시간뿐만 아니라 게임 업계에 만연한 성차별 (이를테면 게임 내 성차별에 관한 유명한 스캔들인 #게이머게이트)도 여성 노동자 비율이 낮은 이유로 꼽았다. 사실 이러한 상호 연관된 문제들, 특히 크런치 타임을 통한 노동 강도 강화와 게임 산업에 만연한 성차별을 둘러싼 투쟁은 글로벌 게임 산업에서 가장 중요한 갈등과 논쟁 지점이 되고 있다.[44] 크런치 타임은 게임 업계에서 오래되고 잘 알려진 현상이라 할 수 있다. "신경제New Economy"라는 신자유주의 정신이 업계 전문화와 결합되어 직원들에게 전문성과 창의성이라는 두 가지 업무 문화의 부정적 측면들만 부각시킨 가혹한 근무 조건을 조장하고 있는 것이다. 신경제의 스타트업 문화는 항상 '창의적'이고 '자유로운' 근무 문화와 광범위하고 종종 보상받지 못하는 초과 근무를 결합해왔다. 특히 대형 스튜디오에서는 수평적 계층구조flat hierarchy와 자유로운 분위기는 사라지고 초과 근무만 남았다.

일렉트로닉 아츠의 사례

오늘날 전 세계 게임 산업은 연간 1,500억 달러가 넘는 수익을 창출하고 있다. 예를 들어, 2013년에 출시된 기록적인 게임인 <그랜드 테프트 오토 파이브Grand Theft Auto V>의 매출은 60억 달러를 돌파했다(이 글을 쓰는 현재 역대 최고 수익을 올린 영화인 <어벤져스: 엔드게임> 매출의 두 배 이상에 해당한다). 이 업계는 <그랜드 테프트 오토>의 퍼블리셔인 락스타Rockstar, 텐센트Tencent, 유비소프트Ubisoft, 소니Sony, 일렉트로닉 아츠Electronic Arts(이하, EA)와 같은 대형 스튜디오를 중심으로 형성되어 있다. EA는 약 9,000명의 직원을 고용하며, 이 중 1,300명이 밴쿠버에 위치한 기업 내 최대 규모 시설에서 근무한다. EA는 이 디지털 팩토리를 캘리포니아의 구글플렉스와 매우 유사한 체육관, 고급 요리, 문화 프로그램 등으로 가득한 캠퍼스로 꾸며놓았다. 모든 디지털 팩토리에서 체육관, 농구 코트와 같은 편의시설은 창의적이고 자유로운 업무 문화를 조성하는 데 핵심 역할을 한다. 그런데 이런 시설에 방문해보면 이게 제대로 활용되고 있는지 의심스러울 정도로 비어 있는 경우가 많다. 스몰라인의 한 직원은 비어 있는 탁구대에 대한 내 질문에 "가끔 2인 회의용으로 사용하기도 해요. 탁구를 치면서 프로젝트에 대해 이야기할 수 있죠. 허리에도 좋아요"라고 답한 적이 있다.[45]

게임 업계는 비디오게임 초창기부터 있었던 '놀이로서의 일'이라는 신화를 여전히 이어가는 중이다. 최초의 컴퓨터게임 중 상당수는 지루함을 달래기 위해 고안된 것이었으며 상업적 또는 문화적 대상으로 진지하게 받아들여지지 않았다. 대부분 대학이 군과 협력해 냉전 시대의 무기를 개발하는 학술 컴퓨팅 부서에서 제작되었는데, 이러한 게임은 시뮬레이션 기술의 스핀오프인 경우가 많았으며 과학자들의 머리를 식히는 데 주로 쓰였다. 컴퓨터와 인터넷이 그랬던 것처럼, 냉전 시대에 구축된 미군과 대학 간의 협력 관계는 디지털 게임 개발의 핵심 원동력이었다.[46] 1962년 매사추세츠 공과대학에서 개발된 유명한 게임인 스페이스워가 그랬던 것처럼, 수십 년 동안 게임은 대부분 연구실에서 일하는 과학자와 엔지니어들이 만든 부산물이자 머리를 식히는 요소에 불과했다. 러시아는 이런 머리를 식히기 위한 수단을 만들어 내는 건 썩 잘하지 못했지만, 적어도 모스크바에 있는 소련 과학 아카데미의 도로드니친 컴퓨팅 센터의 컴퓨터 과학자가 지금까지도 큰 인기를 끌고 있는 게임 테트리스를 발명했다는 점만큼은 사실이다.

이 연구소의 북미 지역 학생들 일부가 이 게임을 유포하기 시작했다. 스페이스워는 인터넷의 전신인 군의 아르파넷ARPANET을 통해 컴퓨터 과학자들에 의해 유포되었다.[47] 베트남전쟁과 학생 시위운동의 맥락에서 일부 젊은 과학자들은 자신들 프로젝트를 후원하는 국가와 군에 대해 점점 더 비판적인 입장을 갖게 되었다. 이런 의미에서 근무 시간 중에 게임을 개발하고 플레이하는 것은 낮은 수준의 항의 중 한 형태라고 이해할 수 있는데, 그레이그 드 퓨터Greig de Peuter와 닉 다이어 위트포드Nick Dyer-Witheford는 그들의 저서 《제국의 게임》에서 그 시절 "가상 게임은 노동에 대한 거부였다. 여가와 쾌락주의의 표현이었고, 출퇴근 시간 기록이나 규율 및 생산성에 대한 무책임의 상징이기도 했다"고 얘기했다.[48] 이들은 특히 1970년대 초 자유분방한 '반노동' 문화를 구현한 초기 게임 회사 아타리Atari를 예로 들었다.

그러나 이들은 오늘날의 대형 게임 기업들에 대해서는 이렇게 말한다. "아타리 시절의 유산이라 할 수 있는 이 무정부주의적 자아 이미지는 소규모 게임 회사에서는 여전히 어느 정도 사실일지 모르지만, EA와 같은 거대 기업과 맞닥뜨리면 현실성을 잃어버리게 된다. 다만 게임 작업의 매력이라는 점에서 여전히 신화적인 요소로 남아 있긴 하지만."[49]

2004년, EA 직원의 배우자가 쓴 공개서한이 스캔들을 불러일으키면서 EA는 게임 업계의 근무 조건에 대한 논란의 중심에 섰다. "EA 배우자"라는 서명을 한 이 블로그 게시물은 그녀의 파트너를 착취한다며 격한 어조로 불만을 토로했고, 서한 말미에는 당시 EA의 CEO였던 래리 프롭스트에게 "직원들에게 무슨 짓을 하고 있는지 알고 있죠?"라는 질문으로 마무리했다.[50] 이 블로그 게시물은 게임 업계에서 노동조건에 대한 끊임없는 논쟁을 촉발시켰다. 2004년 EA에 보낸 공개서한의 핵심은 크런치 타임에 관한 것이었는데, 이는 많은 제작 과정에서 예외가 아니라 일상적인 일로 묘사되었다. "모든 단계에서 프로젝트는 일정대로 진행되었지요. 크런칭으로 인해 일정이 빨라지거나 늦춰지지도 않았고요. 실제 제품에 미치는 영향은 측정할 수조차 없었어요. 연장된 작업 시간은 고의적이고 계획된 것이었으며, 경영진은 자신이 무엇을 하고 있는지 분명히 알고 있었습니다."[51]

EA는 게임 산업이 어떻게 전문화되는지 보여주는 사례이자 동시에 게임 산업의 무정부주의적 이미지를 이용해 노동시간을 늘리고 노동자에게 압박을 가하는 사례이기도 하다. 2004년 사건에 대해 《월스트리트 저널》은 "일렉트로닉 아츠가 전달하는 세련되고 창의적인 이미지와는 달리 회사 내 업무는 빠르게 움직이는 24시간 자동차 조립라인과 비슷하다"고 보도하기도 했다.[52] 2005년과 2006년에 EA는 미지급 초과 근무에 대한 집단 소송에서 소프트웨어 엔지니어들과 1,490만 달러, 그래픽 아티스트들과 1,560만 달러에 합의했다. 그 후 EA 노동자들이 처한 조건은 상당히 개선되기도 했지만, 전반적인 상황은 여전히 많은 부분에서 변하지 않았다. 노동자 대부분은 여전히 크런치 타임이 계속되리라 생각한다. 이는 크런치 타임이 디지털 노동력을 착취하고 노동 규제를 피하기 위해 정기적으로 시행되는 전략임을 알려준다. 많은 경우 크런치 타임은 인력으로부터 더 많은 시간을 확보하기 위한 일반적인 전략으로 해석된다. 창의적 노동의 '자유로운 정신'과 '열정'은 이러한 전략을 가능하게 하는 중요한 문화적 요소라고 할 수 있다.

크런치 타임이 노동조직화와 잉여가치 증대에 중요 요소로 남아 있기는 하지만, 엔지니어의 차고와 지하실에서 시작된 이 산업은 지금까지 먼 길을 걸어왔다. 스몰라인의 베를린 사무실은 게임 회사에서 기대할 수 있는 모든 요소를 갖추고 있지만, 많은 부분에서 인근의 다른 IT 사무실과 차별화된다고 말하기는 어렵다. 게임 업계는 최근 몇 년간 심각한 위기 속에서도 폭발적인 성장을 거듭해왔기에 많은 노동자가 게임 업계가 "성장했다"는 인상을 갖는다.

게임 디자이너와 프로그래머는 직원들 사이에서 핵심 팀으로 테스터보다 더 좋은 조건 속에서 일하며 높은 급여를 받는다. 그러나 소프트웨어 및 게임 업계의 일부 부문에서 만들어진 해커 이미지는 프로그래머 업무의 특징이라 할 수 있는 표준화 및 루틴화의 성격을 모호하게 하는 경향이 있다. 코드는 "소프트웨어 형태로 결정화된 노동"이며, 코드가 생산되는 조건은 매우 다양하지만 코딩 노동은 매우 반복적이고 지루한 경향이 있다. 미디어 이론가인 유시 파리카Jussi Parikka는 프로그래밍이라는 "지루하고 힘든" 현장의 오랜 역사를 지적한 바 있다. 컴퓨팅의 미래는 "사무실 작업으로서의 프로그래밍"에 있다는 앨런 튜링Alan Turing의 발언부터, PARC 제록스에서 코딩 노동을 창의적인 "메타프로그래밍"과 그 기술적 실행으로 나누었던 1970년대부터 현재까지, 파리카는 "공장 노동으로서의 소프트웨어 작업"이라는 문화사를 스케치한 바 있다. 게임 부문 또한 이러한 경향에서 결코 자유롭지 않으며, 높은 수준의 창의적인 코딩 영역에서도 표준화·분업화에 점점 더 의존하고 있다.

호주의 게임 산업 노동자를 대상으로 한 연구에서도 이와 유사한 현상이 확인됐다. 적어도 대형 스튜디오에서 정규직 계약이 더 많다는 점, 제작 과정에서 구조, 표준 및 계층 구조의 증가를 수반하는 전문화 경향이 있다는 점이다.[55] 이러한 경향은 또한 분업화와 더 정교한 노동의 분화로 이어져 전문화와 더 반복적인 작업을 낳는다. 한 노동자의 말을 인용하면 "같은 문을 500만 번 정도 열었고 같은 음향 효과를 5,000번 들었어요. 올해 남은 기간 동안 매일 바이로샷ViroShot을 플레이해서 365일째가 되면 지금까지 플레이한 게임 중 가장 멋진 게임이 되지 않을까 장담해요"라고 말한다. 또 다른 응답자는 이렇게 덧붙였다. "헤드를 만드는 사람이 있고, 바디를 만드는 사람이 있고, 환경을 만드는 사람이 있고, 애니메이션을 만드는 사람이 있어요."[56] 베를린에서와 마찬가지로 아웃소싱은 이 과정에서 큰 부분을 차지하고 있다. 스몰라인의 한 직원은 "그래픽 작업의 대부분은 다양한 텍스처, 자동 노출, 감마 보정, 3D 모델 등 하루에 300벌의 디지털 방어구armor를 제작할 수 있는 전문성을 갖춘 한국의 대형 그래픽 작업장에 아웃소싱됩니다."라고 설명한다.[57] 이러한 노동은 전문적인 골드 파밍 사업이 첫발을 내디딘 지역으로 정확히 옮겨진다.

갈등 · 즐거움 · 물질성

지난 수십 년간 이어져 온 갈등은 업계가 전문화되는 데 기여했으며, 그 혜택은 불균등하게 분배되었다. 게임 노동은 계층화되어 있다. 일부 노동자는 상대적인 안정과 높은 임금을 누리는 반면, 많은 위험부담이 더 유연하고 불안정한 노동자에게 전가된다. 3장에서 다룬 사례는 이러한 노동 체제 간의 마찰이 불만과 노동자 투쟁의 원인이 될 수 있음을 보여준다. 최근 몇 년 동안 세계의 비디오게임 산업에서는 다양한 현장과 갈등 문제가 발생했다. 게임노동자연합Game Workers Unite과 프랑스 비디오게임 노동자 생디카Le Syndicat des Travailleurs et Travailleuses du Jeu Vidéo와 같은 새로운 조직적 기구들은 비디오게임 노동자들 사이에서 집단적 표현 수단을 조직하고 찾고자 하는 열망이 어떻게 계속 확산되는지 보여준다.[58]

분명히 게임 분야에서는 창의적인 작업의 테일러리즘화가 직선적으로, 마찰 없이 진행되지는 않았다는 점을 확인할 수 있다. 대신 이 분야는 게임 제작에 역사를 가진 다양한 노동 체제가 복잡하게 재조합된 모습을 보여준다. 일로서의 놀이의 즐거움은 때때로 현실이 되기도 하며, 중국 골드 농장의 디지털 노동자들도 때때로 일에서 즐거움을 찾는다. 게임 업계 종사자 중 상당수는 비디오게임 팬이기도 하며, 장시간 노동과 저임금으로 인한 고통만큼이나 게임 업계에 종사하는 즐거움도 실재한다. 창의성이 가진 매력과 문화를, 노동력을 더 잘 착취하기 위한 단순한 이데올로기로 치부하는 것은 옳지 않다. 오히려 점점 더 복잡해진 분업의 합리화 및 심화라는 맥락에서 이 노동 체제의 관계와 발전을 이해할 필요가 있다.

베를린에 기반을 둔 테스터와 중국 파머의 업무 프로세스가 어느 정도 비슷하다 할지라도 그들이 처한 일반적인 조건은 엄청나게 다르다. 일반적으로 게임 산업은 콩고민주공화국의 콜탄 채굴, 멕시코의 컴퓨터 조립, 캘리포니아의 코딩 노동, 베를린의 내러티브 개발,

미국의 그래픽 개발, 한국의 수백만 개의 픽셀화된 객체를 생산하는 디지털 노동자, 인도의 고객 서비스 핫라인 또는 베를린의 품질보증, 중국의 CD 및 게임 패키지 생산 등 다양하고 복잡한 생산 및 유통 경로를 포함한다. 게임 1개만 제작하는 데도 광범한 경제 회로와 층위가 연결된다. 디지털 인력들은 전 세계에 분산되어 있으며, 다양한 방식으로 세분화되고 계층화되어 있다.

이 목록은 마지막으로 게임의 노동력, 인프라 및 제품의 물질성을 있는 그대로 보여준다. 온라인 멀티플레이어 게임은 방대한 양의 데이터를 생성한다. 방대한 양의 데이터, 그리고 빠른 인터넷 연결을 통해 여가형 플레이어와 직업적 플레이어 모두가 누릴 수 있는 장점들을 보면, 개인용 컴퓨터, 라우터, 네트워크 연결 및 데이터센터, 광섬유 케이블 등 디지털 연결의 물질적 인프라가 얼마나 중요한지 잘 알 수 있다. 이러한 인프라와 이에 필요한 전기는 게임이 갖는 물질성의 또 다른 측면을 보여준다. 2006년에 니콜라스 카Nicholas Carr는 게임 세컨드 라이프Second Life의 아바타 하나가 브라질의 평균적인 시민만큼이나 많은 전기를 소비한다고 추정했다.[59]

이들 컴퓨터 및 인터넷 인프라는 국경·지역별로 노동력 재생산에 들어가는 특정 비용, 언어 능력, 결제 인프라 및 기타 여러 요소와 상호작용해 복잡한 경제 지도를 생성한다. 국가 경제의 개념적 장치와 상호작용, 그리고 국경이 없는 평면으로서의 인터넷에 대한 이해만으로는 이런 지도 제작을 개념화하기 어렵다. 오히려 이러한 글로벌 인프라의 연결 또는 단절은 국경의 증식 또는 파편화를 의미하며, 이에 따라 노동과 이주의 수치가 증식하거나 파편화된다는 점을 이해할 필요가 있다.

3장

1) *Hernandez v. IGE*, case filed at the US District Court Southern Florida, 2007, https://dockets. justia.com/docket/florida/flsdce/1:2007cv21403/296927.

2) Heeks, Richard. "Current Analysis and Future Research Agenda on 'Gold Farming': Real-W orld Production in Developing Countries for the Virtual Economies of Online Games." Development Informatics Working Paper. Manchester: Institute for Development Policy and Management, 2008.

3) "I am payed to play MMORPGs and it sucks." Anonymous post on Cracked .com, April 16, 2016, http://www.cracked.com/personal-experiences-2228-im-paid-to-play-mmorpgs-its-nightmare-5-realities.html.

4) Gold farming worker cited in the *New York Times*(Barboza, David. "Boring Game? Hire a Player." *New York Times*, December 9, 2005. http://www.nytimes.com/2005/12/09/technology/boring-game-hire-a-player.html 참조).

5) Dibbell, Julian. "The Chinese Game Room: Play, Productivity, and Computing at Their Limits." *Artifact 2*, no. 2(2008): 82–87.

6) Gold farmer, as cited in the blog *Eurogamer*, entry by Nick Ryan, March 25, 2009, http://www. eurogamer.net/articles/gold-trading-exposed-the-sellers-article?page=3.

7) Gold farmer, as cited in the *South China Morning Press*(Huifeng, He. "Chinese 'Farmers' Strike Cyber Gold." *South China Morning Post*, October 25, 2005. https://www.scmp.com/node/521571. 참조).

8) Rettberg, Scott. "Corporate Ideology in World of Warcraft." In *Digital Culture, Play, and Identity*. A World of Warcraft Reader, edited by Hilde G. Corneliussen and Jill W. Rettberg, 19–38. Cambridge, MA: MIT Press, 2008, 30.

9) Quote from MMOGA.de, https://www.mmoga.com/content/Intermediation-Process.html, accessed September 13, 2014.

10) According to the blog *Online Marketing Rockstars*, entry by Torben Lux, June 13, 2016, https://omr. com/de/exklusiv-mmoga-exit/.

11) Gold farm owner cited in the *New York Times*(Barboza, "Boring Game? Hire a Player" 참조).

12) Employee at an intermediary platform, as cited in the blog *Eurogamer*, entry by Nick Ryan, March 25, 2009, http://www.eurogamer.net/articles/gold-trading-exposed-the-sellers-article?page=3.

13) 예를 들어, Dibbell, Julian. "The Decline and Fall of an Ultra Rich Online Gaming Empire." *Wired*, November 24, 2008. https://www.wired.com/2008/11/ff-ige/; Heeks, Richard. "Understanding 'Gold Farming' and Real-Money Trading as the Intersection of Real and Virtual Economies." *Journal for Virtual Worlds Research 2*, no. 4(2009): 1–27. 각 참조.

14) Gold farm owner cited in the *South China Morning Press*(Huifeng, "Chinese 'Farmers' Strike Cyber Gold" 참조).

15) Ge Jin, *Goldfarmers*, parts 1–3. September 20, 2010, https://www.youtube.com/watch?v=q3cmCKjPLR8 , https://www.youtube.com/watch?v=3rezLLMhwSM&t=85s , https://www.youtube.com/watch?v=kCXZNA74iIo .

16) Lao Liu, worker at a gold farm featured in *Goldfarmers*.

17) Another worker at a gold farm featured in *Goldfarmers*.

18) North American gamer and antifarming activist featured in *Goldfarmers*.

19) North American gamer and antifarming activist featured in *Goldfarmers*.

20) Nakamura, Lisa. "Don't Hate the Player, Hate the Game: The Racialization of Labor in World of Warcraft." *Critical Studies in Media Communication* 26, no. 2(2009): 128–44.

21) Nakamura, "Don't Hate the Player, Hate the Game."

22) Aneesh, A. *Virtual Migration: The Programming of Globalization.* Durham, NC: Duke University Press, 2006.

23) Aneesh, A. *Virtual Migration*, 2.

24) Discussion on Reddit, https://www.reddit.com/r/2007scape/comments/6xnfso/killing_venezuelans_at_east_drags_guide/, accessed October 30, 2020.

25) As cited on the website Kotaku, entry by Nathan Grayson, April 2, 2018, https://www.kotaku.com.au/2017/10/the-runescape-players-who-farm-gold-so-they-dont-starve-to-death/.

26) Name of the company has been changed.

27) Interview with QA worker at Smalline Berlin who founded the works council, Berlin, December 2013.

28) Interview with QA worker at Smalline Berlin who founded the works council, Berlin, December 2013.

29) Interview with QA worker at Smalline Berlin who founded the works council, Berlin, December 2013.

30) Name of the company has been changed.

31) Telephone interview with union secretary(ver.di) responsible for Supgame Studios, Berlin/Hamburg, May 2017.

32) Telephone interview with union secretary(ver.di) responsible for Supgame Studios, Berlin/Hamburg, May 2017.

33) Name changed.

34) Conversation with worker at Smalline Berlin who founded the works council on the fringes of an office visit, Berlin, April 2014.

35) Conversation with worker at Smalline Berlin on the fringes of an office visit, Berlin, April 2014.

36) Interview with QA worker at Smalline Berlin who founded the works council, Berlin, December 2013.

37) Interview with QA worker at Smalline Berlin who founded the works council, Berlin, December 2013.

38) Conversation with worker at Smalline Berlin who founded the works council on the fringes of an

office visit, Berlin, April 2014.

39) Telephone interview with ver.di union secretary responsible for Supgame Studios, Berlin/ Hamburg, May 2017.

40) Interview with QA worker at Smalline Berlin who founded the works council, Berlin, December 2013.

41) Bulut, Ergin. "Playboring in the Tester Pit: The Convergence of Precarity and the Degradation of Fun in Video Game Testing." *Television & New Media* 16, no. 3(2015): 240–58. 참조.

42) Former QA worker cited in *Jacobin*(Williams, Ian. "'You Can Sleep Here All Night': Video Games and Labor." *Jacobin*, November 8, 2013. https://jacobinmag.com/2013/11/video-game-industry/ 참조.).

43) Interview with worker at Smalline Berlin who founded the works council, Berlin, December 2013.

44) Woodcock, Jamie. "The Work of Play: Marx and the Video Games Industry in the United Kingdom." *Journal of Gaming & Virtual Worlds* 8, no. 2(2016): 131–43.

45) Conversation with worker at Smalline Berlin on the fringes of an office visit, Berlin, April 2014.

46) 예를 들어, Crogan, Patrick. *Gameplay Mode: War, Simulation, and Technoculture*. Minneapolis: University of Minnesota Press, 2011; Dyer-Witheford, Nick, and Greig de Peuter. *Games of Empire: Global Capitalism and Video Games*. Minneapolis: University of Minnesota Press, 2009; Kline, Stephen, Nick Dyer-Witheford, and Greig De Peuter. *Digital Play: The Interaction of Technology, Culture and Marketing*. Montreal: McGill–Queen's University Press, 2003. 각 참조.

47) Kline, Dyer-Witheford, and De Peuter, *Digital Play*, 87–88.

48) Dyer-Witheford and De Peuter. *Games of Empire*, 27.

49) Dyer-Witheford and De Peuter. *Games of Empire*, 55.

50) The author of the letter created the blog *EA Spouse*, where the letter can be found, entry on November 10, 2004, http://ea-spouse.livejournal.com/274.html.

51) *EA Spouse*, entry on November 10, 2004, http://ea-spouse.livejournal.com/274.html.

52) Guth, Robert A., and Nick Wingfield. "Workers at EA Claim They Are Owed Overtime." *Wall Street Journal*, November 19, 2004. https://www.wsj.com/articles/SB110081756477478548.

53) Berry, David. *The Philosophy of Software: Code and Mediation in the Digital Age*. Basingstoke, UK: Palgrave Macmillan, 2011, 39.

54) Parikka, Jussi. "Cultural Techniques of Cognitive Capitalism: Metaprogramming and the Labour of Code." *Cultural Studies Review* 20, no. 1(2014): 30–52, 42.

55) Thompson, Paul, Rachel Parker, and Stephen Cox. "Interrogating Creative Theory and Creative Work: Inside the Games Studio." *Sociology* 50, no. 2(2016): 316–32.

56) Thompson, Parker, and Cox, "Interrogating Creative Theory and Creative Work", 324에서 인용.

57) Interview with worker at Smalline Berlin, office visit, Berlin, April 2014.

58) Ruffino, Paolo, and Jamie Woodcock. "Game Workers and the Empire: Unionisation in the UK Video Game Industry." *Games and Culture* 16, no. 3(2020): 317–28.

59) Entry on Nicholas Carr's blog, December 5, 2006, http://www.roughtype.com/?p=611.

분산된 공장:
크라우드워크

4

예술가이자 건축가인 닉 매스터턴Nick Masterton은 2013년에 <아웃소싱 오프쇼어>라는 짧은 비디오 클립을 제작했다.[1] 그런데 여기서 '제작'이라는 말은 자신이 직접 비디오 콘텐츠를 생성했다는 뜻이 아니라, 아마존 미케니컬 터크Amazon Mechanical Turk, 태스크 래빗Task Rabbit, 피버Fiverr 등 크라우드워크 플랫폼에 분산된 온라인상의 작업자들에게 사진 촬영과 내레이션을 외주화했음을 의미한다. 이러한 플랫폼에서는 사용자employers가 작은 작업을 올리고, 작업자는 약간의 수수료를 받은 후 자신의 컴퓨터에서 그 작업을 수행한다. 매스터턴은 작업자들에게 그들의 작업장이나 점심식사에 관한 사진을 찍거나 그들의 일상생활에 관한 짧은 오디오 파일을 녹음하라고 요청했다. 작업자들은 그들의 교통수단에 대해 질문받거나, 좋아하는 노래를 부르거나 미래에 대한 희망과 걱정에 관해 말해달라는 요청을 받았다. 그런 다음 매스터턴은 그들의 작업 결과물을 편집해, 전 세계의 작업자들이 개인용 컴퓨터 앞에 앉아 크라우드워크 플랫폼에 올라온 다양한 과제를 해결하는 모습을 시청각적 인상으로 가득 채운 짧은 비디오 클립으로 제작했다.

작업자의 집, 침실, 식탁, 테라스에서 주로 개인용 컴퓨터로 촬영된 사진들은 그들의 음성과 이야기와 어우러져 친밀감을 더했다. 몽타주 형식으로 되어 있는 이러한 사진들은 서로 다른 환경에 처한 수천 명의 작업자가 서로 고립된 채 작업하는, 분산된 형태의 공장scattered factory 모습을 보여준다. 플랫폼의 알고리즘 구조는 이러한 작업자들을 연결하고, 보이지 않는 협력을 조직하며, 글로벌 경쟁에 뛰어들게 한다. '아웃소싱 오프쇼어'의 이러한 추상성과 친밀함은 플랫폼이라는 디지털 팩토리, 즉 외견상 아주 가벼운 방식으로 전 세계의 이질적인 노동력을 조직하는 분산된 공장을 적절하게 포착한다.

오늘날 매스터턴이 비디오 프로젝트에서 사용한 것과 같은 플랫폼은 전 세계에서 수백만 명의 디지털 작업자를 고용하고 있다. 개인용 컴퓨터에서 작업하는 그들은 매우 유연한 온디맨드 노동력을 구성하며, 몇 초 만에 액세스하고 작업을 종료할 수 있다. 이들 대부분은 (아직은) 기계로 계산할 수 없지만, 알고리즘 인프라로 구성된 분산된 인간의 인지로는 쉽게 해결할 수 있는 사소한 작업에 종사한다. 온라인 노동 플랫폼online labor platforms은 새로운 형태의 통제와 유연성을 구현하며, 글로벌 경제의 많은 영역에서 디지털 생산의 분산된 작업장 역할을 하는데, 여기서 특히 가장 주목할 만한 영역은 인공지능 AI의 생산과 학습이다. 오늘날 수백만 명의 작업자가 디지털 노동 플랫폼에 로그인해 사진을 분류하고, 소프트웨어를 테스트하고, 오디오 녹음을 기록하거나, 검색 엔진 결과를 최적화한다. 거의 눈에 띄지 않고 전 세계에 흩어져 있지만, 이러한 작업자들은 디지털 노동계급과 인터넷의 정치경제에서 점점 더 큰 비중을 차지하고 있다.

이 책이 이야기하는 맥락에서 크라우드워크 플랫폼을 통해 조직된 디지털 개수 노동piecework은 디지털 팩토리에 관한 패러다임적이면서도 구체적인 예시를 보여준다. 크라우드워크에서 디지털 기술은 종종 (반)자동화된 관리·협력 및 통제의 형태로 노동의 표준화·분해·정량화 및 감시의 새로운 방식을 가능하게 한다. (다른 많은 긱 경제 플랫폼과 마찬가지로) 크라우드워크 플랫폼은 알고리즘 관리와 자동화된 감시가 특징이다. 이러한 플랫폼의 작업자는 플랫폼과의 계약 관계가 이러한 작은 작업을 완료하는 데 걸리는 시간에만 지속되는 독립 계약자independent contractors다. 이에 이러한 형태의 주문형 노동의 특징은 급진적인 유연성과 우발성이라고 할 수 있다. 디지털 플랫폼은 이주노동자의 일용 노동이나 가내 도급제 노동home-based piecework 등과 같은 수 세기에 걸친 임시직contingent 노동의 전통에 서 있는 것이다.

새로운 방식의 디지털 통제와 전통적인 계약 유연성은 인터넷에 접속된 모든 사람에게 도달할 수 있는 플랫폼의 기능과 결합해, 매스터턴Masterton의 《아웃소싱 온라인》에서 소개된 매우 이질적이고 전 세계에 분산되어 있는 노동력을 포괄inclusion할 수 있게 한다. 전통적인 공장과 달리 이러한 플랫폼은 공간, 시간 또는 생활양식 측면에서 균질화가 거의 필요하지 않다. 이를 통해 고전적인 테일러리즘과 대조되는 중요한 차이점이 드러난다. 즉, 디지털 테일러리즘digital Taylorism은 포디즘적 의미에서의 "대규모 노동자mass worker"를 만들어 내지 않는다는 점이다. 4장에서는 무엇보다도 크라우드워크가 어떠한 방식으로 여성, 돌봄 부담이 있는 사람 및 낙후된 남반구의 새로운 디지털 작업자로 불균형적으로 구성된 새로운 노동력 풀의 생성과 착취를 가능하게 했는지에 대해 기술함으로써 노동의 증식

multiplication of labor을 분석한다. 디지털 플랫폼을 통해 기업은 필요할 때 사용할 수 있고 몇 초 만에 해고할 수 있는 매우 다양한 글로벌 작업자 풀에 접속할 수 있다. 이러한 방식의 노동력 활용의 선구자 또한 아마존이었다.

대여용 인간

2006년 매사추세츠 공과대학(이하 MIT)에서 열린 연설에서 아마존의 창업자이자 CEO인 제프 베조스는 전 세계적으로 유명한 온라인 리테일 플랫폼보다는 알려져 있지 않은 "숨겨진 아마존hidden Amazon"에 대한 인사이트를 제공하겠다고 약속했다.[2] 그는 '아마존 웹 서비스'(이하 AWS)라는 이름으로 운영되는 여러 온라인 서비스, 특히 클라우드 컴퓨팅 인프라를 소개했다. AWS는 대중의 관심은 거의 받지 못했지만, 스트리밍 플랫폼인 넷플릭스부터 CIA까지 다양한 고객을 확보하면서, 아마존을 전 세계에서 가장 중요한 클라우드 컴퓨팅 서비스 제공업체로 성장시켰다. 그러나 베조스는 2006년 MIT에서 서버 팜과 데이터 케이블이 아니라 AWS의 또 다른 부문, 즉 크라우드 워크 플랫폼인 아마존 미케니컬 터크로 발표를 시작했다. 살아 있는 노동력living labor을 서비스로 제공하는 이 플랫폼의 원리는 외주화,

유연성, 확장성 및 온디맨드 이용이라는 클라우드 컴퓨팅의 논리를 따른다.

　AWS의 다른 부문과 마찬가지로, 미케니컬 터크도 처음에는 아마존 자신이 사업 운영에서 마주한 문제를 해결하기 위해 개발되었다. 아마존은 온라인 마켓플레이스를 구축하면서 사이트 내 모든 복제품 및 부적절한 제품을 안정적으로 인식할 수 있는 소프트웨어를 개발하려고 시도했다. 그러나 이러한 작업은 컴퓨터로 처리할 수 없다고 판명 났다. 아마존은 소프트웨어를 지원하기 위해 추가로 노동자를 고용하는 대신, 이러한 작업을 수많은 인터넷 사용자에게 인간 지능 작업human intelligence tasks, HIT으로 외주화하는 미케니컬 터크 플랫폼을 개발했다. 이 소프트웨어는 미리 선택된 제품 목록을 생성하고, 복제품으로 추정되는 제품을 미케니컬 터크 플랫폼에 업로드했다. 여기에 등록된 작업자들은 해당 상품이 복제품인가를 판별하고, 그 대가로 2센트를 지급받았다. 컴퓨터로 처리할 수 없는 작업을 유연하고 확장 가능한 크라우드 노동력workforce of the crowd에 플랫폼 기반으로 외주화하는 이러한 원리는 성공적인 모델로 증명되었고, 아마존은 곧 다른 기업들에 온라인 아웃소싱을 할 수 있도록 플랫폼을 유료로 개방했다. 그러자 다른 기업들도 미케니컬 터크를 사용해 사진 분류, 텍스트의 맞춤법 교정, 제품 설명, 이메일 주소 검색, 여러 조사에 참여, 디지털화, 그리고 모든 종류의 데이터 분류 등 작은 작업을 크라우드에 외주화하기 시작했다.

데이터 처리 작업을 위해 노동자를 고용하는 것은 새로운 일이 아니다. 서기, 비서, 전보 배달원telegraph messenger은 수 세기 동안 있어왔다. 좀 더 최근의 예로는, 다양한 작업을 위해 집에서 번역과 다른 직업을 수행하는 사람들을 고용하는 콜센터가 있다. 초기 인터넷 경제 자체가 처음부터 채팅방 모더레이터, 소프트웨어 테스터, 취미 개발자 및 게임 모더game modder[게임의 디자인이나 동작 등을 변경(modification)하는 사람. 옮긴이], 메일링 리스트 참가자 등에 의해 집에서 유급 또는 무급으로 행해진 노동으로 유지되었다.[3] 그러나 크라우드워크 플랫폼에 의해 가능해진 속도, 규모 및 알고리즘 구성은 크라우드워크를 질적으로 변화시켰다. 인간과 컴퓨터의 상호작용 및 미케니컬 터크에 대한 획기적인 연구를 수행한 릴리 이라니Lilly Irani는 "몇 주 동안 수백 명의 재택근무자를 고용하는 대신 한 사람이 이틀 동안 6만 명의 노동자를 고용할 수 있다. 이러한 속도와 규모의 양적 변화는 인간 노동자를 컴퓨팅으로 이해하게 하는 질적 변화를 가져온다"라고 설명한다.[4]

　　다른 플랫폼들도 곧바로 아마존의 선구적인 플랫폼 비즈니스 모델을 따라 하기 시작했고, 미케니컬 터크는 오늘날에는 베조스가 2006년 MIT에서 "서비스용 소프트웨어software-as-a-service에 대해 들어보았을 것이다. 이것은 기본적으로 서비스용 사람people-as-a-service이다"라고 공식화한 원칙에 따라 운영되는 수천 개의 크라우드워크 플랫폼 중 하나에 불과하다.[5]

온디맨드 노동의 글로벌 생태학

디지털 플랫폼을 통해 조직된 노동력은 전 세계적으로 증가하고 있는 현상이다. 크라우드워크 플랫폼이 노동을 조직하고 통제하는 논리는 긱 경제의 특징이며, 긱 경제는 계속해서 새로운 분야로 그 범위를 넓혀가는 중이다. 우버, 헬플링, 딜리버루와 같은 플랫폼 노동은 '오프라인'에서 수행되기에 특정 지역에 국한되어 있지만, 이와는 별도로 이러한 플랫폼은 주문형 노동, 유연한 계약 및 자동화된 관리와 유사한 논리를 갖는다. 좀 더 일반적으로 디지털 노동을 위한 크라우드워크 플랫폼의 근간이 되는 노동관계는 알고리즘에 기반한 관리와 감시의 확대, 그리고 다양한 부문에서 진행되는 노동시장의 유연화라는 맥락에서 이해해야 한다. 이러한 전개는 긱 경제와 디지털 플랫폼의 한계를 훨씬 뛰어넘는 광범위하고 다각적인 측면에 걸쳐 있다. 이러한 의미에서 이 글에서 설명하는 많은 논리는 디지털 노동 플랫폼에 국한되지 않고, 디지털 자본주의 아래서 노동이 변화하는 중요한 경향으로 분석해야 한다. 따라서 크라우드워크 플랫폼은 알고리즘으로 제어되는 온디맨드 노동의 특별하고 어떤 면에서 극단적인 사례지만, 노동의 미래를 연구하기 위한 실험실로서 꼭 주목해야 할 중요한 추세다.

'크라우드워크'라는 용어는 온라인 플랫폼을 통해 디지털 기기를 이용해 원격으로 작업하는 다수에게 아웃소싱되는 노동을 광범위하게 정의한다. 따라서 크라우드워크 플랫폼은 디지털 노동을 중개하며, 여기서는 노트북이나 스마트폰과 같은 디지털 기기를 통해 데이터를 조작하는 노동으로 실용적인 측면에서 정의한다. 이 점은 우버나 딜리버루와 같은 위치 기반 긱 경제 플랫폼과 가장 큰 차이다. 이러한 플랫폼에서는 노동자들이 자동차, 스쿠터, 자전거를 이용해 승객과 음식을 도시로 운송한다. 그러나 크라우드워커는 이러한 노동자들과 마찬가지로 플랫폼의 노동자가 아니라 일반적으로 정규 계약하지 않은 프리랜서 종사자인 '독립 계약자'로 분류된다. 크라우드워크 플랫폼 대부분은 중개자 역할을 하며, 다른 기업이 수수료를 지급하고 전 세계의 온디맨드 인력 풀에 다양한 작업을 아웃소싱할 수 있도록 한다. 플랫폼은 일반적으로 이러한 작업의 중개뿐만 아니라 노동과정을 세세하게 관리하고 대금 지급과 평가 등을 처리한다. 그러나 이러한 플랫폼들은 노동자에 대한 책임을 회피하기 위해 전략적으로 단순히 온라인 노동시장 또는 기술 회사로 포지셔닝하는 경향이 있다.

불규칙적이고 비공식적이며 매우 글로벌한 특성으로 인해 크라우드워킹 계층의 규모를 측정하는 것은 매우 어렵고 복잡한 일이다. 미케니컬 터크의 초창기부터 비즈니스 규모가 폭발적으로 성장해 상당히 다각화되었는데, 오늘날에는 아마존의 선구적 플랫폼이 오히려 많은 경쟁 업체에 비해 그 규모에서 압도당하고 있다. 전 세계적으로 가장 큰 플랫폼으로는 다양한 디지털 작업을 제공하는 플랫폼으로 2019년에 등록된 프리랜서 수가 2,700만 명 이상인 프리랜서 닷컴Freelancer.com과 1,200만 명 이상의 종사자를 보유한 업워크 닷컴Upwork.com이 있다. 전통적인 노동시장 통계는 이러한 형태의 노동을 고려하지 않는 경우가 많으며, 이러한 노동시장의 전반적인 규모를 측정하려는 시도는 추정으로 봐야 한다. 월드뱅크는 2015년 이러한 플랫폼에 등록된 종사자 수를 약 4,800만 명으로 추산했으며, 중국의 플랫폼을 고려한 2017년의 또 다른 추산에 따르면 7,000만 명으로 증가했다.[6] 물론 모든 종사자가 항상 활동하는 것은 아니며, 일부 계정은 휴면 상태일 수 있으므로 실제 크라우드워커의 수는 이보다 훨씬 적을 수 있지만, 여전히 수천만 명에 이르기는 할 것이다. 이러한 연구 결과를 종합하면 플랫폼 노동이 남반구와 북반구 모두에서 노동시장의 중요한 요소로 자리 잡기 시작했음을 알 수 있다.

오늘날 온라인 노동을 위한 크라우드워크 플랫폼은 매우 다양한 형태와 목적으로 존재한다. 일부는 더 복잡한 작업(예컨대 코더, 디자이너, 번역가)을 위한 플랫폼이다. 이러한 플랫폼에서 프리랜서들은 전 세계를 무대로 일감을 두고 종종 입찰과 경쟁을 벌인다. 이러한 플랫폼의 세계에서 순위·자격·경력은 중요한 지표이며, 종사자의 프로필은 추가적인 일감을 확보하는 데 매우 중요하다. 이러한 플랫폼은 종종 고도의 자격을 갖춘 복잡한 작업을 조직하는 플랫폼으로, 흔히 "매크로워크"라고 불리는 크라우드워크 플랫폼의 스펙트럼에서 한쪽 끝을 뜻한다. 이와 대조적으로 미케니컬 터크와 같은 플랫폼은 대부분 단순한 작업을 제공하며, 크라우드워크 스펙트럼의 다른 편에 속한다. 이러한 작업은 대부분 반복적이며, 끝내는 데 시간이 거의 걸리지 않는다. 나는 이 책 4장에서 베조스가 2006년 MIT 연설에서 "마이크로워크에 관해서는, 1페니 정도라면 사진에 사람이 있는지를 알려주는 대가로 누군가에게 그 돈을 지급할 수도 있다"라고 묘사한 이러한 스펙트럼의 끝부분, 즉 "마이크로워크"에 초점을 맞추려고 한다.[7]

오늘날 아마존 미케니컬 터크는 "글로벌, 온디맨드, 24시간 7일간 일하는 노동력에 접근하세요"라고 광고한다. "미케니컬 터크는 당신의 사업장에서 사람의 손으로 처리해야 하는 간단하고 반복적인 일을 처리하기에 적합하다"라고 이 웹사이트는 주장한다.[8] 로그인한 작업자의 경우 이것은 대부분을 몇 분 또는 몇 초 안에 해결할 수 있는 간단한 작업으로 변환한다. 미케니컬 터크를 무작위로 살펴보면 다음과 같은 HITs를 볼 수 있다. "영수증 이미지를 보고, 영수증의 사업을 식별하시오-보상 $ 0.02", "이미지로부터 신중하게 텍스트를 입력하시오-보상 $ 0.01." 또는 "사진 속 이미지에서 가능한 많은 태그를 제공하시오-보상 $ 0.02."[9] 마이크로태스크 플랫폼에서는 수십만 개의 이러한 작업을 이용할 수 있다.

일반적으로 이러한 작고 간단한 작업은 건당으로 지급되며, 공식적인 자격 요건이 필요하지 않다. 이러한 작업에는 사진의 분류, 연설의 필사, 제품 설명, 사진 또는 짧은 영상의 기록, 설문조사 참여, 디지털화 및 다양한 데이터의 분류와 같은 것들이 포함된다. 4장에서는 크라우드워크의 이쪽 스펙트럼(마이크로워크)에 초점을 맞추지만, 특정 플랫폼에서도 작업의 성격이 매우 다양하기에 마이크로워크와 매크로워크를 명확하게 구분하는 것은 어렵다. 어쨌든, 오늘날 크라우드워크는 단순한 데이터 처리에 국한되지 않고 디지털 노동의 다른 분야로 계속 확장되고 있다는 점을 기억해야 한다.

인공지능 뒷면의 노동

최근 몇 년간 AI의 학습 및 최적화는 크라우드워크의 성장을 추진하는 주요 요인이었다. AI의 발전은 무엇보다 막대한 양이 분류된 훈련 데이터 세트에 기반을 두며, 훈련 데이터 세트를 만들기 위해서는 많은 인력이 필요하다. 오늘날 크라우드워크 플랫폼은 자율 주행차를 움직이는 알고리즘이나 인간의 언어를 이해할 수 있도록 하는 알고리즘에 필요한 수백만 시간의 숨겨진 노동을 공급한다. 130여 개국에서 180만 명 종사자가 등록되어 있는 독일 플랫폼인 클릭워커스는 특히 기계 학습 소프트웨어 개발자에게 "머신러닝을 위해 사람이 최적화한 훈련 데이터로 AI 시스템과 알고리즘을 개선하세요. 우리의 클릭워커는 모든 규모의 프로젝트를 처리해 AI 시스템을 훈련하고 검색 관련성을 개선하며 핵심 서비스의 전반적인 효율성을 높일 수 있도록 지원합니다"라고 자신의 서비스를 광고한다.[10]

클릭워커는 검색 엔진 최적화부터 콘텐츠 제작까지 다양한 서비스와 작업을 제공하지만, 몇몇 다른 플랫폼들은 급성장 중인 AI 애플리케이션용 학습 데이터 분야에만 사업을 집중한다. 초창기 크라우드워크 회사였던 크라우드플로어CrowdFlower는 2018년 'Figure 8'로 브랜드를 변경하고 머신러닝 애플리케이션을 위한 훈련 데이터 세트에만 집중하기 시작했다. 이 플랫폼은 2019년 AI에 중점을 둔 또 다른 크라우드워크 플랫폼인 아펜Appen이 인수했다.

아펜은 웹사이트에서는 "학습 데이터는 자체적으로 라벨이 지정되거나 수집되지 않는다. 신뢰할 수 있는 학습 데이터를 생성하고 주석을 달려면 인간의 지능이 필요하다"라고 광고한다. "우리 플랫폼은 이미지, 텍스트, 음성, 오디오, 비디오, 센서 데이터를 수집하고 라벨을 지정해 가장 혁신적인 인공지능 시스템을 구축, 훈련하고 지속적으로 개선할 수 있도록 지원한다."[11] 이 플랫폼의 백만 명이 넘는 종사자처럼, 다양한 플랫폼에서 점점 더 많은 디지털 노동자들이 스마트 홈 애플리케이션을 위한 AI 음성 인식 소프트웨어의 개발과 교육 및 지원에 참여하며, 디지털 비서를 교육하기 위해 손동작을 비디오로 녹화하거나 자율주행을 위한 알고리즘을 교육하기 위해 사진에 보행자와 신호등을 표시하는 작업 등을 한다.

이러한 사례뿐 아니라 다른 많은 사례도 AI 시스템이 대규모 자금 투자가 이루어지는 중요한 분야임을 보여주지만, 많은 데이터가 필요한 자율주행 분야는 크라우드워킹에 특히 중요한 분야다. 최근 몇 년 동안 포드, 폭스바겐, 제너럴 모터스 같은 전통적인 자동차 생산업체는 물론, 우버, 애플 및 현재 자율주행차 개발의 선두 주자인 웨이모Waymo를 자회사로 거느린 구글과 같은 후발주자들도 완전 자율주행차(및 이보다는 낮은 수준의 주행보조 시스템) 개발에 막대한 투자를 하고 있는데, 웨이모는 현재 개발 분야의 선두 주자라고 할 수 있다. 자율주행 시장을 향한 경쟁은 막대한 자본 투자, 광범위한 대중의 토론, 우버와 구글 간 영업 비밀 도용에 대한 대규모 소송 등의 대립을 포함한 기업 및 기업 집단 사이의 치열한 경쟁으로 특징지어진다. 자율주행차 개발 경쟁의 중요한 구성요소 중 하나는 자동차가 도로에서 마주하는 모든 종류의 사물에 대한 사진이 포함된 주석이 달린 데이터 세트다.

안전이 중요하기에, 무인 자동차는 다른 자동차, 보행자, 자전거, 신호등, 경찰의 교통 검문, 동물, 건설 현장, 포트홀 등 가능한 모든 상황에서 마주치는 것을 인식할 수 있어야 한다. 알고리즘을 학습시키려면 개발자에게는 방대한 양의 주석이 달린 사진과 비디오 자료가 필요하다. 이것이 전 세계의 작업자들이 크라우드워크 플랫폼에 로그인해 그들의 하루 대부분을 비디오 및 사진 자료에 대한 마킹 및 라벨링 작업에 할애하는 이유다. 이러한 자료는 대부분 도로에서 촬영한 동영상에서 가져오는데, 이 작업에는 사진에서 서로 다른 대상에 대해 다양한 형태로 라벨링하는 것이 포함된다. 다른 작업자는 동료의 라벨링이나 다양한 알고리즘이 시뮬레이션에서 내린 결정을 재확인한다. 필요한 학습 데이터의 양과 정밀도에 관한 새로운 요구 사항으로 인해 기존의 많은 플랫폼이 머신러닝을 위한 데이터 주석에 집중하게 되었을 뿐만 아니라 자율주행 차량용 소프트웨어 개발자의 요구 사항을 충족하는 새로운 플랫폼[예: 스케일(Scale), 마이티 AI(Mighty AI)]이 탄생하기도 했다.[12] 작업자 대상 인터페이스를 제공하는 플랫폼인 마이티 AI(이 회사의 작업자 대상 인터페이스를 Spare 5라고 한다)는 2019년 우버에 인수되었고, 우버의 자율주행차 개발에만 전념하기 위해 다른 클라이언트를 상대로 하는 사업을 종료했다.

크라우드워크 플랫폼을 통한 외주화된 노동이 중요한 역할을 하는 다른 많은 분야와 마찬가지로, 자율주행 시스템에 대한 크라우드워커의 숨겨진 기여는 자동화의 주요 프로세스가 인간의 노동력에 의해 대규모로 추진되고 있음을 보여준다. 수십만 명의 플랫폼 노동자가 데이터에 주석을 붙이는 "고스트 워크"는 자율주행차 개발에 매우 중요하다.[13] 많은 자동화 사례와 마찬가지로 자율주행을 둘러싼 담론은 기술에 초점을 맞추고 알고리즘의 능력을 과장하는 동시에 인간 노동력의 필요성을 감추는 경향이 있다.

자동화된 시스템에서 인간 노동력의 중요성은 아마존의 선구적 플랫폼 이름에 잘 반영되어 있다. '미케니컬 터크'는 18세기에 상당한 관심을 끌었던 체스 기계를 가리킨다. 이 장치는 '튀르키쉬' 인형과 외견상으로는 정교한 장치로 구성되어 있었다. 전설에 따르면, 이 체스 기계는 놀랍도록 성공적이었고 심지어 나폴레옹 보나파르트와의 대결에서도 승리했다고 한다. 그러나 그 비밀은 간단했다. 터크는 사실 숙련된 사람이 내부에 숨어서 조작할 수 있는 기계적 환상이었다.[14] 미케니컬 터크는 앨런 튜링Alan Turing에 의해 아이러니하게도 AI 연구의 초기 사례로, 발터 벤야민Walter Benjamin에 의해 역사적 유물론과 신학과의 관계에 대한 우화로 언급되면서, 인간과 기계, 과학과 마술의 경계에 대한 상징이 되었다. 아마존이 이러한 "최초 컴퓨터"의 이름을 따서 플랫폼의 명칭을 정한 것은 회사가 초창기에 이 플랫폼을 광고하기 위해 사용했던 "인공지능"이라는 슬로건이 말해준다.

AI의 개발과 복잡한 환경에서의 활용은 매우 역동적인 과정이었지만, 그것은 또한 큰 좌절과 인간 노동의 지속적인 중요성으로 특징지어졌다. 실제로 자율주행 자동차에 대한 열기가 뜨거웠던 수년의 시간이 지나자, 개발이 둔화되고 있다. 통제되고 제한된 테스트 구역 외부의 교통을 특징짓는 수많은 복잡한 상황을 처리하는 데 자율주행차가 갖는 단점으로 인해 가까운 미래에 완전 자율주행차가 현실화되기 어려울 것이라는 회의적인 목소리가 커지고 있다. 일부 기업들은 원격지에 대기하는 호출 노동자의 활용이 난관에 봉착한 자율주행차를 도울 수 있으리라고 제안한다. 콜센터에서 근무하거나, 플랫폼을 통해 온디맨드 방식으로 근무하는 이러한 소위 '원격조종사teleoperator'들이 자동차 소프트웨어에 의해 카메라에 접근해 차량을 안내하는 역할을 할 수 있다. 이 시나리오는 자신의 침실과 주방에서 처박혀 자율주행 차량을 안내하는 크라우드워커들을 위한 미래의 직업을 보여준다.

여하튼, 디지털 플랫폼에서의 세계 노동이 갖는 현 상황은 자동화를 단순히 좀 더 스마트한 소프트웨어와 정교한 로봇에 의한 일자리의 소멸로 이해할 수 없음을 보여준다. 오히려 크라우드워크는 새로운 기술의 발전이 일의 세계를 뒤흔들고, 일부 일자리를 소멸시키는 동시에 새로운 일자리를 창출하는데, 이것은 가치 사슬을 변화시키는 주요 사례이기도 하다. 어떤 시점에서 사라진 일자리는 변화된 형태로 다른 시점에 다시 나타나는 경우가 많다. 크라우드워크의 경우, 알고리즘에 의해 수행되는 것으로 여겨지는 노동은 실제로 독일의 개인 주택, 베네수엘라의 인터넷 카페, 케냐의 길거리 등에 숨어 있는 수많은 온디맨드 노동자들이 수행하거나 적어도 이들이 지원하는 경우가 많다. 이러한 노동자들은 머신러닝의 발전과 복잡한 관계를 맺고 있으며, 머신러닝이 발전하는 데 중요한 원동력이 되는 동시에 이러한 제품으로 대체될 위험에 끊임없이 노출되어 있다. 그러나 앞서 언급했듯이 이러한 발전은 인간 노동에 대한 새로운 수요를 창출한다. 이러한 노동자들을 고려할 때, 일자리가 없는 미래에 대해 추측하는 것보다는 진정한 지구 차원의 디지털 노동시장의 출현, 새로운 형태의 원격 근무자 조직 및 통제, 새로운 형태의 저항으로 특징지어지는 현재를 분석하는 것이 더 중요하다.

"먹고살기 위해 100유로를 벌어야 해요"

다니엘은 크라우드워커다. 스물일곱 살인 그는 신문에서 크라우드 업계에 대해 접한 후 다양한 플랫폼을 사용해보기로 결심했다. 현재 그는 주로 직원이 5만 명 정도인, 비교적 작은 규모의 독일 플랫폼인 크라우드 구루Crowd Guru에서 일하고 있다. 베를린의 웨딩Wedding 지구에 있는 학생용 아파트에 있는 그의 책상에는 2개의 스크린과 모래시계가 놓여 있다. 그는 이 일이 필요하다. 부모가 베를린 공과대학의 학비를 지원해주고 있고, 조교로도 일하고 있지만 그 돈으로는 충분하지 않기 때문이다. "생계를 유지하려면 한 달에 100유로를 벌어야 하는데, 대부분 잘 되면 400유로 이상을 벌기도 했어요."[15] 낡고 오래된 노동자 계층 거주 지역인 웨딩에서도 임대료가 급격히 오르고 있으며, 돈을 절약할 수 있는 옵션이 거의 없다. 크라우드워킹을 통해 그는 책을 사는 것과 같은 작은 사치도 누릴 수 있다.

다니엘은 작은 텍스트 작업에 특화되어 있다. 크라우드 구루 플랫폼은 일반적인 마이크로태스크 외에도 몇 가지 문자 작업도 제공한다. 이러한 작업은 주로 온라인 상점 및 기타 회사를 위한 제품 설명과 작은 광고 텍스트가 중심이다. 웹사이트가 검색 엔진의 검색 결과에서 상단에 표시되려면 적절한 키워드가 포함된 독창적인 텍스트가 매우 중요하다. 이로 인해 사람이 직접 작성한 텍스트의 수요가 급증했고, 다니엘과 같은 크라우드워커가 이를 충족시켜 준다. 텍스트는 대개 다소 짧으며, 일반적인 작업은 철물점 웹숍의 제품 설명으로, 약 200단어 정도이며 1~2유로를 지급한다. 다니엘은 이러한 작업에서 전문가다. 그가 작성하는 텍스트 대부분은 온라인 상점, 특히 철물점이나 가구점에 대한 제품 설명을 담고 있다. "커튼을 설명하는 방법 수천 가지를 찾았어요"라고 그는 웃으며 말한다.[16]

다니엘에게 크라우드워킹의 가장 큰 장점은 유연한 근무 시간이다. 다니엘은 학업과 부업을 병행하기에 근무 시간이 고정된 일자리를 찾는 것이 거의 불가능하다. 크라우드워킹은 다른 일을 하는 사이사이 그가 원할 때마다 틈틈이 할 수 있다. "오븐에 음식을 넣고 30분 동안 일하고, 두 강의 사이에 쉬는시간이 있으면 노트북으로 커튼에 관한 다른 글을 재빨리 작성해요."[17] 그의 책상 위 컴퓨터 화면 옆에는 커다란 모래시계가 놓여 있다. "시간 내에 시간을 들일 만한 글을 쓸 수 있는지 측정할 때 사용합니다"라고 다니엘은 말한다. 그에게 시간을 들일 만한 일은 곧 (독일의 공식 최저임금보다 훨씬 낮은 금액인) 시간당 5유로 또는 6유로를 받을 수 있음을 의미한다. 충분한 일감이 있는 경우 그는 목표를 달성할 수 있다. 하지만 가장 큰 문제는 플랫폼에서 구할 수 있는 작업 수가 변동이 심하다는 것이다. 가끔은 수익성 있는 일을 찾을 수 없어서 저금이 없는 다니엘에게 재정적인 문제가 발생하기도 한다. 이러한 상황은 크라우드워커들 사이에서 매우 흔한 패턴으로 이어진다. 브라우저 탭에 플랫폼을 항상 열어두고 정기적으로 일자리를 확인하는 것이다. 경쟁이 치열해서 보수가 좋은 일자리는 몇 분 만에 사라질 수 있다. 다니엘은 이러한 형태의 크라우드워크를 싫어하더라도 문자 작업이 없으면 데이터 처리나 사진 태그 지정과 같은 더 전통적인 마이크로 잡을 구해야 한다. "이런 디지털 라인 digital assembly-line은 저에게는 맞지 않아요. 시간당 3유로 이상을 벌려면 엄청나게 빨라야 합니다."

디지털 조립 라인

그가 사용한 "디지털 조립 라인"이라는 개념은 대부분의 마이크로 태스크에 매우 적합한 묘사다. 이러한 작업을 조직하는 크라우드워크 플랫폼에서의 노동은 대부분 극단적으로 분해 및 표준화되어 있다. 작업 대부분은 몇 분 또는 몇 초 내에 처리할 수 있는 아주 작은 작업인 마이크로 태스크로 분해된 거대한 데이터 세트들로 구성된다. 이것이 작동하고 수익성을 내려면, 노동의 조직화 및 무수한 크라우드워커 간의 협업이 대부분 자동으로 조직되어야 한다. 이러한 노동의 분업과 협업의 모습은 작업자의 눈에 보이지 않는 곳에서 작동하며, 알고리즘으로 조직된 협력의 한 형태인 플랫폼에 의해 자동으로 조율된다. 다니엘은 자신도 모르는 사이에 전 세계의 무수한 작업자들과 협력하고 있다. 이런 의미에서 플랫폼에서 일하는 것이 그를 마치 황량한 공장에서 혼자 일하는 것처럼 느끼게 할 수도 있지만, 사실 크라우드워크의 본질은 종종 매우 협력적이다.

마이크로워크는 일반적으로 고도로 표준화되어 있으며, 개별 크라우드워커의 노동력을 알고리즘으로 추적하고 기록 및 평가하는 다양한 기술이 적용된다. 일부 플랫폼에서는 클라이언트가 무작위 스크린샷 또는 키 입력 카운트를 통해 작업자를 통제할 수 있도록 허용한다. 종종 플랫폼이 자동으로 결정하거나 고객이 작업이 성공적으로 완료되었는지 결정하고, 그에 따라 작업자를 평가한다. 이 점에서 가장 극단적인 규제를 시행하는 곳은 아마존 미케니컬 터크다. 여기서 구매자는 작업이 설득력 있게 해결되었는지, 따라서 대금을 지급해야 하는지를 결정할 수 있다. 제품에 대한 권리는 보수를 받든 받지 않든 구매자에게 있다. 이러한 시스템은 작업자가 자신의 업무가 부당하게 거부당했다고 느끼는 상황을 초래한다. 이러한 작업자는 향후 더 많은 일을 받기 위해 작업 요청자의 긍정적인 평가에 의존한다. 따라서 이들에게 작업 거부는 잠재적인 대금 손실뿐만 아니라, 추가 작업에 접근 제한을 의미한다.[18]

보수 지급의 거절이나 다른 문제에 대해 불만을 제기하는 것은 종종 매우 어렵다. 많은 플랫폼은 요청자와 작업자 사이에 직접 연락을 허용하지 않도록 기술적으로 설계되어 있으며, 일부 플랫폼은 작업자가 요청자에게 직접 연락하는 것을 금지하기도 한다. 이는 크라우드워커들의 가장 큰 불만 중 하나다. 임의로 보수를 지급하지 않거나 작업의 논리적 오류와 같은 문제에 관해 작업을 주문한 요청자와 논의할 수 없기 때문이다. 이러한 조건에 항의하는 작업자들은 "우리는 로봇이 아니다"라는 슬로건을 사용했는데, 이는 아마존 물류센터의 노동자들이 주로 사용하는 슬로건이기도 하다.

일부 플랫폼은 작업자와의 소통을 위해 시간과 노력을 투자하기도 하고, 특정 플랫폼과 깊은 연결을 가진 노동자 커뮤니티를 형성하려고 노력하기도 한다. 그러나 마이크로 태스킹에서는 일반적으로 인간의 노동력이 알고리즘으로 관리된다. 이는 인간의 노동력을 컴퓨팅 인프라에 최대한 원활하게 통합하기 위한 논리 중 일부다. 중요한 것은 비용의 문제이기도 하다. 어떤 대규모 요청자는 릴리 이라니 연구원에게 이렇게 설명했다. "(작업자들과) 이메일을 주고받는 데 시간을 낭비할 수는 없습니다. 작업자들에게 지급하는 보수보다 이메일을 보는 데 걸리는 시간에 비용이 더 듭니다. 이것은 알고리즘 시스템으로서 자동 조종 장치로 작동해야 합니다."[19]

크라우드워크의 핵심 기능은 인간의 노동력을 복잡한 알고리즘 아키텍처에 자동으로 통합하는 것이다. 많은 플랫폼은 분산된 인력 풀에 자동으로 액세스할 수 있도록 설계되어 있다. 애플리케이션 프로그래밍 인터페이스API를 통해, 인간의 인지human cognition가 필요한 작업을 플랫폼에 자동으로 생성할 수 있다. 소셜미디어에서 삭제해야 할 음란 콘텐츠를 검색하는 알고리즘의 사례를 보자. 이러한 알고리즘은 소셜미디어 플랫폼에 업로드된 사진을 자동으로 분류해 누드가 포함된 사진 등을 삭제할 수 있다. 소프트웨어가 확실하지 않은 경우, 해당 사진을 크라우드워크 플랫폼에 자동으로 업로드하고, 해당 사진이 음란한지 여부를 판단하는 다니엘과 같은 크라우드워커에게 2센트를 지급해 자동으로 답을 계산한 다음 계속 진행하도록 프로그래밍할 수 있다(그리고 이를 통해 학습할 수도 있다).

이러한 과정은 알고리즘의 개발과 이를 지원하는 측면에서 크라우드워커의 노동이 AI에 얼마나 중요한가를 거듭 보여준다. 앞의 예와 같이 소프트웨어가 매우 복잡한 작업은 수행할 수 있지만, 인간이 쉽게 해결할 수 있는 문제 때문에 제약받는 사례는 무수히 많다. 이러한 장애물은 소프트웨어로 계산하기 어려운 문화적·상황적 또는 그래픽적인 문제인 경우가 많다. 소프트웨어가 빠르게 발전하고 있지만, 인터넷의 정치경제 전반에 걸쳐 소프트웨어에 문화적 또는 맥락적 지식이나 그래픽 및 오디오 기술이 부족하기에 인간 노동이 필요한 사이트는 여전히 방대하다. 크라우드워크 플랫폼은 이러한 컴퓨팅의 격차를 해소하고, 이를 채울 수 있는 실행 가능하고 확장 가능한 노동력을 제공한다. 그러나 이러한 노동력은 종종 기술로 가려져 화면 뒤에 숨어 있다.

온디맨드 노동

자본의 관점에서 보면, 크라우드워킹은 유연성과 확장성이 뛰어난 온디맨드 인력을 즉시 투입하고 해고할 수 있다는 점에서 사용자는 거의 책임을 지지 않아도 된다. 이러한 플랫폼을 통해 단순 업무를 아웃소싱하는 IT 기업의 경우에는, 크라우드워크를 통해 다양한 형태의 인간 노동력을 실험할 수 있을 뿐만 아니라 해당 기업이 자신을 인력 회사가 아닌 기술 회사로 보이게 할 수 있고, 이는 종종 벤처캐피탈로부터 투자를 유치하는 핵심 전략이 되기도 한다.[20]

크라우드워킹 플랫폼은 종종 자신은 마치 온라인 노동시장과 비슷한 사용자와 작업자 사이의 단순한 중개자라고 주장한다. 그러나 플랫폼과 플랫폼이 노동과정을 구조화하는 방식을 자세히 살펴보면, 플랫폼이 노동과 자본 사이의 중립적인 중개자가 아님이 분명해진다. 디지털 노동을 위한 인프라로서 기존 공장이 갖던 많은 사회 공간적socio spatial 기능을 그대로 떠맡기 때문이다. 아마존의 물류센터와 마찬가지로 크라우드워크 플랫폼에서의 노동은 고도의 통제, 표준화, 분업화가 특징이다. 플랫폼 대부분은 노동력을 측정하고 감시하는 정밀한 기술을 보유하고 있다. 프로세스 대부분이 자동으로 작동하기에 플랫폼과 작업자 간의 정보 비대칭과 단방향 명령 형태가 증가한다. 작업의 표준화, 알고리즘 관리 수단, 노동 프로세스를 조직화하기 위한 감시, 결과의 자동 측정 및 피드백이 바로 디지털 테일러리즘의 핵심 특징이다.

분산된 노동자를 분해decomposition, 표준화, 감시를 통해 조직화하는 디지털 기술의 가능성이 크라우드워크의 중요한 측면 중 하나이지만, 특정한 계약 및 임금 형태를 통해 구현되는 급진적인 유연성도 또 다른 측면을 보여준다. 크라우드워크에서 우리는 새로운 형태의 알고리즘 관리 및 디지털 제어와 유연한 비정규직 노동 계약의 특정한 조합을 또 한 번 발견할 수 있다. 디지털 기술이 살아 있는 노동을 정밀하게 조직, 측정, 통제할 수 있다는 바로 그 가능성이 노동의 유연화 및 증식을 가능하게 한다. 크라우드워크의 경우, 이것이 매우 이질적이고 분산된 작업자 그룹을 정밀하게 조직된 디지털 팩토리로 통합될 수 있게 한다.

따라서 크라우드워크를 단순히 테일러주의의 재림rebirth으로 이해할 수 없다는 것이 분명해졌는데, 그 이유는 공간적으로 및 계약 조건의 측면에서 노동이 조직되는 방식이 실제로 테일러리즘의 공장과 정확히 반대되는 경향이 있기 때문이다. 다니엘과 그의 동료들이 전 세계에 흩어져 있다는 사실 외에도 그들을 사용하는 법적 형태는 대부분의 전통적인 공장과 또 다른 중요한 차이점이다. 필요에 따라 노동자를 투입하는 유연한 형태는 크라우드워크의 중요한 특징이자 테일러리즘 공장과의 중요한 차이점이다. 작업자를 규제하는 계약 방식은 최대한 유연성을 촉진하고 플랫폼이 작업자에 대한 의무에서 자유로울 수 있도록 설계되었다. 3장에서 논의한 독립 계약자의 법적 구조와 도급제 임금piece wages의 부활과 같은 경향은 크라우드워크 플랫폼에서 가장 급진적으로 표현되곤 한다. 이러한 요소는 노동과 정을 조직하는 디지털 방식과 함께, 확장성과 유연성이 높은 노동력을 창출하는 데 도움이 될 뿐만 아니라 공장이라는 규율적disciplinary 공간 외부에서 자본이 노동을 포섭함을 보장하는 데 결정적인 역할을 하는 디지털 테일러리즘의 핵심 요소다.

대부분의 플랫폼은 작업자를 "독립 계약자"로 취급하며, 특히 마이크로워크의 경우 도급제로 보수를 지급한다. 플랫폼에 로그인한 크라우드워커와 노동력의 구매자 사이의 법적 관계는 해당 작업이 진행되는 동안만 지속된다. 마이크로워크 플랫폼의 경우 이러한 기간이 몇 초 또는 몇 분에 불과한 경우가 많다. 이러한 플랫폼에 로그인한 작업자는 여러 개의 사진 태그 지정 작업을 찾을 수 있다. 작업을 수락하면 사진에 사람이 있는지 묻는 메시지가 표시된다. 이 질문에 대답하면 플랫폼은 이미 다음 작업을 진행 중인 작업자 계정으로 몇 센트를 이체한다.

종사자를 독립 계약자로 정의하는 것은 대부분의 긱 경제 플랫폼 노동관계의 핵심으로, 이는 표준적 고용관계standard employment에 적용될 것을 예정하고 고안된 많은 노동법과 규정의 영역 외부로 관계를 이동시킨다. 플랫폼의 약관에 명시된 바와 같이 독립 계약자는 휴가 수당, 병가, 육아 휴가, 보험 프로그램, 실업 수당 등 정규직이 누리는 많은 혜택을 받을 수 없다. 또한 이러한 업무에 대해 일감 단위로 보수를 지급하기에 시대에 뒤떨어진 것처럼 보이는 임금 형태인 도급제를 출현시킨다.

　마르크스는 도급제를 "자본주의 생산방식에 가장 적합한 임금 형태"라고 설명한 적이 있다.[21] 《자본》을 집필할 당시에는 좀 더 (특히 선대제 방식의 방직업에서) 일반적이었고 이후 자본주의의 역사에서 소외되었지만, 마르크스의 도급제 임금에 대한 특성화는 온라인 노동 플랫폼과 그 이후의 세계에서 도급제 임금의 (계약적) 기능을 이해하는 데 여전히 놀라울 정도로 유용하다. 작업의 결과물을 측정하고 통제할 수 있는 디지털 가능성과 더불어 도급제 임금 시스템은 노동자를 통제하고 감독할 필요성을 제거한다. 마르크스의 말처럼 "노동의 질과 강도가 임금 형태에 의해 통제되기에 노동에 대한 감독은 상당 부분 불필요해진다"라고 할 수 있다.[22] 특히 마이크로 태스킹에서는 작업 수행의 속도와 작업시간은 작업자에 의해 결정된다. 그러나 노동의 시간과 강도는 크라우드워커가 창출할 수 있는 수입에 직접적으로 반영된다. 이런 의미에서 노동의 강도와 지속시간을 둘러싼 공장주와 감독자, 그리고 노동자 사이의 갈등은 노동자에게로 전가된다. 마르크스는 역사적으로 시간당 임금과 도급제 임금이 어떻게 공존해왔는지, 때로는 한 공장에서 어떻게 공존해왔는지를 보여준다. 노동 강도 강화의 한 형태이자 노동과정의 통제권을 이전하는 형태인 도급제 임금의 특수성은 크라우드워크의 중요한 구성요소다.

항만 트럭기사, 자전거 택배기사에서 크라우드워커까지 다양한 분야에서 볼 수 있듯이, 독립 계약자의 법적 구조는 디지털 자본주의에서 도급제 임금의 재림과 밀접하게 연관된다. 이러한 형태의 계약과 임금은 사용자에게 유연성을 제공하고, 유휴시간downtime, 보험, 작업 장비에 대한 비용을 노동자에게 전가한다는 의미에서 기능적일 뿐만 아니라 물리적 공장과 감독자가 없는 상황에서 작업 프로세스를 조직하는 기법으로도 쓰인다. 작업의 결과물을 측정하고 제어할 수 있는 디지털 가능성과 더불어 도급제 임금 시스템은 노동자를 개인적으로 통제하고 감독할 필요성을 제거한다. 노동 강도 강화의 한 형태이자 작업 프로세스에 대한 통제권의 이동 형태인 도급제 임금의 특수성은 크라우드워크의 중요한 구성요소다. 도급제 임금의 귀환은 디지털 테일러리즘 현상이 완전히 새로운 것도 아니고 단순히 옛것의 귀환도 아님을 보여준다. 오히려 디지털 기술은 (결코 완전히 사라진 적은 없었지만) 이전에는 자본주의 생산방식에서 소외되었던 임금 형태에 의존함으로써 부분적으로나마 급진적인 형태의 노동 유연화를 가능하게 한다.

유연성과 확장성이 뛰어난 노동력을 창출하는 것을 목표로 삼는 이러한 조건은 크라우드워킹의 불안정성에 기여한다. 마이크로 워크 부문에서 이러한 조건은 매우 낮은 임금으로 인해 더욱 악화되는 경우가 많다. 5개 주요 플랫폼에 대한 국제노동기구의 조사에 따르면, 2017년 유급 노동만 고려했을 때 노동자의 시간당 평균 수입은 4.43

달러였으며, 작업 검색시간 등 무급시간까지 고려하면 평균 수입은 시간당 3.29달러로 떨어진다.[23] 많은 플랫폼에서 매우 불안정한 주문 상황은 크라우드워크의 불안정성을 더욱 심화시킨다.

디지털 플랫폼은 정교한 분업을 가능하게 하고, 노동과정을 구조화 및 조직화하며, 작업자를 통제할 수 있게 한다. 그 결과, 크라우드워킹이 재택근무의 한 형태더라도, 디지털 기술은 공장이라는 규율적인 공간 외부에서의 노동을 실질적으로 포섭subsumption할 수 있게 해준다. 노동과정은 플랫폼에 의해 완전히 조직화 및 구조화되어 있으며, 대규모로 이루어지고, 정교한 분업의 일부이므로 고도로 사회화되어 있다. 그러나 공장으로서 플랫폼이 지닌 특별한 특징은 다양한 종사자를 공간적·주체적으로 동질화하지 않고도 포괄할 수 있다는 점이다. 이는 테일러리즘 공장과 달리 디지털 플랫폼 노동은 동질적인 주체를 생산하지 않으며, 포드주의적 의미의 디지털 대량 노동자는 존재하지 않는다는 또 다른 핵심 주장과 맞닿아 있다. 오히려 현대의 디지털 테일러리즘은 매우 다양한 상황, 사회적 구성 및 위치에서 매우 이질적인 노동력을 포괄할 수 있게 해준다. 그렇다고 해서 서로 다른 플랫폼의 인력에 패턴이 없다는 의미는 아니다. 그러나 플랫폼에 의해 조직된 노동자들의 이질성은 노동자 간의 긴밀한 (눈에 보이지 않는) 협력과 분업 체계에서 전통적인 테일러리즘 공장이 요구하는 주체적·공간적·조직적 동시성과 비교할 때 놀랍다.

일반적으로 테일러주의 공장과 연관되는 생산과정의 세부사항의 통제를 묘사하는 마르크스의 유명한 용어인 '노동의 실질적 포섭 real subsumption of labor'은 일반적으로 노동과정뿐만 아니라 공장을 둘러싼 노동자와 사회를 동질화하는 것으로 이해되지만, 디지털 팩토리로서의 플랫폼은 좀 더 유연하다. 생산 인프라로서의 플랫폼은 노동자를 동질화할 필요가 거의 없으며, 오히려 플랫폼의 중요한 특성은 언제 어디서나 (거의) 누구나 접근할 수 있다는 점이다. 따라서 디지털 테일러주의가 지닌 특징적인 포섭의 기술은 노동자를 동질화하기보다는 오히려 노동의 증식을 촉진한다는 점에서 전통적인 테일러주의와 반대되는 효과를 가져온다. 다음 절에서는 크라우드워크의 인구통계학적 및 공간적 구성에 대해 살펴보기로 한다.

플랫폼 노동자

베를린에 거주하는 학생이자 크라우드워커인 다니엘은 전 세계에 널리 산재해 있는 노동력의 일원이다. 많은 플랫폼에서 수만 명의 디지털 워커가 동시에 컴퓨터 앞에 앉아 작업을 수행한다. 다니엘은 대학 근처 커피숍에서 강의를 듣는 틈틈이 또는 작은 아파트에서 밤에 작업을 하지만, 그가 자주 이용하는 여러 플랫폼의 동료들은 매우 다양한 위치와 상황에 있는 다양한 사람들이다. 가족을 부양하기 위해 전업으로 일하는 인도의 소프트웨어 엔지니어부터 연금을 늘리기 위해 추가 수입을 올리려는 북미의 연금 수급자, 돈을 벌 기회를 찾아다니는 레바논 난민 캠프의 팔레스타인 난민, 크라우드워크와 돌봄노동을 병행하는 스페인 미혼모에 이르기까지, 이러한 디지털 노동력의 가장 중요한 특징은 이질성이다.

크라우드워크 플랫폼이라고 불리는 디지털 팩토리에서는 전 세계의 이러한 사람들이 하나의 작업공정workflow으로 동기화된다. 인터넷이 연결된 곳이면 어디서나 플랫폼에 로그인할 수 있다는 점과 표준화 및 알고리즘 관리가 결합되어 다양한 작업자를 포괄inclusion할 수 있게 된 것이다. 노동자는 집, 인터넷 카페, 심지어 휴대폰을 통해서도 플랫폼에 접속할 수 있다. 이러한 시공간적 유연성 덕분에 새로운 노동자와 새로운 시간 단위가 임노동에 접근할 수 있게 되었다. 크라우드워킹이 없었다면 다니엘이 강의들 사이에 뜬 30분 동안 돈을 벌 수 있는 가능성은 거의 없었을 것이다. 크라우드워크는 자본에 새로운 노동력의 저수지를 열어준다. 이러한 발전은 결국 글로벌 분업의 변화와 새로운 형태의 성별 착취에 기여하며, 궁극적으로 노동시장의 유연화를 촉진한다.

산드로 메자드라Sandro Mezzadra와 브렛 닐슨Brett Neilson이 개발한 '노동의 증식multiplication' 개념은 이러한 역학 관계를 분석하는 데 유용한 출발점이 될 수 있음을 다시 한번 증명한다. 첫째, 크라우드워크는 디지털 기술과 인프라가 전통적인 노동 지형을 뒤흔들고 매우 다른 경제적 공간과 상황을 실시간으로 통합할 수 있는 잠재력을 보여주는 사례다. 크라우드워크는 디지털 기술뿐만 아니라 일반적으로 파편화되고 중첩되며 불안정한 지도를 구성하고 남반구와 북반구 또는 중심과 주변과 같은 안정적인 범주에 의문을 제기하는 글로벌 공간의 지속적인 이질화 과정의 일부다. 둘째, 이 개념은 많은 사람이 생계를 유지하기 위해 두 가지 이상의 일을 해야 한다는 의미에서 문자 그대로 노동의 증식을 암시한다. 크라우드워킹은 재정적 생존을 위해 유급 또는 무급으로 다른 일자리에 추가할 수 있는 일의 대표적인 사례다. 여기에는 종종 노동시간과 자유시간의 경계가 더욱 모호해지는 것도 포함된다. 따라서 크라우드워킹은 노동의 유연화와 불안정하고 다중적인 노동 계약의 경향을 보여주는 급진적인 사례다. 마지막으로, 이 용어는 플랫폼 노동자의 이질성을 암시한다.

따라서 플랫폼 노동력에서는 생계를 위해 여러 일을 하는 차원부터 전 세계 디지털 노동계급에서 나타나는 복잡하고 이질적인 분업에 이르기까지, 다양한 차원의 노동의 증식을 관찰할 수 있다. 많은 플랫폼에서 차별, 사회적 불안, 만성질환으로 인해 정규 노동시장에서 일자리를 구하는 데 어려움을 겪는 사람들을 발견할 수 있다. 한 가지 일로 충분한 수입을 창출하는 데 어려움을 겪는 노동자들도 있다. 이러한 경우 디지털 플랫폼 노동이 두 번째 또는 세 번째 직업이 되는 경우가 많다. 크라우드워킹은 어떤 일정에든 맞출 수 있고 저녁, 야간 또는 주말에도 할 수 있기에 이러한 노동자에게 매력적인 선택지다. 뉴욕 북부의 한 노동자의 사례처럼, 정규 업무를 하면서도 크라우드워크를 할 수 있는 시간을 찾는 경우도 있다. 그는 지역 의료 시스템의 콜센터에서 일하고 있으며, 걸려오는 전화들 틈에서도 작업할 시간이 충분하다. "그 돈으로 겨울에는 가족을 위한 난방유를 구입하고, 여름에는 휴가를 갑니다."[24]

특히 북반구에서 크라우드워크는 많은 사람에게 절실히 필요한 추가 수입을 창출하는 중요한 수단이 되었다. 미케니컬 터크 플랫폼의 또 다른 노동자는 "남편이 직업을 통해 기본적인 생활비를 벌고 있지만, 그 수입으로는 식탁에 음식을 올려놓기만 할 수 있을 뿐이에요. 이렇게 번 추가 수입으로 학교 소풍, 크리스마스 선물, 생일 선물, 휴가 비용을 충당해요"라고 설명한다.[25] 미국으로 이주한 이민자인 그녀는 취업 면접을 보는 데 어려움을 겪고 있으며, 이것이 생계를 위해 플랫폼 노동에 의존하게 된 주된 이유다.

이러한 사례들은 크라우드워크 플랫폼이 다양한 위기로 타격을 입은 글로벌 경제의 사회경제적 역학관계에 어떻게 부합하는지 보여준다. 또한 크라우드워크 플랫폼이 지금까지 자본이 접근할 수 없었던 시간적 단위에 어떻게 접근할 수 있는지도 보여준다. 다음에서는 이러한 발전의 두 가지 중요한 측면과 크라우드워크 노동의 구성에서 중요한 두 가지 요소, 즉 가사노동을 수행하면서 크라우드워크 플랫폼에서 일할 수 있게 된 돌봄 책임을 짊어진 여성과 남반구에서의 모바일 인터넷 인프라의 확장에 대해 다룬다. 이러한 발전을 알게 되면서, 마이크로 작업에 대한 대가로 인터넷이나 휴대폰 크레딧을 판매하는 것과 같이 크라우드워크를 통해 이러한 노동력을 활용하려는 몇 가지 실험이 촉진되었다.

크라우드워크와 돌봄노동

인공지능 개발에 필요한 디지털 노동력을 제공하는 플랫폼인 아이메리트iMerit는 얼마 전 자사 서비스를 홍보하기 위해 한 언론사에 자사 플랫폼에 대한 설명을 웹사이트에 게시했다.

> 인공지능에는 숨겨진 비밀이 있다. 바로 수십만 명의 실제 인간에 의해 그것이 구동된다는 점이다. 베네수엘라의 메이크업 아티스트부터 인도의 보수적인 지역에 사는 여성에 이르기까지, 전 세계 사람들이 거리를 찍은 사진에서 자동차 주위에 상자를 그리고 이미지에 태그를 붙이고, 컴퓨터가 알아듣지 못하는 말을 필사하는 등 삯바느질과 같은 디지털 작업을 하고 있다.[26]

> 나는 미라 월리스Mira Wallis와 함께 쓴 글에서 여성을 노동자로 언급한 것과 AI 이면의 디지털 노동을 삯바느질에 비교하는 것이 우연이 아니라고 주장한 바 있다.[27] 실제로 플랫폼의 노동력은 매우 이

질적이며 대다수가 남성이지만, 거의 모든 플랫폼과 모든 국가에서 볼 수 있는 하나의 그룹은 크라우드워크와 무급 재생산 노동을 결합하는 여성이다.[28]

크라우드워킹은 일반적으로 개인 가정에서 개인용 컴퓨터로 이루어지며, 작업자가 시간적 여유가 있을 때 언제든지 작업을 수행할 수 있다. 이러한 공간적·시간적 유연성은 무급 간병과 가사노동을 하는 사람들에게 매우 적합하며, 여전히 이는 주로 여성이 한다. 남편이 일 때문에 대부분 집을 비워야 하는 미주리주의 한 29세 노동자는 미케니컬 터크에서 벌어들이는 추가 수입의 중요성을 다음과 같이 설명한다. "저는 가능한 한 집에 있어야 아이들과 함께하고 아이들을 잘 돌볼 수 있어요. 미케니컬 터크에서 일하는 것은 제 가족에게 놀라운 일이었습니다. 덕분에 의료비와 치솟는 전기세를 감당할 수 있었어요."[29]

크라우드워크 플랫폼에서 일하는 많은 여성은 만성질환을 앓고 있거나 나이든 가족을 돌보기 위해 정규 직장을 그만둬야 했고, 수입 감소를 메우기 위해 크라우드워크에 의지해야 했다고 설명한다. 자신의 의지와 상관없이 정규직에서 강제로 퇴직해야 했던 한 노동자는 "은퇴를 했고, 은퇴 자금을 최대한 벌기 위해 노력하고 있습니다"라고 말했다. 그러면서 "어머니가 심각한 건강 문제를 겪고 있고, 제가 어머니의 주 간병인이기에 다시 풀타임으로 일하는 것은 옵션이 아닙니다"[30]라고 덧붙였다. 이러한 사례는 특히 저소득층에 대한 보장이 거의 없는 의료 시스템의 맥락에서, 많은 사람이 외부 돌봄 서비스 비용으로 어려움을 겪고 있는 미국 노동자들 사이에서 흔히 볼 수 있다.

디지털 플랫폼에서 사적인 돌봄노동과 유급 노동을 병행하는 노동자 중에는 젊은 기혼 여성들도 있다. 한 기혼 여성은 남편의 수입을 보충하고 자녀를 부양하기에 충분한 수입을 올리는 것이 무척 어렵다고 설명한다. "저는 하루에 8~10시간(집안일과 아이들을 돌보는 일 사이에 틈이 날 때마다) 일하며, 일당 10달러를 벌기도 합니다."[31] 그녀처럼 많은 사람이 자신이나 가족의 수입을 늘리기 위해 돌봄 노동이나 가사노동 사이에 30분 또는 1시간의 크라우드워크를 쪼개서 한다. 돌봄을 책임지는 많은 여성 노동자들은 크라우드워킹 사이트를 통한 디지털 노동이 자녀, 배우자 또는 친척을 돌보면서 돈을 벌 수 있는 유일한 선택지라고 강조한다. 따라서 디지털 플랫폼에서의 재택 노동의 중요한 측면 중 하나는 예컨대 이탈리아나 스페인의 긴축 조치와 같은 맥락에서는 물론 미국부터 인도에 이르기까지 전 세계적으로 다양한 맥락에서 (재생산) 노동의 젠더별 분업과 사회적 재생산이 위기에 처한 것에 있다.

돌봄에 대한 책임이 있는 사람들이 집에서 수행하는 디지털 노동이 기존의 크라우드워크 플랫폼을 통해서만 이루어지는 것은 아니다. 크라우드워크를 비롯한 다양한 형태의 디지털 노동을 재택 노동자 집단에게 제공하는, "집에서 일하는 엄마work-at-home mums"를 위한 웹사이트도 여럿이다. 예를 들어, 24만 5,000명 이상의 회원과 30억 개 이상의 게시물이 있는 북미의 wham.com 사이트는 기사, 채용 공고 이외에 포럼 기능을 제공하는데, 여기서 포럼 회원들은 집에서 아이를 돌보면서 할 수 있는 다양한 온라인 및 전화 일자리를 공유하고 토론한다.

디지털 기술과 인프라는 디지털 노동을 노동자 개인의 집으로 아웃소싱할 수 있는 새로운 가능성을 열어준다. 그러나 가내노동은 새로운 것이 아니라 역사가 깊다. 예를 들어, 19세기 여성들의 재봉 작업에서 볼 수 있듯이 개인의 가정에서 이루어지는 노동은 이미 잘 알려진 모델이다. 마르크스는 《자본》에서 영국에서 주로 개인 가정에서 거의 독점적으로 여성과 어린이가 수행한 레이스 제작과 짚 엮기의 예를 들었다. 마르크스에 따르면 "가내 산업"은 "공장의 외부 부서"가 되었다. 공장의 산업 노동자들 외에도 "자본은 보이지 않는 실을 통해 또 다른 군대, 즉 가내 산업의 외근 노동자들을 움직이게 한다."[32] 이러한 시스템에 대한 설명에서 마르크스는 현대 가내노동의 기초가 되는 임금을 도급제 임금이라고 설명하는데, 이는 섬유 및 여성 노동자가 주로 종사하는 다른 많은 산업에서의 가내노동의 역사뿐만 아니라 현대에서도 마찬가지다. 이러한 형태의 성별 분업과 그 사회적·공간적 조직은 오늘날 긱 경제의 중요한 선구자로 그 계보에 기록해둘 필요가 있다.

흥미롭게도 유급 가내노동의 가치를 떨어뜨리는 전략 중 일부는 역사적으로도 연속성을 보인다. 작업장으로서의 가정은 재생산 노동과 돌봄노동의 결합을 허용하고, 재미로 바느질이나 소소한 일을 하는 "지루한 주부bored housewife"라는 미신에 힘을 실어주며, 따라서 적절한 임금을 요구하지 않는다. 임금과 사람들이 자신의 플랫폼에서 일하는 이유에 대해 논의하면서, 한 독일 기업의 CEO는 나에게 "그들은 재미로 일한다. 많은 사람이 집에서 텔레비전 앞에 앉아 (인기 텔레비전 프로그램인) DSDS를 시청하면서 화면에 지나가는 사진을 분류한다"라고 주장했다.[33]

소프트웨어 아키텍처에 통합된 보이지 않는 여성 노동은 컴퓨팅의 젠더화된 역사뿐만 아니라 소프트웨어와 성별 분업의 관계를 반영한다. 한 세기 전만 해도 컴퓨터라는 단어는 진공관 컴퓨터에서 과학자의 명령을 실행하거나 군사 기관에서 탄도표를 계산하는 노동자를 가리켰다.[34] 이러한 노동자 중 대부분은 여성이었으며, 이들 중 일부는 훈련된 과학자였지만 성별 분업으로 인해 이들의 업무는 사무적인 데이터 입력으로 분류되는 경향이 있었다. 또한 제2차 세계대전 중 컴퓨팅 부서에서 여성 노동자의 비중이 점점 커졌음에도 컴퓨팅의 발전에 대한 대중의 인정은 남성 과학자와 엔지니어가 받았다.[35] 웬디 춘 Wendy Chun은 자신의 저서 《프로그래밍된 비전》에서 많은 젊은 여성이 컴퓨터라고 불리던 그 시기에 대해 다음과 같이 쓰고 있다. "그 시대에는 여성이 일할 수 있었을 뿐만 아니라 반복적이고 사무적인 업무에 더 능숙했기에 더 훌륭하고 성실한 컴퓨터로 간주되었다."[36] 이러한 여성 중 일부는 과학자로 일했지만, 대부분의 인간-컴퓨터 일자리는 이 분야의 발전 과정에서 잉여가 되었다. 이러한 여성-인간 컴퓨터의 위치는 오늘날의 크라우드워커와 많은 유사점을 갖는다. 인간 컴퓨터의 노동이 남성 과학자와 기계 자체에 가려져 있었던 것처럼, 오늘날의 크라우드워커는 플랫폼과 AI라는 마법 뒤에 숨어 있다.

"다음 50억"

"저는 두 살 반이 된 아기를 낳기 전에는 인도에 있는 다국적 기업에서 정규직으로 근무하면서 우리나라의 채용 업무를 담당했어요. (…) 저는 clickworker.com과 같은 사이트에서 재택근무를 하는 것을 좋아해요."[37] clickworker.com 플랫폼에서 일하는 이 노동자도 돌봄 책임으로 집에 머물러야 했기에 크라우드워크로 전환했다. 그러나 앞서 언급한 다른 노동자와 달리 그녀는 남반구에서 성장 중인 디지털 노동계급의 일원이다. 이러한 노동자는 크라우드워킹의 또 다른 중요 부문을 형성하며, 많은 플랫폼에서 대다수를 차지한다.

많은 크라우드워크 플랫폼은 인터넷에 연결된 거의 모든 사람에게 인프라를 개방하고 있으며, 특정 국가의 인력에 집중하는 플랫폼도 있다. 오늘날 몇몇 플랫폼은 특히 낮은 인건비를 찾아 남반구의 사람들을 그 대상으로 삼는다. 디지털 노동력을 남반구로 아웃소싱하는 것은 새로운 일이 아니다. 오랫동안 주로 대기업에서 디지털 노동력이 비교적 저렴한 인도와 필리핀을 주요 거점으로 삼아 해외 지사나 해외 파트너십을 통해 비즈니스 프로세스 아웃소싱을 해왔다.[38]

이제 크라우드워크 플랫폼이 이러한 흐름의 일부를 보다 분산된 방식으로 대체하기 시작하면서 남반구의 디지털 노동력이 지리적·사회적 측면에서 다양화되고 있다. 인도와 필리핀은 여전히 크라우드워크 플랫폼에서 가장 많은 노동자가 근무하는 지역 중 하나이지만, 전반적으로 중앙 집중화 현상이 완화되고 있으며, 온라인 노동 플랫폼은 진정한 의미의 '글로벌' 노동시장을 형성 중이다.[39]

"우리는 미케니컬 터크를 사용해 가계를 꾸려나가고, 주택 대출을 갚고, 식비를 지급하고, 가족을 부양하고 있는데, 계정을 잃으면 거의 반평생을 밤낮없이 일하며 피를 말려서 벌어온 돈을 다 날릴 수도 있다."[40] 다른 인도 노동자가 인용한 이 글에서 계정 정지에 대한 두려움을 느낄 수 있다. 아마존은 인도 노동자의 신규 계정을 제한했고, 이로 인해 기존 계정의 거래 및 공유가 급증하면서 허위 정보를 제공하는 것으로 의심되는 계정을 금지하기 시작했다. 계정을 금지하는 기준은 무작위로 보이며, 계정이 금지되는 것에 대한 두려움은 인도 노동자들의 가장 큰 걱정거리 중 하나다.

남반구에서는 인터넷 연결이 (다소 안정적인) 컴퓨터에 대한 액세스가 증가하고 있기는 하지만 여전히 제한적이기에, 노동자로의 전환은 이러한 인프라에 달려 있다. 따라서 휴대폰, 스마트폰, 모바일 인터넷 인프라가 전 세계적으로 확산되면서 훨씬 더 광범위하고 지리적으로 다양한 글로벌 인력, 즉 글로벌 남반부의 20억~30억 명의 휴대폰 소유자에게 직접 접근할 수 있는 길이 열리고 있으며, 이들 대부분은 인터넷에 연결된 고정형 컴퓨터를 정기적으로 사용할 수 없다. 디지털 노동의 글로벌 시장에 더 많은 노동자를 포괄하기 위한 선구적인 프로젝트를 맡는 곳은 티엑스티글Txteagle이라는 회사다. 2009년에 출시된 이 플랫폼은 통화시간air time을 받는 대가로 작은 일을 해결할 수 있는 시골의 가난한 사람들을 목표로 삼았다. 스마트폰이 없는 사람들도 참여할 수 있도록 문자 메시지를 통해서도 가능하도록 했다. 케냐의 휴대폰 가입자는 2000년부터 2012년까지 200% 이상 증가했으며, 이는 남반구 국가인 케냐에서 모바일 크라우드워킹의 초기 벤처를 시작하기에 완벽한 출발점이 되었다.[41] 예를 들어, 노키아는 2만 명의 케냐의 티엑스티글 노동자를 활용해 휴대폰 메뉴를 현지 언어로 번역했다. 티엑스티글은 아프리카의 농촌 빈곤층에게 글로벌 노동시장의 기회를 제공한다는 광고 문구를 내세웠지만, 이러한 노동자들의 인건비가 인도의 노동자들보다 20% 더 낮다는 사실에 주목했다.[42] 오늘날 이 회사는 자나Jana로 사명을 변경했으며, 광고를 시청하고 작은 작업에 참여하는 대가로 무료 통화시간을 받는 3,000만 명 이상의 사람들에게 접근하고 있다.

이러한 프로젝트는 전 세계 빈곤층에게 현금으로 지급하지 않고 그들의 관심사, 소비자의 선택, 노동력을 통해 인터넷에 연결하고자 하는 페이스북의 'Internet.org/Free Basics' 같은 인프라 실험과 맥락을 같이 한다. 이 이니셔티브는 페이스북과 삼성, 노키아, 에릭슨과 같은 다른 기업과 파트너십을 취하며, 마크 저커버그에게는 아직 인터넷에 연결되지 않은 글로벌 남반구에 거주하는 "다음 50억 명next five billion"을 연결하겠다는 목표가 있다.[43] 이 이니셔티브는 글로벌 남반구의 스마트폰 사용자가 인터넷에 액세스할 수 있도록 기술적 솔루션과 새로운 비즈니스 모델을 촉진한다. 모든 주요 정보기술 기업들이 글로벌 남반구 지역으로 인터넷 접속 범위를 확대하는 데 관심을 보이는 것에서 새로운 고객 풀을 개발하려는 욕구뿐만 아니라 잠재적 노동력을 확보하려는 동기를 분명히 확인할 수 있다. 스마트폰이 점점 더 새로운 형태의 결제 인프라를 구현하게되면서 마이크로워크가 지닌 가능성은 매우 커 보인다.

인프라 개발의 맥락에서 케냐는 인도와 필리핀 모델에서 영감을 받아 크라우드워크 개발을 포함하는 전략인 "실리콘 사바나Silicon Savannah"를 추진 중이다.[44] 케냐와 같은 국가는 크라우드워크를 개발 전략과 자금 유입의 수단으로 삼는다. 글로벌 남반구의 노동자들을 포괄하고 자격을 부여하는 글로벌 노동시장으로서의 크라우드워크에 많은 기대를 걸고 있다.[45] 그러나 크라우드워크 플랫폼은 글로벌 규모에서 노동자 사이의 치열한 경쟁을 촉발해 종종 바닥을 향한 경쟁race to the bottom을 낳기도 한다. 또한 오늘날 많은 크라우드워크 플랫폼은 이론적으로는 인터넷에 연결된 사람이라면 누구나 이용할 수 있는 글로벌 노동시장이지만, 국적, 인프라, 환전currency exchange, 기술 및 차별 등의 문제로 인해 이러한 플랫폼에 대한 접근은 불평등하게 구조화되어 있으며 글로벌 남반구의 노동자들은 글로벌 북반구의 노동자들보다 평균적으로 적은 수입을 얻고 있다.[46] 따라서 원활한 세계 노동시장이라는 개념은 크라우드워크 플랫폼의 확산으로 또 한 번 변화된 복잡하고 파편화된 디지털 노동의 지형에는 부합하지 않는다. 크라우드워크 플랫폼은 국경 없는 글로벌 노동시장 대신 물리적·정치적 공간(예컨대, 국가의 법체계)과 다양한 방식으로 연결된 복잡한 노동 지리geography of labor를 생산하는 디지털 팩토리다. 물리적·정치적 영역과 연결되어 있으면서도 이러한 공간을 특정한 방식으로 초월하는 생산 공간으로서의 인터넷의 특수성은 글로벌 공간의 이질화에서 중요한 부분을 차지한다. 여러 측면에서 크라우드워크는 이러한 새로운 경제 지리학의 주요한 사례다.

숨겨진 노동

AI와 머신러닝은 다양한 형태의 자동화 중 하나에 불과하지만, 현재 인간 노동자를 대체하고 있으며 이로 인해 앞으로 더 많은 일자리가 사라질 가능성을 낳는다. 그러나 자동화로 인해 사라진 일자리는, 종종 매우 다른 모습으로 새로운 장소에서 새로운 노동력에 의해 수행되기는 하지만 다시 등장하는 흥미로운 경향도 보인다. 자동화의 인프라와 기술 자체는 인간 노동으로 생산되고 유지되는 측면이 적지 않다. 수천 개의 크라우드워크 플랫폼을 통해 전 세계에 분산된 인력이 이러한 경향을 가장 잘 보여주는 사례다. AI 개발 및 지원에서 이러한 형태의 인간 노동이 차지하는 중요성이 잘 인식되지 않는 경우가 많지만, 실제로는 더 상당하다. 크라우드워커의 경우, 현재 AI에 대한 막대한 투자는 자동화가 아닌 데이터 노동에 대한 수요가 증가했음을 의미한다. 물론 크라우드워크 플랫폼에서 수행되는 많은 작업이 실제로 현재 소프트웨어 개발의 최전선에 있기에 향후 상황이 바뀔 수 있을 것이다. 그러나 이러한 발전은 현재 우리가 생생하게 관찰할 수 있듯이 인간 노동에 대한 새로운 수요를 창출할 수 있다. 세계화된 자본주의의 맥락에서 자동화는 많은 예측이 제시하는 선형적인 과정linear process이 아니라, 때로는 노동이 한 지점에서 자동화되었다가 다른 지점에서 다시 나타나고, 종종 지리적·사회적 측면에서 재구성되며, 전깃줄과 콘크리트로 이루어진 새로운 인프라 뒤에 숨어 있는 격동적이고 고르지 않으며, 위기가 가득한 과정이다.

크라우드워커의 노동은 실제로 다양한 방식으로 숨겨져 있다. 대부분 공공장소의 외부와 개인의 가정에서 이루어진다. 다른 형태의 노동보다 지리적으로 분산되어 있고 눈에 잘 띄지 않는다. 또한 여러 형태의 노동법 규제와 전통적인 형태의 노사갈등의 영향권 밖에서 진행된다. 게다가 알고리즘의 마법 뒤에 숨어 있다. 디지털 플랫폼에서 이루어지는 작업 대부분은 소프트웨어로 가려져 있다. 크라우드워커가 수행하는 노동 대부분은 이미 자동화된 것으로 간주된다.

사실 크라우드워크는 시각적·맥락적·문화적 문제에서 자주 발생하는 것처럼 소프트웨어만으로는 해결책을 찾을 수 없는 경우에 특히 중요해진다. 기업은 크라우드워킹 플랫폼을 통해 이러한 문제들을 전 세계에 분산된 노동력에 아웃소싱할 수 있다. 크라우드워킹 플랫폼의 알고리즘 아키텍처는 노동과정의 엄격하고 자동화된 제어를 가능하게 함으로써 복잡한 소프트웨어 아키텍처에 통합될 수 있는 매우 유연하고 확장 가능한 온디맨드 노동력을 생성한다.

크라우드워크 플랫폼은 다른 긱 경제 플랫폼과 마찬가지로 스스로를 사용자와 노동자 사이의 단순한 중개자로 여기며, 그곳이 온라인 노동시장과 유사하다고 주장한다. 그러나 이들이 대부분의 노동과정을 구조화하는 방식을 자세히 살펴보면, 플랫폼이 노동의 수요와 공급 사이의 중립적인 중개자가 아님이 분명해진다. 플랫폼은 생산의 인프라로서 전통적인 공장이 지닌 많은 사회공간적sociospatial 기능을 그대로 이어받고 있다. 마이크로 태스킹 플랫폼에서의 노동은 높은 수준의 표준화와 분업화, 그리고 디지털 감시와 노동의 측정을 그 특징으로 한다. 그러나 여느 공장과 마찬가지로 디지털 팩토리로서의 플랫폼은 기술뿐만 아니라 플랫폼에 내재되어 있고 또 플랫폼이 만들어 내는 법적 및 사회적 장치에 대한 의문을 불러일으킨다. 독립 계약자 및 도급제 임금의 법적 구조는 유연한 노동력을 창출하는 수단일 뿐만 아니라 인간의 노동을 조직하고 규율하는 데 중요한 도구를 제공한다. 이러한 요소를 결합하면, 물리적 공장이나 사무실의 규율 공간 밖에서의 노동이 자본에 실질적으로 포섭subsumption되는 특정한 형태를 촉진할 수 있다. 이러한 형태의 노동의 조직화는 연결성 증가와 결합해 자본에 새로운 노동력의 저수지를 제공한다. 노동자들이 인터넷 카페, 집, 심지어 휴대전화를 통해서도 플랫폼에 접속할 수 있게 되면서 새로운 노동자와 새로운 시간 단위temporal units가 임노동 형태에 접근할 수 있게 되었다. 이러한 변화는 글로벌 분업의 변화와 새로운 형태의 성별 착취를 낳았으며, 궁극적으로 노동시장의 유연화를 촉진한다.

전 세계로 분산되어, 서로 고립되고 경쟁 관계에 있으며 노동법의 보호도 거의 받지 못하는 크라우드워커들이 단체행동에 나설 가능성은 매우 제한적으로 보인다. 그럼에도 크라우드워커들이 서로 만나고, 교류하고, 서로를 지원하는 온라인 포럼에서 시작해 다양한 형태의 저항이 일어나는 중이다. 또 다른 경로로 투콥티콘Turkopticon과 같이 노동자들이 작업 요청자와 그들이 게시하는 일에 대한 평가를 교환할 수 있는 브라우저 플러그인과 같은 전술적인 기술적 개입은 낮은 수준의 디지털 파업digital strike을 가능하게 한다.[47] 편지 쓰기 캠페인부터 크라우드워크의 최소 거래 조건에 대해 공동 작성한 팸플릿에 이르기까지, 디지털 노동자들은 자신들의 목소리를 내고 정치적 요구를 공식화했다. 이러한 시위는 크라우드워커들의 행동을 제한하는 어려운 조건 속에서도, 이들이 실제로 소통하고 집단적으로 행동할 수 있다는 것을 보여준다.

4장

1) Nick Masterton, "Outsourcing Offshore," 2013, https://vimeo.com/101622811.

2) MIT TechTV, "Opening Keynote and Keynote Interview with Jeff Bezos," 2006, http://techtv.mit. edu/videos/16180-opening-keynote-and-keynote-interview-with-jeff-bezos.

3) Terranova, Tiziana. "Free Labor: Producing Culture for the Digital Economy." *Social Text* 18, no. 2(2000): 33–58; Scholz, Trebor, ed. *Digital Labor: The Internet as Playground and Factory*. New York: Routledge, 2013.

4) Irani, Lilly. "Difference and Dependence among Digital Workers: The Case of Amazon Mechanical Turk." *South Atlantic Quarterly* 114, no. 1(2015): 225–34, 226.

5) MIT TechTV, "Opening Keynote and Keynote Interview with Jeff Bezos."

6) Kuek, Siou Chew, Cecilia Paradi-Guilford, Toks Fayomi, Saori Imaizumi, Panos Ipeirotis, Patricia Pina, and Manpreet Singh. *The Global Opportunity in Online Outsourcing*. Washington, DC: World Bank, 2015, 7; Heeks, Richard. "Decent Work and the Digital Gig Economy: A Developing Country Perspective on Employment Impacts and Standards in Online Outsourcing, Crowdwork, Etc." Development Informatics Working Paper. Manchester: Institute for Development Policy and Management, 2017; Heeks, Richard. "How Many Platform Workers Are There in the Global South?" *ICTs for Development*, January 29, 2019. https://ict4dblog.wordpress.com/2019/01/29/how-many-platform-workers-are-there-in-the-global-south/.

7) MIT TechTV, "Opening Keynote and Keynote Interview with Jeff Bezos."

8) Mechanical Turk, https://www.mturk.com/, accessed December 30, 2019.

9) Random sample HITs available on mturk.com, accessed December 3, 2016.

10) Clickworker, https://www.clickworker.com/, accessed December 30, 2019.

11) Appen, https://appen.com/solutions/training-data/, accessed October 23, 2020.

12) Schmidt, Florian A. Crowdproduktion von Trainingsdaten: Zur Rolle von Online- Arbeit beim Trainieren autonomer Fahrzeuge. Düsseldorf: Hans- Böckler-Stiftung, 2019. 참조.

13) Gray, Mary L., and Siddharth Suri. *Ghost Work: How to Stop Silicon Valley from Building a New Global Underclass*. Boston: Houghton Miffl in Harcourt, 2019.

14) Aytes, Ayhan. "Return of the Crowds: Mechanical Turk and Neoliberal States of Exception." In *Digital Labor: The Internet as Playground and Factory*, edited by Trebor Scholz, 79–97. London: Routledge, 2013.

15) Interview with Daniel, student and crowdworker, Berlin, March 2016.

16) Interview with Daniel, student and crowdworker, Berlin, March 2016.

17) Interview with Daniel, student and crowdworker, Berlin, March 2016.

18) Fang, Lee. "Google Hired Gig Economy Workers to Improve Artifi cial Intelligence in Controversial Drone Targeting Project." *The Intercept*, February 4, 2019. https://theintercept.com/2019/02/04/google-ai-project-maven-figure-eight/.

19) MTurk requester cited by Lilly Irani(Irani, "Difference and Dependence among Digital Workers," 228–29 참조).

20) Irani, "Difference and Dependence among Digital Workers," 230–231.

21) Marx, *Capital*, vol. 1, 698.

22) Marx, *Capital*, vol. 1, 695.

23) Berg, Janine, Marianne Furrer, Ellie Harmon, Uma Rani, and Six Silberman. *Digital Labour Platforms and the Future of Work. Towards Decent Work in the Online World*. Geneva: International Labour Office, 2018.

24) Post on We Are Dynamo, forum for crowdworkers that launched a letterwriting campaign to Jeff Bezos.

25) Post on We Are Dynamo.

26) Media report on the company, published on its website until mid-2019.

27) Altenried, Moritz, and Mira Wallis. "Zurück in die Zukunft: Digitale Heimarbeit." *Ökologisches Wirtschaften*, April 2018: 24–27.

28) Berg et al., *Digital Labour Platforms and the Future of Work*. 참조.

29) Post on We Are Dynamo.

30) Post on We Are Dynamo.

31) Post on We Are Dynamo.

32) Marx, *Capital*, vol. 1, 591.

33) Interview with the CEO at CrowdGuru's offices, Berlin, March 2016.

34) Grier, David A. *When Computers Were Human*. Princeton, NJ: Princeton University Press, 2013.

35) Light, Jennifer S. "When Computers Were Women." *Technology and Culture* 40, no. 3(1999): 455–83.

36) Chun, Wendy H. K. *Programmed Visions: Software and Memory*. Cambridge, MA: MIT Press, 2011, 30.

37) Post on company-run forum for crowdworkers, March 2014.

38) Beerepoot, Niels, Robert Kloosterman, and Bart Lambregts. *The Local Impact of Globalization in South and Southeast Asia*. London: Routledge, 2015.

39) Graham, Mark, and Mohammad Anwar. "The Global Gig Economy: Towards a Planetary Labour Market?" *First Monday* 24, no. 4(2019).

40) Post on We Are Dynamo.

41) Easterling, *Extrastatecraft*, 123.

42) Kucklick, Christoph. "SMS- Adler." *Brandeins*, no. 4(2011): 26–34.

43) Mark Zuckerberg, "Is Connectivity a Human Right?," Facebook, 2014, https://www.facebook.com/isconnectivityahumanright.

44) Graham, Mark, and Laura Mann. "Imagining a Silicon Savannah? Technological and Conceptual Connectivity in Kenya's BPO and Software Development Sectors." *Electronic Journal of Information Systems in Developing Countries* 56, no. 1(2013): 1–19.

45) Graham, Mark, Isis Hjorth, and Vili Lehdonvirta. "Digital Labour and Development: Impacts of Global Digital Labour Platforms and the Gig Economy on Worker Livelihoods." *Transfer: European*

    Review of Labour and Research 23, no. 2(2017): 135–62.

46) Berg et al., *Digital Labour Platforms and the Future of Work*, 52.

47) Silberman, M. Six, and Lilly Irani. "Operating an Employer Reputation System: Lessons from Turkopticon, 2008–2015." *Comparative Labor Law & Policy Journal* 37, no. 3(2016): 505–41.

은닉된 공장:
소셜미디어

5

"연결된 세상에 대한 꿈에서 시작되었다." 2019년 선댄스 영화제에서 개봉되어 많은 호평을 받은 다큐멘터리 <더 그레이트 핵The Great Hack>의 오프닝 멘트다.[1] 스트리밍 플랫폼 넷플릭스에서 제작한 이 다큐멘터리는 2016년 브렉시트 국민투표, 같은 해 미국 대통령 선거에서 트럼프가 승리하는 경우와 같이 선거에 영향을 미친 데이터 회사 캠브리지 애널리티카Cambridge Analytica를 둘러싼 스캔들을 다룬다. 이 다큐멘터리는 케임브리지 애널리티카가 사용자 데이터를 불법적으로 수집하고 의심스러운 선거 광고를 통해 사용자들에게 폭격을 가한 스캔들을 폭로하는데, 이러한 스캔들은 오늘날 가장 중요한 소셜미디어 플랫폼인 페이스북이 공모해 가능한 것이었다.

캠브리지 애널리티카는 정점일 때 모든 유권자에 대한 5,000개의 데이터 포인트를 보유하고 있다고 주장했다. 회사의 데이터 세트, 프로파일링 소프트웨어, 타겟팅 광고로 선거에서 승리할 수 있다는 이 영국 기업의 주장은 전혀 터무니없는 것이 아니었다. 트럼프의 선거 캠페인은 분명 타겟팅 광고의 잠재력을 신뢰했다. 선거 운동이 한창일 때 캠페인은 페이스북 광고에 매일 100만 달러를 지출했다. 케임브리지 애널리티카의 활동이 선거 결과에 어느 정도 영향을 미쳤는지는 여전히 열띤 토론의 주제이지만, 여론 공장opinion factories으로서 소셜미디어 플랫폼의 중요성은 분명해졌다. 케임브리지 애널리티카가 유권자 조작과 가짜뉴스의 확산을 상징하면서 캠페인의 가장 중요한 플랫폼인 소셜미디어에 대한 감시도 강화되고 있다. 이 스캔들 이후 페이스북의 역할 자체가 많은 비판을 받았다. 케임브리지 애널리티카가 저지른 행태와 스캔들에 대한 대처가 분노를 불러일으켰지만, 비판은 곧 프라이버시와 가짜뉴스 및 혐오 발언의 확산이라는 다른 광범위한 문제로까지 확대되었다. 2016년부터 마크 저커버그가 각종 청문회에서 미 의회 의원들로부터 압박받는 모습은 거의 단골 뉴스의 소재다.

실제로 2016년 우파 정당의 두 차례 총선 승리를 둘러싼 스캔들로 페이스북의 이미지가 바뀌었다. 가짜뉴스의 대두와 민주적 절차에 대한 우려는 소셜미디어, 특히 페이스북의 이미지에 전례 없는 타격을 가했다. 사람들을 연결해 세상을 더 나은 곳으로 만든다는 페이스북의 순진한 주장은 많은 사람에게 점점 더 위선적인 말로 여겨졌고, 이 플랫폼은 가짜뉴스의 시대에 민주주의에 대한 광범위한 우려와 논쟁의 중심에 서게 되었다. 페이스북은 아직도 전 세계 진보 정치가 입은 타격만큼이나 페이스북의 이미지도 최악이었던 2016년 상태에서 회복하지 못하고 있다. 그러나 페이스북의 사용자 감시 및 데이터 수집을 비판하는 넷플릭스의 다큐멘터리는 2016년 이전부터 수년간 이어졌던 비판과도 맥이 닿아 있다. 많은 국가에서 개인정보 보호에 대한 우려가 오랫동안 페이스북의 가장 큰 문제였다. 케임브리지 애널리티카를 통해 페이스북 비즈니스 모델의 바탕을 이루는 관행, 즉 플랫폼이 사용자 데이터를 수집하고 사용자의 관심을 광고주에게 판매할 수 있는 상품으로 전환하는 행위가 지닌 폭발적인 정치적 힘이 명

———————————————— 디지털 팩토리

백해진 것이다.

　다큐멘터리는 그 도입부에서 이러한 비즈니스 모델을 간략하게 언급한다. 시위 장면과 인종차별적인 구호로 시작되는 이 영화의 내레이터인 뉴욕의 디지털 미디어 교수 데이비드 캐롤David Carroll은 "연결된 세상에 대한 꿈이 어떻게 우리를 분열시켰습니까?"라고 묻는다. 얼마 지나지 않아 그는 그 이유에 대한 답을 제시한다. "우리는 이제 상품입니다." 다큐멘터리에서 개인 데이터의 판매 문제는 주로 민주적 절차의 문제로 논의된다. 그러나 다른 측면에서 보면, 개인 데이터를 수집해 기업에 타겟 광고를 판매하는 것이 페이스북 정치경제의 핵심임이 분명해진다.

　디지털 미디어에 대한 비판적 분석은 수년 동안 전례 없는 수준의 개인정보 수집을 비판해왔다. 또한 디지털 노동 이론가들 사이에서는 가치와 자유 노동free labor의 문제를 둘러싼 논쟁이 끊이지 않고 있다. 페이스북이 플랫폼을 제공하기는 하지만, 사이트를 매력적으로 만드는 거의 모든 콘텐츠는 사용자가 생성하며 페이스북이 광고주에게 판매하는 것은 사용자의 데이터와 그들의 관심일 뿐이다. 이 때문에 몇몇 이론가들은 소셜미디어에서의 사용자 활동을 착취 노동으로 간주해야 한다고 주장한다.

　이러한 논쟁과 사용자 감시 및 개인정보 침해에 대한 비판적 분석은 모두 매우 중요하다. 하지만 이러한 논쟁에는 한 가지 질문이 빠져 있다. 앞서 언급한 소셜미디어에 대한 현대의 많은 비판과 마찬가지로, 넷플릭스의 다큐멘터리는 이러한 데이터가 아무 노력 없이 생산되고, 어디에나 저장되며, 아무런 문제 없이 분류된다는 인상을 준다. 하지만 사실은 그렇지 않다.[2]

5장에서는 주로 디지털 감시와 자유 노동에 관한 논쟁의 배후에 머물러 있는 질문, 즉 인프라에 관한 질문을 다룬다. 또한 소셜미디어의 인프라에 대해 자세히 살펴보고, 인프라로서의 소셜미디어에 대해 논의한다. 소셜미디어의 알고리즘, 물적·인적 인프라(즉, 코드, 데이터센터, 플랫폼에 통합된 인간의 노동)를 고려함으로써 페이스북 및 기타 소셜미디어 플랫폼 정치경제의 기술적·물질적·노동집약적 차원에 주목한다. 이러한 접근 방식은 북극권에 있는 데이터센터의 보안 요원과 기술자, 실리콘밸리의 소프트웨어 프로그래머와 테스터, 독일·인도·필리핀의 콘텐츠 관리자 등 소셜미디어 노동의 다양한 현장을 조명한다.

플랫폼 광고의 정치경제학

기본적으로 페이스북과 구글의 비즈니스는 그다지 복잡하지 않다. 두 회사 모두 광고를 통해 압도적으로 많은 수익을 창출한다. 또한 이 두 플랫폼은 전 세계 온라인 광고 시장을 지배한다. 3,000억 달러가 넘는 글로벌 광고 지출에 대한 모든 추정치는 구글을 가장 큰 광고 판매자로 본다. 구글이 전체 매출의 약 3분의 1을 차지하며, 페이스북(약 20%를 차지)과 알리바바가 그 뒤를 잇는다.[3] 광고를 통한 수익은 알파벳(Alphabet, 구글의 모회사) 매출의 80% 이상, 페이스북 매출의 95% 이상을 차지한다. 알파벳은 사업을 다각화하고 있지만, 광고가 알파벳을 전 세계에서 가장 가치 있는 기업 중 하나로 만드는 비즈니스 모델의 핵심이다. 시가총액을 기준으로 가장 가치 있는 기업 중 하나인 페이스북의 경우, 이 플랫폼의 막대한 매출과 이익은 사실상 모두 소셜미디어 매체의 광고 공간 판매에 기반한다는 점이 더욱 명확하다.

온라인 광고와 기존 광고의 가장 큰 차이점은 페이스북과 구글은 정확한 타겟팅을 제공할 수 있다는 점이다. 광고주는 연령, 성별, 위치와 같은 기본 요소뿐만 아니라 페이스북이 사용자에 대해 수집하는 데이터 덕분에 관심사 및 행동과 같은 보다 세분화된 지표를 사용해 사람들을 타겟팅할 수 있다. 페이스북은 사용자와 플랫폼의 상호작용을 통해, 그리고 플랫폼 외부에서 사용자의 온라인 활동을 추적함으로써 이러한 데이터를 수집할 수 있다. 이를 통해 페이스북은 방대한 양의 데이터를 수집 및 축적하고, 개별 사용자에 대한 정확한 프로필을 구축하는 것도 가능하다. 설정된 기준에 따라 그룹으로 묶인 사용자의 관심도가 광고주에게 판매된다.

페이스북은 매월 25억 명 이상의 사용자가 방문하는 전 세계에서 가장 큰 소셜미디어 플랫폼이다. 페이스북은 페이스북닷컴 외에도 메신저 서비스인 왓츠앱WhatsApp과 소셜네트워크인 인스타그램Instagram을 인수했으며, 두 서비스 모두 월간 활성 사용자 수가 10억 명을 훨씬 넘는다. 이들 모두 데스크톱 버전도 있지만, 현재 모바일 앱이 가장 중요한 사용 형태이며 광고 수입의 압도적인 대부분을 차지한다. 데이비드 니버그David Nieborg와 앤 헬몬드Anne Helmond는 다양한 브랜드, 웹사이트, 모바일 애플리케이션을 살펴보면서 페이스북을 다양한 "플랫폼 인스턴스platform instances"[4]를 호스팅하는 "데이터 인프라data infrastructure"로 이해하자고 제안했다. 이러한 개념화를 통해 그들은 브랜드와 애플리케이션의 생태계와 일상생활의 중요한 인프라가 되려는 페이스북의 시도에 관심을 돌린다. 페이스북 및 알파벳의 서비스인 구글 검색 및 유튜브는 세계에서 가장 많이 방문한 웹페이지일 뿐만 아니라, 일상생활에서 점점 더 중요한 인프라가 되고 있다. 이것은 성공적인 플랫폼의 부산물이 아니다. 오히려 그들의 전략과 정치경제의 핵심이다. 이러한 발전은 플랫폼의 인프라에서 시작해 현대 온라인 세계의 사회적 인프라가 되기 위한 전략을 이해하기 위해 이동하는 일종의 비판적 분석을 의미한다.

플랫폼 인프라의 중요한 부분은 소프트웨어 코드다. 검색 엔진이나 소셜미디어 플랫폼의 코드는 디지털 활동을 생성, 구성, 유지, 관리하고 수익성이 높은 방식으로 관심을 활용하는 쪽으로 디지털 활동을 묶어주는 인프라 작업을 수행한다. 켈러 이스터링Keller Easterling이 인프라의 임무를 설명하는 방식과 유사하게, 플랫폼의 설계는 특정 작업을 허용하는 동시에 다른 작업을 불가능하게 한다. "선언된 내용이 아니라 게임의 규칙을 지배하는 콘텐츠 매니저가 중요하다."[5] 모든 플랫폼은 특정 형태의 표현을 자극하는 동시에 다른 표현은 금지하도록 설계되어 있으며, 플랫폼과 상호작용하는 사용자를 관리하는 일련의 프로토콜을 규정한다. 따라서 페이스북 같은 플랫폼은 온라인 및 오프라인 세계의 다른 사이트와 최대한 연결하기 위해 노력하며, 점점 더 많은 사회적 상호작용의 사이트 또는 호스트가 되고자 한다. 동시에 다른 사용자, 도시, 제품, 정치 운동, 음식 등과의 관계를 포함한 사용자에 대한 방대한 양의 데이터를 축적한다. 이들은 정량화되고 계량화된 관심도 패키지를 광고주에게 판매하기 위해 이러한 데이터를 집계하고 분할한다.

알고리즘 구조: 논리, 통제, 노동

페이스북과 구글과 같은 플랫폼은 복잡한 알고리즘 아키텍처를 갖는다. 여기에서는 그 일부만을 집중적으로 분석한다. 구글의 유명한 페이지랭크PageRank 알고리즘부터 시작해, 소셜 웹의 알고리즘 인프라가 되기 위한 시도로서 페이스북의 오픈 그래프Open Graph 프로토콜에 대해 살펴본다. 페이지랭크는 검색 엔진이 사이트 간의 링크를 등록하고 계층적 색인을 구성하는 정보 웹의 구성요소로 설명할 수 있는 반면, 페이스북과 오픈 그래프 프로토콜은 사람과 사물 간의 관계로 구성된 자산으로 이해되는 소셜 웹에 해당하며, 따라서 소셜 인덱싱의 한 형태, 즉 캐롤린 갈리츠Carolin Gerlitz와 앤 헬몬드Anne Helmond의 말을 빌리면 "링크 경제"와 "좋아요 경제"[6]의 구분으로 설명할 수 있다. 물론 이러한 논리는 역사적으로 연속적이거나 상호 배타적인 것이 아니라, 인터넷 전반에 걸쳐 서로 다른 장소에서 동시에 새로운 조합으로 작동한다.

창립자인 세르게이 브린Sergey Brin과 로렌스 페이지Lawrence Page에 의해 개발된 구글의 유명한 페이지랭크 알고리즘은 오늘날까지도 구글이 지닌 힘의 핵심으로 자리한다. 이 알고리즘은 간단한 원리를 기반으로 한다. 페이지랭크는 인터넷을 하이퍼링크된 문서 시스템으로 이해한다. 구글 검색에서, 모든 페이지는 페이지에 연결되는 링크 수와 그 품질에 따라 순위가 매겨지는데, 이는 사용자가 다른 웹사이트로 연결되는 링크를 생성할 때마다 해당 사이트에 대한 판단을 드러낸다는 가정하에 작동한다.

두 번째 단계에서는, 이러한 링크에 자격이 부여되며, 중요한 페이지의 링크는 덜 중요한 페이지의 링크보다 더 높은 가치를 부여받는다. 웹을 크롤링해 이러한 수많은 판단을 수집함으로써 페이지랭크 알고리즘은 군중의 집단적 인간 지능을 채굴하고, 웹사이트의 상대적 중요도에 대한 의견을 집계할 수 있다. 이러한 형태의 무급 노동이 알고리즘 검색 엔진 뒤에 숨어 있는 인간 노동을 보여주는 유일한 사례는 아니다. 검색 엔진의 알고리즘 아키텍처를 유지 관리하는 코딩 노동도 분명히 존재한다. 마운틴뷰 구글플렉스와 전 세계에서 근무하는 수많은 프로그래머는 검색 엔진의 글로벌 지배력을 유지하기 위해 끊임없이 검색 엔진을 유지 및 개선하려고 노력 중이다. 구글은 변화하는 인터넷 사용 패턴을 따라잡기 위해 알고리즘을 지속적으로 변경하고 개선한다. 여기에는 인간의 노동력이 필수 역할을 한다. 소프트웨어 대부분과 마찬가지로 프로그래머로 인식되는 인력보다 더 많은 노동력이 필요하다. 이러한 인력은 일반적으로 프로그래머나 소프트웨어 엔지니어로 인식되지 않으며, 종종 아웃소싱되어 보이지 않는 경우가 많다. 예를 들어 구글 검색 엔진의 경우, 결과를 다듬는 또 다른 인력, 이른바 레이터rater라는 인력이 투입된다. 이들은 주로 하청받은 디지털 작업자들로 구성되며, 주로 자택에서 근무하며 알고리즘의 결과를 평가해 검색어와 결과의 매칭을 개선함으로써 알고리즘을 더욱 정교하게 다듬는다.

레이터들은 종종 재택근무 디지털 노동자로 구성된 대규모 비정규직의 일부를 구성한다. 이들은 크라우드워크 플랫폼을 통해 조직되거나, 전문 업체에게 하청을 받아 일하면서 구글의 검색 엔진에 기여하지만, 그 이면에는 회사 창립자가 만든 알고리즘의 마법이 숨겨져 있다. 재택근무를 하는 레이터는 구글에서 제공한 온라인 도구에 로그인해 "중요", "유용", "관련성", "약간 관련성", "주제에서 벗어남"

또는 "스팸" 등의 기준에 따라 검색 엔진 결과를 판단하거나 음란물을 식별한다. 이러한 노동은 검색 알고리즘을 지속적으로 발전시키는 데 중요한 요소이며, 따라서 모든 알고리즘에는 과거와 현재의 인간 노동의 일부가 포함되어 있음을 보여준다. 구글에 이러한 노동력을 제공하는 중요한 회사 중에는 매사추세츠주 월섬에 본사를 둔 라이온브릿지Lionbridge가 있다. 이 회사는 전 세계의 재택근무 디지털 노동자에게 검색 엔진 평가 작업의 대부분을 아웃소싱한다. 라이온브릿지는 그 홈페이지에 "미국에서 가장 신뢰받는 100대 기업 중 한 곳과 함께 일하면서 집에서 편안하게 일할 수 있는 기회를 제공하는 일자리를 찾고 계신가요?"라는 광고를 게시한다. "온라인 도구를 사용해 주요 검색 엔진에 대한 텍스트, 웹페이지, 이미지 및 기타 유형의 정보를 분석하고 피드백을 제공하는 업무를 수행한다. 평가자는 온라인 도구에 로그온해 자기 주도적인 일정에 따라 수행할 작업을 선택한다."[7]

이러한 평가 노동자 중 한 명은 이러한 방식을 다음과 같이 묘사한다. "저는 저 스스로 근로시간을 정하는데, 최소 10시간 이상 20시간 이하로 근무하면 회사 측과 꽤 좋은 관계를 유지할 수 있습니다. 매우 엄격하지만 빠진 시간을 보충할 수도 있어요."[8] 또한 라이온브릿지는 노동자들에게 엄격하게 생산성 목표를 설정한다. "작업 유형에 따라 매분 완료해야 하는 작업 수가 정해져 있어요. 목표에 미치지 못하면 대기probation 처분을 받게 되고, 그 기간은 일할 수 없습니다.

제 실력이 기대에 미치지 못하면 해고당하죠. 매우 통제된 근무 환경입니다."[9] 이는 개인의 가정에서 이루어지지만, 여전히 고도로 통제되고 규율되는, 잘 드러나지 않는 또 다른 형태의 디지털 노동이다. 이 역시 구글의 검색 엔진과 같은 플랫폼을 단순한 알고리즘으로 볼 것이 아니라 끊임없이 변화하는 물적 인프라와 소프트웨어, 인적 노동의 복잡한 조합으로 봐야 한다는 것을 보여준다.

물론 구글의 검색 기능은 여기서 소개한 것보다 훨씬 더 복잡하고 지속적이고 지금도 진행 중인 개발과 다양화를 의미하는 대상이지만, 페이지랭크 알고리즘과 그 간단한 기본 원리는 구글 힘의 근간을 이룬다. 마테오 파스키넬리Matteo Pasquinelli는 페이지랭크를 통해 "겉으로 보기에 평평해 보이는 인터넷이라는 정보의 바다가 각 웹사이트의 가시성과 중요도에 따라 역동적인 계층 구조로 구글에 의해 처음으로 형성되었다"[10]라고 주장한다. 구글은 웹사이트에 연결하는 사람들의 무급 노동과 알고리즘을 작성·유지·개선하는 코더 또는 평가자의 노동 등 다양한 형태의 노동을 결합해 이러한 성과를 이뤄냈다.

페이스북은 2010년에 가까운 네트워크를 넘어 웹을 통해 사용자를 팔로우하고 도달 범위를 넓히기 위해 한 걸음을 내디뎠고, 더 나아가 구글의 페이지랭크 시스템과 유사하면서도 다른 방식으로 메타데이터 매핑을 시도했다. 개발자와 기업가를 대상으로 한 페이스북의 'f8 컨퍼런스'에서 페이스북의 플랫폼 제품 담당 이사인 브렛 테일러Bret Taylor는 플랫폼 역사상 가장 중요한 발전이라고 부를 만한 발표를 통해 청중들에게 "웹은 사람들과 그들이 관심 갖는 모든 것 사이의 연결에 기반한 모델로 이동하고 있다"라고 말하며, 페이스북을 이러한 형태의 소셜웹이 지닌 핵심 인프라로 만들기 위한 혁신인 '오픈 그래프'를 발표했다.[11] 오픈 그래프는 소셜 플러그인을 사용해 모든 페이지에 메타데이터를 라벨링하고 페이스북 플랫폼과 연결할 수 있는 애플리케이션 프로그래밍 인터페이스API인 프로토콜이다. 그러면 유명한 '좋아요' 버튼과 같은 페이스북 도구를 모든 웹사이트의 모든 곳에 쉽게 통합할 수 있다. 웹사이트 운영자가 오픈 그래프를 통해 페이스북을 웹사이트에 통합하는 인센티브는 가시성 향상과 트래픽 증가에 대한 약속이다. 페이스북의 인센티브는 인터넷을 통해 사용자를 팔로우해 사용자 행동 및 선호도에 대한 데이터를 수집할 수 있는 가능성을 배가시킬 수 있다는 것이다.

오픈 그래프를 통해 페이스북은 자체 플랫폼을 넘어 플랫폼에 연결된 수백만 개의 웹 페이지를 포함할 수 있도록 사용자 및 플랫폼에서 사용자 연결 지도를 확장할 수 있었다. 인덱스는 사이트와 개체를 페이스북 그래프의 노드로 전환하는 웹사이트 메타데이터와 이러한 사이트 및 개체와의 사용자 상호작용으로 구성된다. 후자가 더 중요한 구성요소로 간주될 수 있는데, 이는 개인화 및 피어그룹 매칭 논리에 따라 작동하는 아키텍처를 개발해 "사람들과 그들이 관심 갖는 모든 것들 사이의 연결"을 기반으로 소셜웹 지도를 생성하기 때문이다.[12] 이러한 지도의 소유자가 되는 것이 페이스북 같은 회사에 매우 매력적인 전망임은 말할 것도 없다. 오픈 그래프는 데이터를 수집하고 정렬하는 인프라로, 플랫폼 외부에서 사용자의 행동에 대한 페이스북의 지식을 풍부하게 제공해주며, 이는 광고주에게 수익성이 높은 정보로 쓰인다. 페이스북은 자체 페이지를 넘어, '좋아요'와 '공유'라는 인프라 문법을 성공적으로 구축했고, 광범위한 인터넷의 의미 체계에 스스로를 새겨 넣었다.

'좋아요' 버튼은 처음에는 오픈 그래프의 핵심 기능이었고 지금도 여전히 중요하지만, 이후 프로토콜은 더 많은 기능을 허용하도록 발전했다. '공유하기' 기능을 통해 사용자는 친구들과 콘텐츠를 공유할 수 있으며, 이는 뉴스 기사의 맥락에서 특히 중요한 것으로 증명되었다. 오늘날 거의 모든 뉴스 사이트나 블로그에는 독자가 친구 및 연락처와 기사를 공유할 수 있는 플러그인이 붙어 있다. 이로 인해 뉴스와 정보의 성격이 크게 바뀌었다. 많은 인터넷 사용자들은 더는 특정 뉴스 사이트를 방문하지 않고 다양한 소셜네트워크의 뉴스 피드에서 친구들이 공유한 기사를 읽으며 뉴스를 탐색한다. 이러한 의미에서 페이스북의 플랫폼은 모든 사용자가 동료 그룹과 페이스북의 알고리즘에 의해 선별된 맞춤형 기사 모음을 찾을 수 있는 메타 뉴스 페이지가 되었다. 이러한 방식으로 페이스북(그리고 다른 형태의 구글도 마찬가지)은 사용자가 볼 뉴스 기사를 결정하는 데 중요한 역할을 할 뿐만 아니라 표준을 설정하고 뉴스 생산에 변화를 가져오는 의존성을 만들어 낸다.[13] 페이스북은 소셜미디어 플랫폼 그 이상이며, 따라서 페이스북의 오픈 프로토콜 시스템은 소셜웹의 인프라 문법에 자신을 새기려는 (매우 성공적인) 방법 중 하나에 불과하다.

페이지랭크와 오픈 그래프는 구글과 페이스북이 운영하는 알고리즘 아키텍처의 일부로 이 아키텍처는 끊임없이 변화 중이다. 소프트웨어에 대한 분석(특히 앞서 언급한 피상적인 관찰보다 더 깊이 들어가면)은 이러한 기업의 정치 경제를 이해하는 데 크게 기여한다. 알고리즘 시스템은 인간의 관심과 노동의 작은 증분增分을 평가하도록 설계된 포획과 추출enclosure and extraction의 아키텍처로 기능하면서, 행동을 매핑하는 방식으로 사용자를 안내하고 인도한다. 구글과 페이스북은 단순한 검색 엔진과 소셜미디어 플랫폼 그 이상이다. 가능한 한 많은 분야와 네트워크 생활의 영역에서 사용자를 위한 핵심 인프라가 되기 위해 노력하고 있다. 이는 알고리즘 인프라의 사안일 뿐만 아니라 하드웨어의 문제이기도 하다.

크라우드의 물질성

매일 10억 명 이상의 사용자가 방문하는 페이스북 홈페이지는 구글 검색과 유튜브에 이어 세 번째로 사용자가 많은 인터넷 웹사이트다. 페이스북은 홈페이지에서 간단한 클릭 한 번으로 "수백 대의 서버에 접속해 수만 개의 개별 데이터를 처리하고 1초 이내에 선택한 정보를 전달해야 한다"라고 비즈니스 프로세스를 설명한다. 페이스북 서버에 저장된 사진과 동영상 수만 100페타바이트(1경 바이트)가 넘는다. 이러한 방대한 양의 데이터를 관리하기 위해 페이스북은 다양한 물적 인프라를 필요로 한다. 캘리포니아 멘로 파크에 위치한 본사와 더블린의 유럽 본사뿐 아니라 런던 중심부, 인도 하이데라바드 등에 위취한 70개의 국내외 지사 외에도 페이스북이 보유한 또 다른 중요한 건물은 데이터센터다.[14]

클라우드 컴퓨팅의 부상으로 데이터센터 또는 데이터센터의 특정한 변형은 인터넷 인프라의 중심 기둥으로 변모했다. 컴퓨터에 통합되어 있든, 사무실의 서버실에 있든 사내 서버는 점점 더 네트워크로 연결되어 있고 공간적으로 분산된 다양한 디바이스의 컴퓨팅과 스토리지를 처리하는 거대한 데이터센터로 대체되는 중이다. 이름에서 연상되는 것과 달리 클라우드는 하드웨어를 대체하는 것이 아니라 글로벌 규모의 공간 기술을 재구성한다. 이는 인프라를 거대한 서버 팜으로 중앙 집중화시킬 뿐만 아니라 많은 기업의 IT 부서에서 일자리가 사라지게 하며, 그 일부는 빈센트 모스코Vincent Mosco가 현대 데이터센터에 대해 연구한 책 《클라우드로: 격변하는 세상에서의 빅데이터To the Cloud: Big Data in a Turbulent World》[15]에서 쓴 것처럼 데이터 인프라의 노동력이 아웃소싱, 중앙 집중화, 간소화되어 "생산, 처리, 배포, 저장의 산업적 방식"으로 다시 대규모 데이터센터에서 나타나게 될 것이다. 역동적으로 진화하는 데이터센터 및 관련 인프라의 세계지리global geography는 인터넷의 중요성을 나타내는 중요한 표현이다. 그들은 디지털 경제와 데이터 인프라, 환경 문제, 주권의 디지털 전환, 새로운 형태의 노동 전환 및 아웃소싱에 대한 문제가 논의되는 장소를 대표한다.[16] 메인프레임 컴퓨터와 사내 서버로부터 데이터센터의 위성 네트워크와 스토리지 용량 및 주문형 소프트웨어 시스템으로의 전환은 소셜미디어의 부상과 관련이 있다.[17]

페이스북은 설립 초기에 전적으로 대여한 데이터센터 공간에 의존했다. 설립 2년 후인 2006년, 소셜네트워크의 트래픽 증가로 인해 서버가 다운될 뻔한 일이 있었다. 당시 페이스북은 캘리포니아 산타클라라에 있는 40평 규모의 공간을 임대해 서버를 보관했다. 그러던 어느 날, 서버가 인터넷 트래픽 증가를 감당하지 못하고 과열되어 서버가 다운될 위험에 처한 것이다. 페이스북의 수석 엔지니어는 서버를 식히고 오프라인을 막기 위해 해당 지역에서 찾을 수 있는 모든 팬을 사오라고 직원을 보냈다.[18] 그 이후로 사용자 수와 데이터 인프라 모두 크게 변화했다. 이러한 사고가 있었음에도 페이스북은 오리건 주 프라인빌에 자체 데이터센터를 건설하기까지 4년이 더 걸렸고, 이는 이제 모든 컴퓨팅 및 저장 프로세스를 자체 데이터센터에서 관리하기 위해 노력하는 전략적 전환의 시작을 알렸다. 2011년에 완공된 프라인빌 사이트는 지속적으로 확장되어 현재 300만 평방피트가 넘는 규모를 자랑하며, 여전히 페이스북에서 가장 큰 데이터센터 단지로 자리한다. 여기서 근무하는 약 160명의 직원은 관리자, 엔지니어, 청소부, 보안 요원으로 구성되어 있다.

페이스북은 2011년부터 미국 및 해외에 대규모 데이터센터를 구축해왔다. 2014년에 문을 연 이후 꾸준히 성장하는 주요 센터 중 하나는 아이오와주 알투나에 위치해 있다. 또 다른 대규모 단지는 노스캐롤라이나주 포레스트 시티에 위치하는데, 각각 30만 평방피트가 넘는 건물 2개로 구성되며, 한 건물은 사용자가 정기적으로 액세스하지 않는 데이터인 '콜드 데이터cold data'를 저장하는 전용으로 쓰인다. 노스캐롤라이나는 미국 내 데이터센터 중 주요 허브가 되었다. 인구가 약 3,000명인 시골 마을 노스캐롤라이나주 메이든에 위치한, 10억 달러 이상의 가치를 지닌 애플의 데이터센터는 세계에서 가장 큰 규모에 속한다. 구글도 메이든에서 북서쪽으로 30마일 떨어진 노스캐롤라이나주 르누아르에 있는 비슷한 단지에 12억 달러를 투자했다. 노스캐롤라이나주는 세금 감면과 인프라 업그레이드에 관대한 혜택을 줄 뿐만 아니라 저렴한 전력과 비교적 저렴한 노동력을 제공한다. 저렴한 토지, 에너지 가격 및 안정성, 기후, 저렴하고 자격을 갖춘 노동력의 가용성은 특정 위치에 데이터센터를 구축하기로 결정하는 데 중요한 요소다.

페이스북은 2013년 스웨덴 룰레아의 북극권 근처에 위치한 유럽 최초의 주요 데이터센터를 개소했다. 추운 기후는 대규모 데이터센터의 주요 문제인 서버의 냉각을 유지하는 데 도움이 된다. 중부 유럽보다 최대 60% 저렴하게 운영할 수 있는 북유럽으로 데이터센터를 이전하는 기업은 페이스북뿐만이 아니다. 예를 들어 구글은 2011년에 핀란드만灣의 하미나에 차가운 바닷물을 냉각 시스템으로 사용하는 데이터센터를 열었다. 마이크로소프트와 구글은 수중 데이터센터 연구에 투자해 이러한 접근 방식을 급진적으로 발전시켰으며, 마이크로소프트는 인공 암초로 설계된 수중 데이터센터에 대한 특허를 출원했다.[19] 해저는 냉각 이점 외에도 폭풍, 화재, 정치 등의 요인으로 인한 교란이 적어 환경이 다소 안정적이다. 페이스북의 룰레아 데이터센터에서는 데이터센터가 갖는 또 다른 주요 관심사인 에너지에 대한 엄청난 수요를 수력 발전으로 충당한다. 룰레강은 약 1,360만 메가와트/시megawatt-hours의 수력 발전을 생산해 스웨덴 에너지 수요 중 10%를 충당하며 비교적 저렴하고 안정적인 에너지를 공급한다. 또한 룰레아의 안정적인 에너지 공급 덕분에 페이스북은 북미 시설에 비해 백업 발전기를 70%까지 줄일 수 있었다. 모든 데이터센터는 다운타임 없이 지속적인 서비스를 제공하기 위해 노력하는데, 백업 디젤 발전기와 화학 배터리뿐만 아니라 센터 전반의 높은 전력 사용량도 환경 발자국environmental footprint의 또 다른 주요 요인으로 지목되고 있다.

2018년 루이 폰시의 노래 <Despacito>가 유튜브에서 50억 회 이상의 클릭을 기록하며 신기록을 세웠을 때, 그 에너지 소비량은 미국 4만 가구의 1년간 에너지 소비량과 맞먹는 것으로 추산되었다.[20]

데이터센터에서만 이란 같은 국가보다 더 많은 에너지를 소비하며, 정보통신 기술 생태계 전체의 탄소 배출량은 항공 산업의 탄소 발자국과 비슷한 수준이다.[21] 2010년 초, 환경 단체인 그린피스는 클라우드 컴퓨팅과 기후 변화에 대한 기여도에 관한 보고서를 발표하면서 주로 석탄 화력 발전소에서 운영되도록 설계된 프라인빌Prineville의 첫 번째 데이터센터를 명시적으로 지목해 비판했다.[22] 그린피스는 페이스북을 상대로 "석탄과 친구 끊기Unfriend Coal"라고 불린 성공적인 캠페인을 시작해 페이스북에 상당한 관심과 압박을 가했다. 룰레아에 "친환경 데이터센터green data center"를 건설하기로 한 결정도 이러한 맥락에서 이해해야 한다. 페이스북과 함께 다른 많은 데이터센터 업체들도 인프라가 환경에 미치는 영향에 대한 공격을 받았고, 이에 따라 기업들은 "클라우드의 친환경화green their clouds"를 위한 정책을 시작하게 되었다. 데이터센터 및 기타 컴퓨팅 인프라의 에너지 소비는 클라우드가 얼마나 중요한지 잘 보여주는데, 데이터센터의 디젤 발전기를 보면 암울하다.

룰레아는 또한 페이스북의 오픈 컴퓨트 프로젝트에서 개발된 하드웨어로만 운영되는 최초의 데이터센터다. 각 데이터센터에는 광케이블을 통해 외부 세계와 연결된 수만 대의 네트워크 서버가 있다. 페이스북은 자체 데이터센터에 투자할 뿐만 아니라, 오픈 컴퓨트 프로젝트를 통해 냉각 시스템과 서버 기술 등의 기술 개발에도 막대한 자금을 투입하고 있다. 데이터의 양은 사용자 수가 늘어날 뿐만 아니라 일반 스마트폰으로 촬영한 사진과 동영상의 해상도가 점점 더 높아지고, 가상현실 기술이 등장하면서 일반 사진이나 동영상보다 훨씬 더 많은 양의 데이터를 생성하며 발전 중이다. 이 글을 쓰는 시점에 페이스북은 뉴멕시코주 로스 루나스에 2억 5,000만 달러를 투자하고 텍사스주 포트워스에 10억 달러 이상이 쓰일 것으로 예상되는 시설인, 아일랜드 클로니에서 두 번째로 큰 유럽 센터 등과 같은 기존 센터 대부분을 확장할 뿐 아니라 새로운 센터도 여러 개 건설 중이다. 2017년 페이스북은 덴마크 오덴세 인근에 세 번째 유럽 데이터센터를 건설 예정이며, 추가 센터를 건설할 계획이라고 발표했다. 다른 주요 디지털 기업과 마찬가지로 페이스북은 이제 전 세계에서 가장 중요한 데이터센터 인프라 소유자 중 하나가 되었다. 따라서 에퀴닉스나 디지털 리얼티와 같은 일부 주요 기업이 여전히 데이터센터에 집중하고 있지만, 페이스북, 마이크로소프트, 애플과 같은 저명한 디지털 기업은 이제 클라우드 컴퓨팅 및 서버 호스팅 시장의 선두 주자인 아마존 웹 서비스와 함께 물리적 인터넷 인프라 분야에서도 주요 플레이어로 부상 중이다.

페이스북은 자체 데이터센터 외에도 다른 제공업체로부터 서버 용량을 임대하기도 한다. 페이스북은 미국의 여러 사이트 외에도 싱가포르에 용량을 임대해 자체 데이터센터를 건설한다. 싱가포르 데이터센터는 10억 달러의 비용이 소요될 것으로 예상되는데, 싱가포르에서 토지 제약이 심해지면서 11층, 17만 평방미터 규모의 고층 센터로 건설될 예정이다. 싱가포르는 아시아 시장에 서비스를 제공하려는 서구 클라우드 기업들에게 한동안 데이터센터의 핫스팟이었다. 싱가포르는 비즈니스 친화적인 정부와 영국 식민지 시절부터 이어진 전신선을 따라 설치된 주요 해저 케이블로 인해 선호도가 높다.[23] 알리바바와 같은 아시아 중견 및 대기업 모두 자체 데이터센터를 운영 중이며, 센터는 마이크로소프트와 구글 같은 서구 대기업들에서도 중요한 위치로 자리 잡았다. 데이터센터의 위치는 인프라 면에서 이점뿐만 아니라 정치적 이유에서 선택된다. 특히 싱가포르와 대만에 있는 구글의 아시아 데이터센터는 중국과 가까우면서도, 중국 정부의 법적 영향권 밖으로 벗어나기 위한 시도다. 검열 문제로 중국 정부와 2년간 대립한 끝에 2010년 중국 검색 엔진을 홍콩으로 이전한 구글은 곧 홍콩에도 데이터센터를 설립할 계획을 발표했다. 하지만 기공식 2년 후인 2013년에 계획을 포기하고 싱가포르와 대만으로 투자 방향을 변경했다. 이는 클라우드 컴퓨팅과 주권 전환transformation of sovereignty의 복잡한 관계, 그리고 해저 광섬유 케이블 및 데이터센터와 같은 인프라의 물질적 내재성과 복잡한 정치적 지리를 모두 보여준다.[24] 이와 같은 새로운 정치-인프라politico-infrastructural 지리는 국가와 초국적 기업 간의 단순한 갈등이 아니라 인프라를 통한 주권 자체의 전환이라는 다층적이고 갈등적이며 역동적인 과정으로 이해해야 한다. 켈러 이스터링Keller Easterling은 대규모 인프라가 만들어 내는 다중적이고 중첩적이며 중첩된 형태의 주권과 국민 국가와의 관계를 설명하기 위해

"특별한 국가경략Extrastatecraft"이라는 용어를 고안했다.

바다 아래로, 그리고 공장 속으로

"구글의 글로벌 인프라 전략 협상가"인 제인 스토웰Jayne Stowell은 "사람들은《뉴욕 타임즈》기자와 진행한 인터뷰에서 데이터가 클라우드에 있다고 생각하지만 그렇지 않다. 데이터는 바다에 있다"라고 말했다.[25] 그녀는 디지털 인프라의 또 다른 중요한 구성요소를 제공하는 해저 케이블을 언급했다. 무선 디바이스가 부상했음에도 케이블은 중요한 인터넷 인프라이며, 특히 대륙 간 네트워크 트래픽 속도를 높여주는 광섬유 해저 케이블은 더욱 그렇다.[26] 스토웰의 주요 업무는 구글의 해저 케이블 프로젝트 건설을 감독하는 것이다. 실제로 페이스북, 구글, 마이크로소프트, 아마존이 이 사업의 주요 플레이어가 되었다. 페이스북과 구글은 2016년에 로스앤젤레스에서 홍콩까지 해저 횡단 케이블을 건설하기 위해 협력했다. 1만 2,800킬로미터에 달하는 이 광섬유 케이블의 용량은 초당 120TB로, 모든 태평양 횡단 케이블 중 최고 수준이다.[27] 같은 해 초, 페이스북은 마이크로소프트와 파트너십을 맺고 버지니아주 버지니아비치와 스페인 빌바오를 연결하는 해저 케이블을 건설한다고 발표했다. 이는 구글이나 페이스북과 같은 클라우드 기반 기업의 대역폭 수요가 너무 커서 다른 통신사(일반적으로 민간 및 공공기관의 컨소시엄)로부터 구매한 용량에 의존하지 않고 자체 해저 케이블을 구축해야 하는 추세 중 일부다.

스토웰이 구글을 위해 감독하고 있는 프로젝트 중에는 미국과 칠레를 연결하는 1만 500킬로미터 길이의 해저 케이블인 '큐리Curie'가 있다. 큐리는 라틴아메리카에서 가장 중요한 구글 데이터센터가 위치한 칠레와 미국을 연결한다. 또한 큐리는 미국과 프랑스, 포르투갈과 남아프리카공화국을 각각 연결하는 다른 2개의 새로운 케이블과 마찬가지로 구글이 독점적으로 건설하고 소유하고 있다. 이렇게 비싸고 복잡한 인프라를 단독으로 소유하는 것은 대형 기술 기업에서도 이례적인 일로 구글의 규모와 경제력을 보여준다. 큐리에 사용되는 광케이블은 뉴햄프셔주 뉴잉턴에 있는 공장에서 제작되었으며, 폭은 정원용 호스 정도이지만 강철과 구리로 된 보호층으로 둘러싸여 있다. 인근 피스카타콰강에서 특수 선박이 일주일에 걸친 노동집약적인 선적 과정을 거쳐 케이블을 싣고 새로운 케이블이 시작될 캘리포니아로 운반했다. 12시간 교대로 근무하는 선박의 승무원들은 해저에 케이블을 설치하는 더딘 과정을 시작했다.[28]

구글과 페이스북이 자체 해저 케이블을 구축하려는 움직임은 두 회사가 축적해온 막대한 인프라의 힘을 보여주는 것이자 인터넷 인프라의 정치적·경제적 발전에서 두 회사가 어떻게 주요한 플레이어가 되었는지를 보여준다. 데이터센터의 경비원, 청소부, 엔지니어, 케이블 공장의 노동자, 배 위에서 수개월 동안 케이블을 설치하는 노동자들도 글로벌 플랫폼의 물리적 인프라에 투입되는 방대한 양의 노동력을 보여주는 것이다. 이러한 노동자들은 소셜미디어의 물적 인프라를 생산하는 데 관여하는 대규모 인력 중 일부다. 페이스북 및 구글과 같은 플랫폼에 고용된 비교적 적은 핵심 인력을 이루는 동심원의 외곽에는 주로 페이스북 또는 구글이 작동할 수 있도록 다양한 인프라 생산에 참여하는 아웃소싱 인력 그룹이 존재한다. 이와 비슷한 인프라의 사례를 들자면, 애플의 유명한 상품과 같이 사용자가 소셜미디어 플랫폼에 연결할 수 있는 노트북, 태블릿 및 스마트폰과 같은 기기가 그것이다.

아이폰 도시

오늘날 대부분은 애플 제품의 상당 부분이 폭스콘이라는 회사에서 조립된다는 사실을 알 것이다. 폭스콘은 2010년 중국 폭스콘 공장 노동자들의 잇따른 자살로 인해 중국 공장의 열악한 노동 환경이 부각되면서 전 세계적으로 악명 높은 위탁 생산의 대명사가 되었다. 당시 자살한 사람들 대부분은 새로운 산업 지역으로 이주한 농촌 출신 이주민들이었다.[29] 개별 애플 제품 부품 중 대부분은 다른 지역에서 생산한 후 최종 조립이 이루어지는 대형 폭스콘 공장으로 배송한다. 이러한 공급망에서 중요한 곳 중 하나는 다양한 기기에 사용되는 칩이 생산되는 반도체 공장이다. 반도체 기술의 가장 중요한 생산지는 대만이다. 대만 반도체 제조 회사의 거대한 공장은 애플 제품에 사용되는 대부분 칩을 공급하는 곳이기도 하다. 전체 공정은 애플에 의해 엄격하게 통제된다.

인건비 상승과 미중 무역전쟁으로 인해 아이폰 조립의 일부가 인도 등으로 이전되는 등 공간적 다변화가 있었지만, 여전히 중국은 폭스콘의 생산 중심지다. 폭스콘은 여전히 중국에서 가장 가난한 지역 중 하나인 허난Henan성 지역에 위치한 '아이폰 시티'라고도 불리는 정저우Zhengzhou에서 수십만 명의 노동자를 고용한다. 계절과 주문 상황에 따라 최대 30만 명의 노동자가 이 거대한 단지에 고용되어 있으며, 대부분 인근 기숙사에 거주한다. 이들의 주요 업무는 아이폰의 최종 조립, 테스트, 포장으로, 스크린 연마와 같은 하나의 공정에 종사하는 노동자 대부분은 하루에 약 400번씩 이러한 작업을 수행한다.[30]

또 다른 클러스터는 전 세계적으로 IT 제품 생산을 아웃소싱하기 위해 가장 초기에 생긴, 가장 크고 가장 중요한 사이트 중 하나인 주강珠江 삼각주에 있다. 폭스콘은 노동자들의 시위와 임금 상승에 대응해 일부 생산 요소를 이 지역 밖으로 이전하지만, 여전히 중국이 사업의 주요 중심지다. 삼각주 지역에서 폭스콘의 가장 큰 시설은 '폭스콘 시티'로도 알려진 선전 인근의 롱화Longhua 과학 기술 단지로, 수십만 명의 노동자가 근무하는 복합 단지이기도 하다. 푼 응아이Pun Ngai의 저서 《중국의 이주노동》에서 한 노동자는 롱화 공장의 조립라인에서 했던 자신의 업무를 이렇게 묘사한다. "라인에서 마더보드를 가져와 로고를 스캔하고 정전기 방지용 전기 가방에 넣고 라벨을 붙인 다음 라인에 놓습니다. 이 작업은 각각 2초가 걸립니다. 10초마다 작업 다섯 개를 완료하죠."[31]

주강 삼각주는 구역과 회랑에 기반을 둔 생산 및 인프라 개발 모델을 표현하는 것이기도 하다. 주강 삼각주를 비롯한 이들 지역은 중국 최초로 시장 경제의 실험장이기도 했다.[32] 삼각주에서 가장 큰 도시 중 하나인 선전은 1980년 중국 최초의 경제특구SEZ로 지정되어 처음에는 대만과 홍콩 기업을 유치한 후 서구 기업의 위탁 생산 중심지로 성장했다. 경제특구는 2010년 상하이의 모든 지역을 포괄할 때까지 계속 확장되었다. 또한 1980년대 이후 폭발적인 성장을 거듭하면서 정확한 주민 수를 파악하기가 점점 더 어려워졌는데 그중 절반 가까이가 이주노동자임은 분명하다. 선전과 함께 주변 주강 삼각주는 세계에서 가장 중요한 수출 지향 생산 지역 중 하나로 성장했다. 주강 삼각주 전체는 전 세계적으로 규모와 인구 면에서 가장 큰 도시이자 거대 도시가 되기 위한 길을 걷는 중이다.[33]

주강 삼각주가 IT 제조업의 중심지로 부상하기 전에는 미국, 특히 실리콘밸리가 가장 중요한 지역이었다. 오늘날 대부분의 IT 제조업은 실리콘밸리를 떠났고, 남아 있는 몇 안 되는 공장은 고도로 숙련되고 보수가 높은 과학자 및 엔지니어와 일부 하청업체가 재택에서 수행하도록 업무를 위탁한다. 이에 최종적으로는 가내 노동자로 이어지는 하청 사슬subcontracting chains에 따라 파편화된 제조 노동자 모습으로 뚜렷하게 구분되는 특징이 있다. 실리콘밸리의 IT 제조 부문과 기술 회사 및 신생 기업을 대상으로 성장하는 서비스 부문은 불안정한 조건, 종종 매우 낮은 임금, 여성 및 이주노동자의 높은 비율이 특징이다.[34] 닉 다이어 위트포드는 실리콘밸리가 이주노동을 기반으로 구축되었으며, 그 계급적 역학 관계를 전 세계로 확장했다고 주장한다.[35]

수십 년 전부터 실리콘밸리에서 주강 삼각주, 대만, 멕시코, 말레이시아, 동유럽 등 여러 지역으로 IT 제조업이 이전하는 과정이 진행되어 왔지만, 이는 2001년 경기 침체로 인해 더욱 가속화되었다. 1970년대 실리콘밸리의 제조업 인력과 마찬가지로 오늘날의 글로벌 IT 제조업 노동자는 주로 여성이며 상당수가 이민자다.[36] 여러 지역의 글로벌 IT 제조업은 스테파니 허트겐Stefanie Hürtgen과 그녀의 동료들이 "유연한 신테일러주의flexible neo-Taylorism", 즉 포드주의적 형태의 규제, 안전, 노동자의 대량 소비에 대한 지향성은 없지만 테일러주의적 생산의 현대적 형태인 "포드주의 이후의 테일러리즘Taylorism after Fordism"이라고 부르는 노동 체제가 특징이다.[37] 이러한 수출 지향적 모델은 표준화된 생산 기술을 통해 유연한 계약, 하청노동, (현지 기준에서도) 낮은 임금을 기반으로 삼아 높은 수준의 노동 변동성을 허용한다. 체코에 위치한 폭스콘 공장은 이러한 경향을 보여주는 또 다른 사례로, 임시직 인력소개소temporary work agencies를 통해 채용된 이주민인 하청노동자 비율이 50%를 넘는 경우도 있다.[38] 이 노동자들은 사용자가 페이스북과 같은 소셜미디어 플랫폼에 접속할 수 있는 다양한 기기를 생산한다.

이러한 사업장에서 생산된 디바이스에서 페이스북 및 기타 소셜미디어 사용자는 휴가 사진 등 다른 사용자가 업로드한 콘텐츠를 볼 수 있고, 지역 축구팀에 대한 상태 업데이트를 확인하거나 이웃의 생일 파티에 초대를 받을 수 있다. 모든 콘텐츠는 사용자가 생성하지만, 사용자가 업로드한 모든 콘텐츠가 다른 사용자의 화면에 표시되는 것은 아니다.

콘텐츠 관리: "당신이 보는 것은 제 상상을 초월해요"

매분 수백만 개의 댓글, 상태 업데이트, 사진 및 비디오가 페이스북과 같은 소셜미디어 플랫폼에 올라온다. 일반적인 사용자는 압도적 다수인 평범하고 통상적인 게시물을 보지만, 로베르토가 페이스북에서 보는 사진, 동영상, 댓글은 결코 평범하지 않다. 아침부터 저녁까지 그의 화면에는 폭력, 인종차별, 혐오에 대한 표현과 묘사가 넘쳐나기 때문이다. 로베르토는 콘텐츠 관리자content moderator다. 그는 페이스북으로부터 네트워크를 최대한 깨끗하게 유지하는 업무를 도급받은 회사에서 일하고 있다. 사용자에게 깨끗한 네트워크를 제공하려는 이러한 시도의 성공 여부는 경우에 따라 다르겠지만, 로베르토가 매일 소셜네트워크의 어두운 이면을 경험하는 것은 확실하다. "이 일을 시작하기 전에는 사람들이 할 수 있다고 상상할 수 없었던 일들이 벌어지고 있다."[39]

그는 일주일에 5일 베를린의 한 오피스 빌딩에 출근해 책상에 앉아 디지털 관리digital moderation 도구를 열고 소셜미디어의 어두운 면을 들여다본다. 그의 대기열에는 점점 더 많은 "티켓"(부적절하다고 표시되어 검토해야 하는 콘텐츠)이 쌓인다. 그는 매일 수백 개의 티켓을 해결해야 한다. "항상 클릭만 하는 기계와 같다."[40] 그와 같은 이민자 출신이 대부분인 동료 약 600명은 디지털 콘텐츠 관리 분야에서 중요한 역할을 하는 아르바토의 베를린 사무소에서 일한다. 이들은 소셜미디어 네트워크, 비디오 플랫폼, 데이트 앱, 메신저, 신문 댓글 섹션, 그리고 이러한 플랫폼을 운영하는 회사가 원하는 방식으로 사용자 제작 콘텐츠를 관리하기 위해 노력하는 수십만 명의 디지털 노동자로 구성된 전 글로벌 노동력 중 일부다. 이러한 작업자는 소셜미디어를 가능하게 하는 인프라에서 매우 중요하지만, 종종 숨겨져 있는 구성요소다. 페이스북 사용자와 대중의 눈에서 대부분 숨겨져 있지만, 로베르토와 그의 동료들은 페이스북이 그 어느 때보다 중요한 네트워크가 되었고, 동시에 증오 캠페인과 다양한 종류의 폭력적인 콘텐츠가 확산되는 데 중요한 플랫폼이 된 이 시기에 자신들의 업무가 지닌 중요성을 이해하고 있다. "의사와 경찰도 우리와 같은 양의 피와 폭력을 보지만, 그들은 최저임금만 받지는 않는다."라고 말했다.[41]

이러한 디지털 노동자는 플랫폼 기능에서 필수 부분이며, 보다 구체적으로는 알고리즘 인프라와 긴밀하게 통합되어 있다. 크라우드 워크의 경우와 마찬가지로, 컴퓨터가 내릴 수 없는 결정을 내리기 위해, 인간의 인지가 필요한 컴퓨팅의 공백을 메우기 위해 인간의 노동이 알고리즘 아키텍처에 통합되어 있는 것이다. 콘텐츠 검토는 플랫폼의 디지털 인터페이스 뒤에 숨겨진 인간 노동의 가장 중요한 부분에 속한다. 이는 디지털 소셜미디어에서 매우 노동집약적이고 정치적으로 민감하며 경제적으로도 무척 중요하다. 콘텐츠의 방대한 규모와 콘텐츠 검토의 복잡성은 소셜미디어 플랫폼에 전례 없는 도전 과제이기도 하다.

좋거나 나쁜 콘텐츠

최근 몇 년 동안 가짜뉴스와 혐오 캠페인의 문제, 그리고 사용자가 게시한 콘텐츠에 대한 플랫폼의 책임 문제가 공개적인 논쟁의 중심에 섰다. 사실 이 문제는 페이스북, 유튜브, 틱톡, 인스타그램 등 모든 대형 소셜 플랫폼이 직면한 오늘날의 가장 큰 과제일 수 있다. 로베르토가 근무하는 아르바토는 우익 혐오 캠페인에서 페이스북의 역할에 대한 독일 내 여론의 비판에 대응하기 위해 페이스북이 계약한 회사다. 독일의 유명 기업인 베르텔스만의 자회사가 운영하는 현지 관리팀은 소셜미디어 플랫폼이 사이트에 업로드된 콘텐츠에 대해 책임을 지도록 하는 새로운 법을 세우는 과정에서 의원들은 물론 대중의 비판을 달래기 위해 조직한 것이다. 전 세계적으로 플랫폼은 비슷한 비판과 법적 압력에 직면해 있으며, 이로 인해 모든 기술 기업의 고위 경영진은 콘텐츠 검토 노력을 핵심 과제로 삼는다.

소셜미디어 플랫폼에 업로드되는 모든 콘텐츠 중 상당수는 다른 사용자가 '좋아요'를 누르지 않을 수 있다. 플랫폼 대부분에서 사용자는 이러한 콘텐츠에 '플래그'를 지정해 콘텐츠 검토 프로세스를 시작할 수 있다. 사용자는 여러 이유로 게시물에 플래그를 지정한다. 단순히 게시물의 콘텐츠가 마음에 들지 않을 수도 있다. 게시물에 폭력, 인종차별, 노출, 마약 또는 법적 또는 문화적 기준에 따라 불쾌감을 주는 것으로 간주하는 기타 여러 콘텐츠가 포함되어 있을 수 있다. 그러나 페이스북과 같은 소셜미디어 회사가 이러한 콘텐츠를 플랫폼에서 삭제하는 데는 나름의 이유가 있다. 첫째, 가능한 한 많은 사용자가 시간을 보내고 싶어 하는 공간으로 플랫폼을 유지하고자 하기 위함이다. 둘째, 많은 법적·정치적 이유로 페이스북은 업로드된 콘텐츠 중 일부를 삭제해야 한다. 페이스북은 국가별로 금지되는 것을 피하기 위해 소셜네트워크를 차단하겠다고 위협하는 정부를 달래려고 노력한다. 예를 들어, 2012년에 유출된 매뉴얼은 터키 정부의 비위를 맞추기 위한 페이스북의 노력을 보여준다. ("PKK 및/또는 외칼란에 명백히 반대하는 경우 무시"하라는 부록과 함께) "아타튀르크에 대한 모든 공격"은 쿠르드 지도, 쿠르드 노동자당PKK의 상징, 압둘라 외칼란Abdullah Öcalan이 등장하는 사진과 함께 금지되었다.[42]

소위 커뮤니티의 표준은 페이스북에서 금지되는 콘텐츠의 종류에 대해 대략 설명하지만, 정확한 콘텐츠 제한 사항과 플랫폼 모니터링 방법 및 대상에 대해서는 비밀로 붙인다. 최근 몇 년 동안 페이스북은 관리 프로세스를 좀 더 투명하게 하기 위해 일부 문서를 공개했다. 하지만 운영진이 플랫폼에서 어떤 콘텐츠를 허용하는지에 관한 정확한 규칙에 대한 정보는 여전히 구하기가 매우 어렵고, 공개된 규칙과 기준은 상당히 일반적인 수준이다. 또한 운영진은 규칙이 매주 또는 심지어 매일 변경되며 매우 복잡하다고 보고한다.

폭력, 음란물, 유머, 테러리즘 등 몇 가지 주요 주제에 대한 해석은 법적·문화적·정치적 환경에 따라 매우 다양하기에 일반적으로 콘텐츠 검토는 매우 복잡한 작업이다. 페이스북은 그동안 플랫폼에서 호스팅되는 콘텐츠에 대해 책임지는 것을 주저해왔지만, 이후 상당한 압박을 받으면서 콘텐츠 검토 시스템에 상당한 노력을 기울이는 중이다.

문화로 인해 당황스러워하는 알고리즘

페이스북 플랫폼은 점점 더 스마트해지는 알고리즘 아키텍처를 통해 사이트에서의 사용자 행동을 관리한다. 페이스북과 다른 플랫폼은 자동화된 학습형 콘텐츠 관리 소프트웨어 개발에 상당한 노력을 기울인다. 하지만 문화적 규범과 관행, 고도의 맥락적 특성 등 알고리즘의 지능이 자주 실패하는 분야가 많다. 오늘날 페이스북의 소프트웨어는 사진과 동영상에서 노출을 매우 효율적으로 감지할 수 있지만, 이러한 노력은 또 다른 문화적 규칙(예를 들어 남성의 젖꼭지 노출은 허용하지만 여성의 젖꼭지 노출은 금지)에 의해 방해받기도 한다. 어쨌든 노출과 성행위로 인해 삭제되는 콘텐츠 대부분은 이제 90% 이상의 정확도로 소프트웨어에 의해 사전 선택된다. 반면 혐오 발언이나 괴롭힘의 경우, 소프트웨어는 고도로 맥락적인 상황을 파악하는 데 어려움을 겪으며 대부분 잘못된 판단을 내린다.[43] 모든 카테고리에서 페이스북의 머신러닝 소프트웨어는 삭제할 콘텐츠를 제안할 뿐, 실제 결정은 콘텐츠 관리자가 내린다.

분명한 목표는 자동 조종으로 운영되는 시스템을 세우는 것이다. 하지만 이러한 목표에 도달할 수 있을지는 의문이다. 페이스북 경영진은 종종 공개적으로 AI가 회사의 콘텐츠 검토 문제에 대한 해결책이라고 말하지만, 소프트웨어 엔지니어와 전문가들은 그다지 낙관적이지 않다. 현재 페이스북에 콘텐츠 검열을 담당하는 디지털 인력이 1만 5,000명이 넘는다는 사실은 자동화를 위해 많이 노력함에도 현재로서는 플랫폼 검열 인프라에서 인간의 노동력이 차지하는 비중이 줄어들기는커녕 오히려 증가하고 있음을 보여준다. 콘텐츠 관리에서 핵심은 여전히 인간의 인지이며, 플랫폼에 남길 콘텐츠와 삭제할 콘텐츠에 관한 결정이 완전히 자동화되는 미래는 아직 멀었다.

의심스러운 콘텐츠를 검토하는 작업은 정교한 글로벌 분업 체계의 일부다. 대부분의 소셜미디어 회사에는 콘텐츠 관리를 전담하는 사내 부서가 있다. 사내 부서에서는 일반적으로 기준을 개발하고, 외주업체를 감독하며, 정치적으로 민감한 사안이나 법집행기관이 개입된 사건(협박, 폭력, 아동 포르노 등)과 같은 어려운 사안을 처리한다. 이러한 인력에는 콘텐츠 관리 정책을 고안하는 전문가와 변호사뿐만 아니라 임박한 공격과 같은 보안 문제 및 잠재적인 유명 사건에 대응하는 전문가가 포함된다. 예를 들어, 베를린의 하청업체에서 근무하는 로베르토가 폭력 공격이 임박했음을 나타내는 게시물을 발견하면 해당 사건을 "상부에 올리고", 더블린에 있는 페이스북 유럽 본사의 전문가가 해당 게시물을 평가하고 잠재적으로 국가 법집행기관에 연락할 수 있다.

로베르토가 근무하는 회사는 페이스북의 콘텐츠 검토 시스템에서 또 다른 계층을 대표한다. 비교적 높은 임금을 지불해야 함에도 페이스북은 최근 몇 년간 정치적으로 압력을 받은 영향도 있지만, 콘텐츠 검열을 위해서는 언어 능력 외에도 많은 문화적 지식이 필요하다는 인사이트에 따라 미국, 독일 등의 국가에서 콘텐츠 검열 조직을 운영하기 시작했다. 대개 이는 콜센터와 같은 사무실에서 운영되며, 때로는 하청업체가 수백 명의 직원을 고용해 운영하지만 페이스북, 구글 또는 기타 플랫폼에 의해 엄격하게 통제된다. 또 다른 중요한 그룹인 콘텐츠를 검토하는 이들의 노동 중 가장 큰 부문은 인도와 필리핀과 같은 국가에 아웃소싱해 현지 노동자가 다른 국가의 콘텐츠 검토를 수행하기도 한다. 마지막으로, 콘텐츠 검토의 또 다른 부문은 크라우드워킹 플랫폼 등을 통해 집에서 일하는 개인에게 직접 아웃소싱된다. 그 결과 소셜미디어 플랫폼을 청소하는 작업을 처리하는 완전히 다른 상황과 위치에 있는 노동자들을 통해 복잡하고 글로벌한 분업이 이루어진다.

베르린, 오스틴, 더블린: 외주화된 이주민 노동

로베르토는 하청업체가 운영하는 콜센터에서 근무한다. 페이스북은 혐오 발언과 인종차별과 같은 문제에 대응하지 못한다는 독일 언론과 정치인들의 비판이 거세지자, 전 세계에 걸쳐 7만 2,000여 명의 직원을 고용해 클라우드 컴퓨팅, 물류, 금융, 고객 관계, 콜센터, 콘텐츠 관리 서비스 등 다양한 서비스를 제공하는 독일 기업이자 베르텔스만 그룹의 자회사인 아르바토에 업무를 위탁하겠다고 발표했다. 아르바토는 자신을 다양한 서비스를 제공하지만, 대중에게는 잘 알려지지 않은 회사 중 하나라고 설명한다. 아르바토의 웹사이트에는 "여러분은 잘 모르겠지만, 여러분이 사용하는 수많은 제품과 서비스 뒤에는 아르바토가 있습니다. 독일의 모든 소비자는 평균적으로 하루에 8번 아르바토와 만납니다"라고 쓰여 있다.[44] 2019년 아르바토는 모로코의 사함Saham 그룹과 합병해 28개국에 5만 명의 직원을 보유한 콘텐츠 관리 분야의 선도적인 전문 기업 마조렐Majorel을 설립했다. 현재 마조렐은 로베르토가 근무하고 있는 베를린의 센터도 운영 중이다.

2016년에 아르바토는 약 600명의 직원을 고용해 독일어, 아랍어, 영어, 터키어, 스웨덴어, 이탈리아어, 스페인어 등 다양한 언어 기반의 팀에 분산 배치했다. 직원의 대부분은 이주 배경을 가진 젊은 층이다. 이들 중 다수는 독일에서는 인정받지 못하는 대학 학위나 기타 전문 학위를 보유하고 있다. "베를린은 우리 회사에 딱 맞다. 전 세계에서 온 많은 이민자가 일자리를 필요로 하지만 언어가 가장 큰 문제다." 몇 년 전 독일에 와서 다양한 프리랜서 일자리를 경험한 후 베를린에 있는 아르바토 지사에서 일하기 시작한 로베르토가 한 말이다.[45] 아르바토는 시리아전쟁이나 남유럽의 유로 위기 및 가혹한 긴축 조치를 피해 독일로 이주하는 유능한 젊은 노동자의 증가 추세에 주목했다. 문화적 매력, 비교적 저렴한 임대료, 취업에 대한 희망으로 인해 다양한 계층의 이민자들이 베를린으로 대거 유입 중이다. 그러나 대부분은 정규직 일자리를 찾는 데 어려움을 겪으며, 대학 학위와 기타 전문 자격증을 보유하고 있지만 매우 불안정하고 비공식적인 조건에서 실직 상태이거나 서비스 부문에서 일하는 경우가 많다. 다양한 국가에서 온 젊은 이민자들은 공식 및 비공식 자격을 갖추고 있을 뿐만 아니라 독일 취업 시장에서도 어려움을 겪고 있기에 아르바토와 콘텐츠 검토라는 직무에 거의 완벽한 인력 풀을 구성한다.

이주노동자를 고용해 콘텐츠를 검토하는 일은 베를린에만 국한된 일이 아니다. 이주노동자들은 현지 고용 시장에서 대안이 되지는 않지만 중요한 언어 및 문화적 기술을 제공한다는 점에서 콘텐츠 검토 회사의 입장에서는 완벽한 인력이 될 수 있다. 텍사스 오스틴에서 유튜브의 콘텐츠 검토를 담당하는 외주업체의 한 직원은 기자와 인터뷰하며 다음과 같이 설명한다. "미국으로 이주했을 때 대학 학위가 인정되지 않았기에 아무 일이나 시작했어요. 일을 시작해서 돈을 벌어야 했으니까요."[46] 미국에서 유튜브의 가장 큰 콘텐츠 검토 시설에서 일하는 그의 동료 중 다수는 콘텐츠 검토자가 되기 전에는 배달 기사나 경비원으로 일했던 최근에 이주한 사람들로, 구글 정규직 직원과 유사한 조건을 달성하기를 희망하고 있다. 그러나 이들은 TVCs(임시, 협력업체 및 계약직 직원)라고 불리는 구글 직원의 50% 이상을 차지하는 비정규직 노동력을 구성한다. 따라서 오스틴에 있는 하청업체의 조건은 마운틴뷰에 있는 구글의 정규직 직원과 크게 다르다. 성과에 대한 엄청난 압박과 지나치게 폭력적인 콘텐츠에 대한 노출은 오스틴의 많은 노동자 사이에서 정신적 문제와 스트레스 장애 증상을 유발했다.[47)]

로베르토가 베를린의 아르바토에서 일을 시작했을 때, 그는 비밀유지 계약서에 서명해야 했고, 자신이 페이스북에서 일한다는 사실을 공개하는 것이 금지되었다. 이 때문에 그와 많은 동료는 베를린 북서부에 위치한 콘텐츠 검토 시설의 근무 환경에 대해 말할 때 매우 조심스러워한다. 대부분의 계약이 임시직이고 일부 노동자는 파견회사를 통해 고용되기에 많은 사람이 일자리를 잃을까 두려워한다. 해고에 대한 두려움에도 불구하고 아르바토가 베를린에서 페이스북에서 일하기 시작한 지 몇 달 후, 직원들 사이에서 불만이 퍼지기 시작했다. 직원들은 성과에 대한 압박, 휴식시간의 부족, 특히 몇 시간 동안 계속 보아야 하는 매우 충격적인 콘텐츠에 대해 불만을 토로했다. 아르바토가 불만에 제대로 대응하지 않자 일부 노동자는 지역 활동가들과 이야기를 나누기 시작했고, 노동자 대부분은 임시직 계약을 잃을까 봐 두려워하면서도 언론에 자신의 근무 조건을 알릴 것을 고려했다. 일부 노동자는 하루에 1,500건 이상의 케이스('티켓')를 검토해야 하며, 티켓 한 건당 평균 15초가 소요된다고 보고했다.[48)]

마침내 2016년 12월, 독일 일간지 《쥐트도이체 차이퉁Süddeutsche Zeitung》이 아르바토의 상황에 대해 대대적으로 보도했다. 이 기사는 주로 노동자들이 강제로 보아야 했던 충격적인 이미지에 초점을 맞추었으며, 전직 및 현직 아르바토 노동자들의 경험담을 인용했다. "사진들은 훈련 때보다 훨씬 더 나빴어요. (…) 폭력, 때로는 훼손된 시체 등. 사람들이 자주 방을 나가고 있습니다. 도망치고 울어요."[49] 또 다른 노동자는 일일 할당량을 달성해야 한다는 압박감이 크다고 말했다. "일일 목표를 달성하지 못하면 상사와 문제가 생길 수 있어요. 압박감이 엄청났어요."[50] 이 기사는 큰 관심을 불러일으켰고, 페이스북과 아르바토는 노동자들이 고통스러운 경험에 대처할 수 있도록 충분한 정서적·의료적 지원을 제공했다고 공개적으로 주장했지만, 노동자들은 이를 부인했다.

스캔들 이후, 페이스북은 하청업체에 더 나은 근무 조건을 제공하도록 압력을 가했다. 회사는 할당량을 낮추고 직원들이 충격적인 콘텐츠에 대처할 수 있도록 지원하기 위해 직원을 고용했다. 높은 할당량을 낮춘 것은 노동자들에게 안도감을 주었지만, 심리 지원 직원에 대한 노동자들의 소감은 노동자와 경영진 간의 불신이 어느 정도인지 보여준다. "심리지원팀이 있지만 사회복지사만 있고 회사에서 일하기에 신뢰하지 않는다."[51] 기한의 정함 없는 고용을 피하기 위하여 회사 측에서 근로계약을 갱신하지 않는 경우가 많지만, 일부 노동자는 충격적인 내용 때문에 스스로 퇴사한다. 자신이 보는 폭력적인 이미지를 "영화처럼" 개념화하려고 노력한다고 설명하는 로베르토는 이 직장에서 오래 근무한 몇 안 되는 노동자 중 한 명이다.

실제로 노동자의 대부분은 자의든 타의든 첫 2년 이내에 퇴사한다. 콘텐츠 검토자에 대한 선구적이고 광범위한 연구를 수행한 사라 로버츠Sarah Roberts도 비슷한 결론에 도달했다. 그녀가 미국에서 인터뷰한 많은 노동자는 인문학 학위를 받은 인문계 졸업생으로 첫 직장을 구하는 경우가 많았으며, 보통 임시 계약직으로 일하거나 다양한 하청업체에서 일했다. 이들은 몇 달 만에 일을 그만두거나 2년 만에 계약이 해지되었지만, 여전히 강제로 시청해야 하는 폭력적인 이미지로 인해 어려움을 겪었다.[52]

3개월 만에 퇴사한 한 직원은 보고서에서 아르바토 베를린에서의 경험을 이렇게 묘사한다. "텍스트, 사진, 동영상이 계속 흘러나옵니다. 화면에 무엇이 뜰지 미리 알 수 없습니다."[53] 대부분의 콘텐츠는 진부하거나 사용자가 어떤 이유로 싫다고 표시한 것이다. 하지만 그녀는 페이스북에서 콘텐츠 검열을 담당하면서 마주한 폭력적인 콘텐츠의 양에 충격을 받았다. "내용이 매우 폭력적입니다. 저는 이전에 분쟁으로 분열된 상황에서 평화 구축 및 인도적 지원 활동을 하면서 실제 폭력에 노출된 적이 있어요. 그러나 제가 상상한 것 이상이었어요. (…) 소셜미디어에서의 폭력이 더욱 압도적일 수 있습니다."[54] 그녀는 가족을 돌보면서 '과잉 경계심'을 갖게 되었고, 자신의 직업에 대한 꿈을 꾸기 시작했으며, 폭력적인 총격 사건에 대한 인식이 바뀌기 시작했다고 느끼면서 직장을 그만두었다. "라스베이거스의 끔찍한 총격 사건이 갑자기 완전히 정상적인 것처럼 보였습니다."[55]

산업화된 의사결정

대부분의 콘텐츠 검토 시설에서는 높은 업무 부담으로 인해 트라우마를 유발하는 자료에 대처할 수 있는 능력이 저하되고 있다. 콘텐츠 검토의 규모와 노동 강도가 증가함에 따라 이 부문에서의 운영이 점점 더 합리화되는 추세다. 아르바토의 직원이었던 사람은 "엄격한 생산성 지표와 함께 균일성과 표준화를 추구하다 보니 인간의 판단과 직관이 개입할 여지가 많지 않다"라고 설명한다. "지적으로 어려운 작업은 자동화된 행동, 즉 거의 반응reaction하는 경향이 있다."[56] 페이스북의 전 콘텐츠 정책 책임자인 데이브 위너Dave Willner가 "산업화된 의사 결정"[57]이라고 불렀던 것을 조직하기 위해 페이스북은 효율성을 극대화할 수 있는 업무용 소프트웨어를 도입해 2018년에 여러 국가와 외주업체에 배포했다. '단일 검토 도구Single Review Tool(이하 SRT)'라고 불리는 이 소프트웨어는 콘텐츠 관리자의 업무 일과를 구조화한다. 검토자는 "폭력적 극단주의"나 "노출" 등을 주제별로 정렬한 여러 대기열에서 그 우선순위에 따라 배열된 여러 티켓을 볼 수 있다. 대기열에 따라 검토에 할당된 시간은 티켓당 몇 초부터 시작해 매우 짧을 수 있다. 할당량은 섹션과 위치에 따라 지속적으로 바뀌지만, 항상 직원을 압박하는 수단이자 해고 사유가 된다. 예를 들어, 에센Essen에 위치한 페이스북의 두 번째 주요 독일 콘텐츠 검토 시설의 소식통은 특정 지표에 도달하지 못한 노동자를 빠르게 정리하는 채용 및 해고hire-and-fire 문화에 대해 말한다.[58] SRT 소프트웨어는 모든 지표를 문서화하며, 노동자는 모든 휴식시간을 기록해야 한다. 작업자가 몇 분 동안 비활성 상태이면 이 도구는 관리자에게 자동으로 작업자의 상태를 "사용 불가"로 표시한다.

검토 작업이 완료되면 무작위로 샘플링해 같은 사무실에 근무하는 직원과 다른 지역에 있는 페이스북 사무실의 상위 직급의 직고용 노동자로 구성된 품질보증팀에서 관리한다. 품질보증팀은 모든 작업자에 대한 정확도 점수를 생성해 SRT 도구에 표시한다. 노동자가 특정 품질 점수(대부분 지역에서 98%)에 미달하면 경영진에게 압박을 받는다. 아일랜드 더블린의 하청업체에서 근무하다 열악한 근무 환경으로 인한 '정신적 트라우마'를 호소하며 페이스북을 상대로 소송을 제기한 크리스 그레이Chris Gray는 품질 평가 점수 때문에 해고당했다. 그는 품질 점수에서 98% 이상의 정확도를 달성해야 했는데, 점수가 기준점 이상으로 떨어지면 상당한 스트레스를 받았다. "화요일이나 수요일에 출근해서 실수가 몇 개 나오면 어떻게 점수를 되찾을 수 있을까만 생각하게 됩니다."[59] 성과가 낮은 지표를 기준으로 노동자를 해고하는 것은 여러 국가에 있는 다수의 외주업체에서 나타나는 일반적인 절차다.

유럽과 미국의 여러 현장과 외주업체에 관한 보고는 서로 비슷한데, 이들은 높은 압박과 할당량, 표준화의 증가로 특징지어지는 노동 체제의 모습을 보여주고 있으며, 노동자들은 매우 충격적인 내용에 직면하고 있다. 동시에 작업 대부분은 (주로 이민자인) 외주계약자가 수행하는데, 이들과는 단기계약만 체결하는 경향이 있으며, 이러한 방식은 인력을 규율하는 동시에 변화하는 인력 수요에 대응하기 위한 수단으로 사용된다. 따라서 베를린, 오스틴, 더블린의 콘텐츠 검토 시설은 이 책의 여러 곳에 걸쳐 분석된 디지털 테일러주의와 유연한 노동관계가 구체적으로 결합하는 특징을 보여준다.

소셜미디어 이면의 세계지리학

"요즘은 누구나 인터넷에 접속할 수 있습니다. 이를 잘 통제하지 않으면 포르노 공장이 됩니다." 다큐멘터리 <관리자들The Moderators>에 등장하는 한 노련한 콘텐츠 관리자의 말이다.[60] 시아란 캐시디Ciaran Cassidy와 아드리안 첸Adrian Chen이 감독한 이 단편영화는 인도 어딘가의 사무실에서 새로 채용된 콘텐츠 검토자 그룹이 입문하는 일주일을 조명한다. 교육 과정을 진행하는 숙련된 관리자는 물론 다큐멘터리에 등장하는 다른 임원들도 모두 신입 관리자들에게 앞으로의 업무가 사회적으로 중요하다고 강조한다.

　해외 고객을 위해 콘텐츠 검토 업무를 외주받는 인도의 한 사업장에서 근무하는 신입 사원은 콘텐츠 검토를 담당하는 글로벌 노동력의 또 다른 중요한 부문의 일원이다. 베를린, 오스틴, 더블린에서는 소셜미디어를 위한 콘텐츠 검토를 수행하는 디지털 팩토리가 비교적 최근에 설립되었다. 반면 마닐라나 하이데라바드에서는 이러한 디지털 팩토리가 수년 전부터 존재해왔다. 대형 플랫폼의 콘텐츠 관리 시스템에서 필리핀, 인도 및 기타 국가로 아웃소싱되는 일은 중요한 요소였고, 지금도 여전히 중요하다. 북반구 고객들을 위한 콘텐츠 검토의 상당 부분은 남반구에서도 수행된다. 콘텐츠 검토를 아웃소싱하면 상대적으로 낮은 인건비를 통해 추가 수익을 창출할 수 있을 뿐만 아니라, 서구 기업들은 피해를 입은 노동자의 소송 등으로부터 거리를 둘 수 있게 된다.

다큐멘터리에서 신입사원들은 5일간의 교육 프로그램 내내 전문가들에게 지도를 받은 후 각자의 칸막이로 이동해 스스로 적응하기 시작한다. 대부분의 교육은 대형 스크린 앞에서 진행되며, 트레이너가 새로운 업무 규칙에 대해 설명한다. 노동자 대부분은 새로운 직업에 만족하며 급성장하는 인도의 디지털 경제에서 경력을 쌓을 수 있기를 희망한다. 하지만 콘텐츠 검토에 대해서는 거의 알지 못한다. 이들은 서양의 데이트 플랫폼에서 일하므로 종교적 세계관이 불쾌감을 줄 수 있다며 트레이너에게 경고를 받기도 한다. 며칠 동안 교육과 수많은 모범 사례를 접한 신입직원들은 유머러스함과 충격 사이를 오가는 듯하다. "확실히 이상해요. 제가 본 그 사진들은 저에게 이상했어요. 저는 그런 것들, 나체 사진이나 다른 모든 것에 대해 일할 것이라고는 생각하지 못했어요." 한 신입 노동자가 일주일간의 교육을 돌아보며 동료에게 한 말이다.[61] 대부분 직원은 나체 사진에 당황한 듯 보였지만, 대형 스크린에 잔인하게 묘사된 수많은 폭력 사례는 노동자들에게 충격을 주고, 강사는 고문이나 아동 폭력 묘사에 적용되는 규칙에 대해 세심하고 자세하게 설명해준다.

개방형 사무실 벽에 걸려 있는 여러 시간대를 표시하는 시계들은 업무의 국제적인 특성을 상징한다. 팀원들은 모든 시간대의 고객에게 24시간 서비스를 제공하기 위해 밤낮없이 일한다. 데이트 앱의 콘텐츠를 감독하는 것이 업무 중 하나이기에 이 사무실에서 하는 일은 특히 민감하다. "사람들은 소울메이트를 찾기 위해 이곳을 방문하기 때문에 매우 취약하다"라고 한 트레이너가 말하며 업무의 중요성을 강조했다. 플랫폼에서 생성되는 신규 계정의 최대 70%는 다양한 방법으로 고객을 악용하려는 사기꾼에 의해 생성된다. 이 트레이너는 자신의 사무실에서 하는 일이 우리가 알고 있는 데이팅 등 소셜 플랫폼에 기본이 된다는 것을 잘 알고 있다. "검토자가 없었다면 오늘날과 같은 온라인 데이트 산업은 번성하지 못했을 것입니다."[62]

"미국인이나 호주인과 함께 일하는 것과 거의 동일한"

인도에 이어 두 번째로 중요한 글로벌 콘텐츠 검토 노동시장은 필리 핀이다. 아웃소싱 IT 노동력의 가장 중요한 위치 중 하나인 필리핀은 콘텐츠 검토 회사뿐만 아니라 모든 종류의 디지털 서비스를 제공하 는 수천 개의 현지 및 다국적기업의 본거지다. 오늘날 필리핀은 IT 부 문에서 이른바 비즈니스 프로세스 아웃소싱(이하 BPO)의 중심지다. 이 부문은 필리핀 전역에서 백만 명 이상의 노동자를 고용하며, 300 억 달러의 매출을 기록한다. 일반 서비스 부문은 국내 총생산의 대부 분을 차지하고 노동력의 절반 이상을 고용하는 필리핀 국민경제에서 가장 중요해졌다.[63]

콘텐츠 검토는 해외 고객에게 제공되는 가장 중요한 서비스 중 하나다. 필리핀은 인도와 함께 콘텐츠 검토 아웃소싱의 중요한 지역 이 되었다. 예를 들어, 페이스북은 로베르토의 베를린 사무소와 라트 비아, 케냐 등의 국가에 있는 외주업체를 포함해 20개 국가에 콘텐츠 검토팀을 분산·배치했다. 그러나 이 회사에 따르면, 인도와 필리핀 이 가장 중요한 아웃소싱 지역이다. 페이스북 외에도 유튜브와 트위 터를 포함한 모든 주요 플랫폼이 필리핀의 액센튜어Accenture 또는 코 그니전트Cognizant와 같은 외주업체를 통해 콘텐츠 검토 중 일부를 아 웃소싱하고 있다. 필리핀에는 영어가 필리핀의 두 가지 공식 국어 중 하나이기에 영어 실력이 매우 뛰어난 대학 학위 소지자를 포함한 유능한 인력이 풍부하다. 이러한 비교적 저렴하고 자격을 갖춘 인력이 필리핀의 BPO "성공 스토리"의 토대로 이러한 과정에서 필리핀은 세계 콜센터 수도로서 인도를 추월했고, 다양한 IT 노동력 아웃소싱 사업을 끌어들였다. 콘텐츠 검토는 그 중 일부에 불과하다.[64]

콜센터 노동과 콘텐츠 검토에는 언어 능력 외에도 문화적 역량도 요구된다. 여기서 식민지 시대의 역사와 식민지 이후의 존재는 아웃소싱 콘텐츠 검토와 콜센터 업무를 위한 글로벌 경쟁에서 특별한 요소가 된다. 서구 소셜미디어에 콘텐츠 검토 업무를 제공하는 주요 업체 중 하나인 마이크로소싱Microsourcing은 현지 디지털 노동자의 장점으로 비교적 저렴하면서도 교육을 잘 받고 충성심이 강하며 정직하고 근면하다는 점을 꼽은 다음 "기독교 인구가 90%에 달하는 과거 미국 식민지였던 필리핀은 매우 '서구화된' 문화를 가지고 있다"라고 언급한다. 마이크로소싱에 따르면 필리핀 사람들과 함께 일하는 것은 "미국인이나 호주인들과 일하는 것과 거의 동일한" 느낌이다.[65]

필리핀이 서구 기업들에 콘텐츠 검토의 명소가 된 배경에는 스페인과 미국에 의한 식민지배의 역사, 언어와 교육 시스템으로 대표되는 식민지 이후 미국의 영향, 특히 반도체 및 기타 전자 제품을 통한 세계화 시장에의 진출, 필리핀 선원과 간병인 등으로 대표되는 이동성 높은 노동력 등이 포함된다. 필리핀은 모든 학교에서 미국식 억양으로 영어를 가르치기에 미국과 문화적으로 밀접한 관계를 맺고 있다(콜센터 업무에 매우 중요하다). 매년 약 50만 명의 필리핀인이 대학을 졸업하는데, 이들 대부분은 미국 문화에 매우 익숙하고 미국에서 일하거나 공부한 경험이 있어 고도의 문화적 지식이 필요한 콘텐츠 검토와 같은 IT 노동력의 풍부한 인력풀을 구성할 수 있다. 또한 스페인 식민지배의 영향으로 필리핀 인구의 압도적 다수가 가톨릭 신자라는 점도 음란물 등 문화적 가치관과 관련된 중요한 요소다. 이는 아웃소싱의 노동, 또는 적어도 일부 노동은 누구나 할 수 있는 일이 아님을 보여준다. 예를 들어 사진 분류와 같이 비교적 쉬운 콘텐츠 검토 작업도 있다. 그러나 많은 작업에는 고도의 역량이 필요하다. 콘텐츠 검토는 복잡한 규칙과 외국의 법적 기준은 물론 자국이 아닌 문화적 규범과 취향에 따라, 때로는 외국어로 작업해야 한다.[66] 이 과정은 가상 이주의 또 다른 예시다. 노동자는 고국에 남아 있지만 다른 국가의 문화적·법적, 때로는 시간적 틀에서 일하며 실제 이주민과 유사한 다양한 문화적·사회적·법적 문제에 직면하게 된다.

필리핀에는 메이조렐Majorel(구 아르바토Arvato), 태스크어스TaskUs 또는 마이크로소싱과 같은 대규모 콘텐츠 검토업체뿐만 아니라 소규모 업체도 많이 있다. 이러한 업체에서 고용하는 직원 수는 수백만 명에 이른다고 추정되기도 한다. 필리핀 기준에서 볼 때, 많은 콘텐츠 검토자는 IT 및 고객 서비스 분야의 다른 많은 BPO 노동자와 마찬가지로 높은 임금을 받는다. 대부분 대학을 갓 졸업한 젊은이들이며, 중산층이나 가난한 배경을 가진 여성인 경우가 많다. 대부분은 마닐라

지역의 대형 사무실에서 일하지만, 일부는 필리핀의 다른 지역에 있는 많은 IT 및 BPO 업체들이 사용하는 새로운 테크파크에 있다. 비교적 높은 연봉과 에어컨이 완비된 최신 IT 비즈니스 파크의 사무실에 책상을 갖춘 콘텐츠 검토자는 BPO 부문의 다른 디지털 노동자와 공간적·사회적으로 가까운 곳에 위치한다.

하지만 콘텐츠 검토 노동은 특별한 주의를 기울일 필요가 있다. 노동자는 자신의 문화가 아닌 문화의 어두운 면과 정기적으로 마주하게 되며, 많은 사람이 이러한 노동의 정서적 측면을 견디기 매우 어려워한다. 잔인한 폭력이나 음란물이 포함된 사진을 매일 최대 6,000장, 동영상을 1,000건씩 스캔하다 보면 많은 노동자가 정서적 트라우마와 장애를 겪게 된다. 트위터 외주업체에서 일하는 한 검토자는 《워싱턴 포스트》와의 인터뷰에서 "근무가 끝나면 정신이 너무 지쳐서 아무 생각도 할 수 없다"라고 말했다.[67] 마닐라에 거주하는 이 직원은 가끔 자살 폭탄 테러나 교통사고의 희생자가 되는 꿈을 꾼다며 이렇게 결론을 내린다. "이 일을 하려면 강인한 사람이 되어야 하고 자신을 잘 알아야 한다."[68] 직원들은 우울증, 수면 장애, 심지어 정서적 또는 성적 문제까지 겪고 있으며, 일부 젊은 노동자들은 아동 포르노를 너무 많이 본 후 편집증에 걸려 아이를 다른 사람에게 혼자 맡기기 어렵다고 했다. 콘텐츠 검토자가 겪는 장기적인 심리 상태에 대한 실질적인 연구가 수행되지 않았기에 이러한 형태의 노동이 장기적으로 어떤 영향을 미칠지 예측하기는 어렵다.

필리핀이 서구 기준에 비해 저렴한 노동력을 제공함에도 콘텐츠 관리는 더 복잡한 문제를 해결할 수 있는 자격을 갖춘 노동의 한 형태로 남아 있다. 필리핀으로의 아웃소싱은 임금 계층이 낮은 국가와 크라우드 작업 플랫폼을 통해 전 세계 노동자에게 아웃소싱하는 콘텐츠 관리의 다음 단계보다 여전히 더 비싸다. 대부분의 소셜미디어 플랫폼은 콘텐츠 관리 시스템을 매우 비밀리에 운영하기에 크라우드워크를 통해 수행되는 콘텐츠 관리의 비율을 추정하기 어렵다. 예를 들어, 크라우드워크 플랫폼에서 유출된 매뉴얼에 따르면, 페이스북이 과거에 콘텐츠 관리에 크라우드워크를 사용했음을 알 수 있지만, 현재도 크라우드워크를 사용하는지 여부와 그 정도는 확실히 알기 어렵다. 그러나 여러 크라우드워크 플랫폼에 올라오는 다양한 형태의 콘텐츠 관리에 속하는 수많은 일자리를 보면 콘텐츠 관리 노동의 상당 부분이 여전히 전 세계에 흩어져 있는 크라우드워커에 의해 수행되고 있음을 알 수 있다. 많은 크라우드워커는 "실시간 사례live cases"를 결정하거나 품질 관리 또는 콘텐츠 관리 알고리즘 교육에 사용되는 등 일부 콘텐츠 조정 시스템의 일부임이 분명하다고 보고한다.

인프라 되기

콘텐츠 관리자의 노동은 소셜미디어 플랫폼이 얼마나 노동집약적인가를 잘 보여준다. 사용자의 눈에 보이지 않는 이질적이고 전 세계에 분산된 디지털 노동자 그룹이 소셜미디어를 지속적으로 깨끗하게 청소한다. 플랫폼의 알고리즘 아키텍처에 거의 완벽하게 통합된 이들은 페이스북과 같은 소셜미디어 네트워크의 복잡한 인프라 중 일부를 구성한다. 이 인력에는 대기업 법무 담당 부서의 고소득 전문가와 전 세계의 아웃소싱 및 불안정 노동자들이 포함된다. 특히 후자의 그룹은 알고리즘 시스템에 밀접하게 통합된 디지털 테일러주의의 또 다른 사례라고 할 수 있으며, 이들의 노동은 컴퓨팅 시스템에 의해 조직되고 AI의 결함을 메운다. 시리아 난민들의 노동은 대부분 매우 반복적이고 지루하기까지 하지만 감정적으로 매우 힘들고 불안정한 상황에서 수행된다. 베를린의 시리아 난민, 마닐라의 젊은 졸업생, 튀니지의 크라우드워커, 북미 시골의 전업주부 등 콘텐츠 관리 노동은 복잡하고 다면적인 국제적 분업과 지리적 분업 속에서 발전해왔다. 댓글 칸이 있는 신문, 채팅방, 온라인 게임, 데이트 사이트 등 다양한 웹사이트에서는 상호작용과 사용자 제작 콘텐츠가 허용되므로 이를 관리하기 위해 사람의 노동력이 필요하다. 이러한 '디지털 청소'는 인터넷, 특히 소셜미디어의 정치경제에서 중요하지만 대부분 잘 알려지지 않은 구성요소다.

페이스북이나 구글과 같은 기업은 매출과 중요도에 비해 직고용하는 직원이 적다. 하지만 이러한 핵심 인력을 중심에 두고 플랫폼을 가능하게 하는 동심원 모양의 인력들이 존재한다. 코더, 평가자, 하드웨어 엔지니어, 콘텐츠 관리자 등의 노동력은 소프트 및 하드 인프라에 가려지는 경향이 있으며, 이러한 인프라에 섞여 있는 경우가 많다. 이들은 종종 하청, 아웃소싱, 심지어 개인의 집에서 일하기도 하지만, 그럼에도 엄격한 통제와 규율을 받는 것이 특징이다. 따라서 그들의 노동은 공장의 공간적 폭발spatial explosion과 및 디지털 자본주의 전반에 걸쳐 많은 현장에서 공장의 도식적diagrammatic 기능이 여전히 중요하다는 신호다.

이러한 노동은 일상생활의 중요한 인프라가 되려는 플랫폼, 특히 페이스북과 구글의 시도에 있어 매우 중요한 요소다. 일상생활에 새겨지고 대체 불가능한 인프라가 되는 것이 많은 플랫폼이 추구하는 전략의 핵심이다. 이러한 전략적 지평은 페이스북과 구글의 경우뿐만 아니라 아마존과 같은 다른 기업에서도 두드러지게 나타난다. 오늘날 페이스북이 "인프라로서의 플랫폼platform-as-infrastructure"이 된 것은 결국 케임브리지 애널리티카 스캔들 이후 계속되는 악재 속에서도 사용자 기반이 감소하지 않았기 때문기도 하다.[69] 모든 악재와 대중의 감시 속에서도 소셜네트워크의 사용자는 전 세계적으로 지속적으로 증가 중이며, 일상생활에 녹아들기 위한 노력도 계속하고 있다.

5장

1) Karim Amer and Jehane Noujaim, *The Great Hack*, 113min., distributed by Netflix, 2019.

2) 예를 들어, Fuchs, Christian. *Digital Labor and Karl Marx*. New York: Routledge, 2014. 참조.

3) Jasmine Enberg, "Global Digital Ad Spending 2019," Emarketer, March 28, 2019, https://www.emarketer.com/content/global-digital-ad-spending-2019.

4) Nieborg, David B, and Anne Helmond. "The Political Economy of Facebook's Platformization in the Mobile Ecosystem: Facebook Messenger as a Platform Instance." *Media, Culture & Society* 41, no. 2(2019): 196–218, 199.

5) Easterling, *Extrastatecraft*, 13.

6) Gerlitz, Carolin, and Anne Helmond. "The Like Economy: Social Buttons and the Data-Intensive Web." *New Media & Society* 15, no. 8(2013): 1348–65.

7) Job listing on the company's website, https://careers.lionbridge.com/jobs/rater-united-states, accessed March 20, 2020.[이 링크는 현재 게시물이 연결되지 않음. 옮긴이]]

8) Matt McGee, "An Interview with a Search Quality Rater," Search Engine Land, January 20, 2012, http://searchengineland.com/interview-google-search-quality-rater-108702.

9) McGee, "An Interview with a Search Quality Rater."

10) Pasquinelli, Matteo. "Google's PageRank Algorithm: A Diagram of the Cognitive Capitalism and the Rentier of the Common Intellect." In *Deep Search*, edited by Felix Stalder and Konrad Becker, 152–62. Innsbruck: Studienverlag, 2009, 153.

11) The speech was later published on the *Facebook for Developers* blog: Bret Taylor, "The Next Evolution of Facebook Platform," *Facebook for Developers*, April 21, 2010, https://developers.Facebook.com/blog/post/377.

12) Taylor, "The Next Evolution of Facebook Platform."

13) Nechushtai, Efrat. "Could Digital Platforms Capture the Media through Infrastructure?" *Journalism* 19, no. 8 (2018): 1043–58.

14) Quoted from Facebook's SEC statement, February 1, 2012, p. 90, https://www.sec.gov/Archives/edgar/data/1326801/000119312512034517/d287954ds1.htm.

15) Mosco, *To the Cloud*, 32.

16) 예를 들어, 참가자들의 출판물이 다수 포함되어 있는 연구 프로젝트인 "Data Farms. Circuits, Labour, Territory" with many current and upcoming publications by its participants; https://www.datafarms.org, accessed October 20, 2020. 참조.

17) Rossiter, *Software, Infrastructure, Labor*, 138.

18) Glanz, James. "Power, Pollution and the Internet." *New York Times*, September 22, 2012. http://www.nytimes.com/2012/09/23/technology/data-centers-waste-vast-amounts-of-energy-belying-industry-image.html.

19) "Artificial Reef Datacenter," Patent Application, Microsoft Technology Licensing, December 29,

2016, http://patentyogi.com/wp-content/uploads/2017/01/US20160381835.pdf.

20) According to *Fortune*(Elegant, Naomi Xu. "The Internet Cloud Has a Dirty Secret." *Fortune*, September 18, 2019. https://fortune.com/2019/09/18/internet-cloud-server-data-center-energy-consumption-renewable-coal/ 참조).

21) Jones, Nicola. "How to Stop Data Centres from Gobbling up the World's Electricity." *Nature*, September 12, 2018. https://www.nature.com/articles/d41586-018-06610-y.

22) Greenpeace. *Make IT Green. Cloud Computing and its Contribution to Climate Change*. Amsterdam: Greenpeace International, 2010.

23) Neilson, Brett, and Tanya Notley. "Data Centres as Logistical Facilities: Singapore and the Emergence of Production Topologies." *Work Organisation, Labour & Globalisation* 13, no. 1(2019): 15–29.

24) Bratton, Benjamin H. The Stack: On Software and Sovereignty. Cambridge, MA: MIT Press, 2016; Rossiter, *Software, Infrastructure, Labor*. 참조.

25) the *New York Times*에서 인용(Satariano, Adam. "How the Internet Travels across Oceans." *New York Times*, March 10, 2019. https://www.nytimes.com/interactive/2019/03/10/technology/internet-cables-oceans.html 참조).

26) Starosielski, *The Undersea Network*.

27) Burgess, Matt. "Google and Facebook's New Submarine Cable Will Connect LA to Hong Kong." *Wired*, April 6, 2017. http://www.wired.co.uk/article/google-facebook-plcn-internet-cable.

28) Satariano, "How the Internet Travels across Oceans."

29) Ngai, Pun, and Ralf Ruckus. *iSlaves: Ausbeutung und Widerstand in Chinas Foxconn- Fabriken*. Vienna: Mandelbaum, 2013; Ngai, Pun. Migrant Labor in China. Cambridge: Polity, 2016.

30) According to a worker interviewed in *Business Insider*(Jacobs, Harrison. "Inside 'iPhone City,' the Massive Chinese Factory Town Where Half of the World's iPhones Are Produced." *Business Insider*, May 7, 2018. https://www.businessinsider.com/apple-iphone-factory-foxconn-china-photos-tour-2018-5 참조).

31) Ngai, *Migrant Labor in China*, 127.

32) Easterling, *Extrastatecraft*, 36.

33) According to a press release by the World Bank, "World Bank Report Provides New Data to Help Ensure Urban Growth Benefits the Poor," January 26, 2015, http://www.worldbank.org/en/news/press-release/2015/01/26/world-bank-report-provides-new-data-to-help-ensure-urban-growth-benefits-the-poor.

34) Lüthje, Boy. *Standort Silicon Valley: Ökonomie und Politik der vernetzten Massenproduktion*. Frankfurt am Main: Campus, 2001; Pellow, David N., and Lisa Sun-Hee Park. *The Silicon Valley of Dreams: Environmental Injustice, Immigrant Workers, and the High- Tech Global Economy*. New York: New York University Press, 2002.

35) Dyer-Witheford, *Cyber-Proletariat*, 71.

36) Lüthje, *Standort Silicon Valley*.

37) Hürtgen et al., *Von Silicon Valley nach Shenzhen*, 274.

38) Andrijasevic, Rutvica, and Devi Sacchetto. "'Disappearing Workers': Foxconn in Europe and the Changing Role of Temporary Work Agencies." *Work, Employment and Society* 31, no. 1(2017): 54-70.

39) Interview with Roberto(name changed), Arvato worker, Berlin, March 2019.

40) Interview with Roberto(name changed), Arvato worker, Berlin, March 2019.

41) Interview with Roberto(name changed), Arvato worker, Berlin, March 2019.

42) The leaked manual for content moderators working for Facebook through the crowdworking platform oDesk can be found online: https://de.scribd.com/doc/81877124/Abuse-Standards-6-2-Operation-Manual, accessed October 30, 2020.

43) According to an investigation by the German NGO Netzpolitik(Dachwitz, Ingo, and Markus Reuter. "Warum Künstliche Intelligenz Facebooks Moderationsprobleme nicht lösen kann, ohne neue zu schaffen." *Netzpolitik*, May 4, 2019. https://netzpolitik.org/2019/warum-kuenstliche-intelligenz-facebooks-moderationsprobleme-nicht-loesen-kann-ohne-neue-zu-schaffen/ 참조).

44) Self-presentation on the company's website; https://www.arvato.com/en/about/facts-and-figures.html, accessed February 9, 2017.[이 링크는 현재 게시물이 연결되지 않음. 옮긴이]]

45) Interview with Roberto(name changed), Arvato worker, Berlin, March 2019.

46) Cited in *The Verge*(Newton, Casey. "The Terror Queue." *The Verge*, December 16, 2019. https://www.theverge.com/2019/12/16/21021005/google-youtube-moderators-ptsd-accenture-violent-disturbing-content-interviews-video 참조).

47) Newton, "The Terror Queue."

48) Interview with Roberto(name changed), Arvato worker, Berlin, March 2019.

49) Content moderator at Arvato Berlin, cited in the *Süddeutsche Zeitung*(Grassegger, Hannes, and Till Krause. "Im Netz des Bösen." *Süddeutsche Zeitung Magazin*, December 15, 2016. http://www.sueddeutsche.de/digital/inside-facebook-im-netz-des-boesen-1.3295206. 참조).

50) Grassegger and Krause, "Im Netz des Bösen." 참조.

51) Interview with Roberto(name changed), Arvato worker, Berlin, March 2019.

52) Roberts, Sarah T. *Behind the Screen: Content Moderation in the Shadows of Social Media*. New Haven, CT: Yale University Press, 2019.

53) Report by Burcu Gültekin Punsmann, a former Arvato employee on her time as content moderator in Berlin published in the *Süddeutsche Zeitung*(Punsmann, Burcu Gültekin. "Three Months in Hell." *Süddeutsche Zeitung Magazin*, January 6, 2018. https://sz-magazin.sueddeutsche.de/internet/three-months-in-hell-84381 참조).

54) Punsmann.

55) Punsmann.

56) Punsmann, translation amended.

57) Cited in *Vice*(Koebler, Jason, and Joseph Cox. "The Impossible Job: Inside Facebook's Struggle to Moderate Two Billion People." *Vice*, August 23, 2018. https://www.vice.com/en_us/article/

xwk9zd/how-facebook-content-moderation-works 참조).

58) According to an investigation by the German NGO Netzpolitik(Reuter, Markus, Ingo Dachwitz, Alexander Fanta, and Markus Beckedahl. "Exklusiver Einblick: So funktionieren Facebooks Moderationszentren." *Netzpolitik*, April 5, 2019. https://netzpolitik.org/2019/exklusiver-einblick-so-funktionieren-facebooks-moderationszentren/ 참조).

59) *Vice*에서 인용(Gilbert, David. "Facebook Is Forcing Its Moderators to Log Every Second of Their Days—Even in the Bathroom." *Vice*, January 9, 2020. https://www.vice.com/en/article/z3beea/facebook-moderators-lawsuit-ptsd-trauma-tracking-bathroom-breaks 참조).

60) Ciaran Cassidy and Adrian Chen, *The Moderators*, 2017, https://www.youtube.com/watch?v=k9m0axUDpro에서 인용.

61) Cassidy and Chen에서 인용.

62) Cassidy and Chen에서 인용.

63) According to data collected by the World Bank; http://data.worldbank.org/indicator/NV.SRV.TETC.ZS?locations=PH, accessed January 23, 2017.[이 링크는 현재 게시물이 연결되지 않음. 옮긴이]]

64) Bajaj, Vikas. "A New Capital of Call Centers." *New York Times*, November 25, 2011. http://www.nytimes.com/2011/11/26/business/philippines-overtakes-india-as-hub-of-call-centers.html.

65) Microsourcingm의 웹사이트에서 인용, https://www.microsourcing.com/why-offshore/why-the-philippines/, accessed January 19, 2020.

66) 이외에도 Roberts, Sarah T. "Digital Refuse: Canadian Garbage, Commercial Content Moderation and the Global Circulation of Social Media's Waste." *Media Studies Publications* 10(2016). https://ir.lib.uwo.ca/cgi/viewcontent.cgi?article=1014&context=commpub/ 참조.

67) the *Washington Post*에서 인용(Dwoskin, Elizabeth, Jeanne Whalen, and Regine Cabato. "Content Moderators at YouTube, Facebook and Twitter See the Worst of the Web." *Washington Post*, July 25, 2019. https://www.washingtonpost.com/technology/2019/07/25/social-media-companies-are-outsourcing-their-dirty-work-philippines-generation-workers-is-paying-price/ 참조).

68) Chen, Adrian. "The Laborers Who Keep the Dick Pics and Beheadings out of Your Facebook Feed." *Wired*, October 23, 2014. https://www.wired.com/2014/10/content-moderation/.

69) Helmond, Anne, David B. Nieborg, and Fernando N. van der Vlist. "Facebook's Evolution: Development of a Platform-a s-I nfrastructure." *Internet Histories* 3, no. 2(2019): 123–46.

결론 :
공장으로서의
플랫폼

6

베들레헴 철강 회사는 1916년 메릴랜드주 볼티모어에 설립되었다. 이 무렵 이 회사는 이미 미국에서 철강과 조선 분야에서 가장 중요한 기업 중 하나였다. 볼티모어 남동쪽에 있는 반도인 스패로우즈 포인트에 철강 공장과 부지를 매입했다. 그 근처에는 농지를 매입하고 아일랜드 던달크 마을의 이름을 딴 노동자들을 위한 마을이 건설되기 시작했다. 이후 수십 년 동안 던달크에는 공장에서 일하기 위해 온 많은 이주노동자가 모여들었고, 1960년대에는 10만 명 이상의 노동자가 거주하는 도시로 성장했다.[1] 이 무렵 베들레헴 스틸은 전성기를 보내며 세계 최대 철강 생산 및 조선 회사 중 하나로 성장했다. 20세기 중반까지 수십만 명의 노동자를 고용하고 금문교의 강철 부품을 공급했으며, 제2차 세계대전이 한창이던 시기에는 하루에 한 척의 선박을 생산했고, 한 세기가 넘는 기간 동안 작은 도시 베들레헴에서 심장 역할을 했다.[2] 원래 부지는 시간이 지나면서 볼티모어에 있는 복합 공장 등 전국의 다른 공장으로 보완되었으며, 전성기에는 3만 명 이상의 노동자를 고용했다.

프레드릭 테일러Frederick W. Taylor는 베들레헴 스틸의 성공에 중추적인 공헌을 했다. 과학적 경영의 아버지로 불리는 테일러는 1898년 베들레헴 스틸의 기계 용량 문제를 해결하기 위해 그곳에 합류했다. 당시 테일러는 이미 잘 알려진 인물로, 그의 합리화 전략과 경영 기법은 공장 소유주와 관리자들 사이에서 폭넓은 관심을 불러일으켰고, 노동자와 노동과정에 대한 정밀한 연구를 바탕에 둔 생산 합리화 노력은 큰 주목을 받았다. 베들레헴 철강은 테일러의 가장 중요한 연구 중 하나의 배경이 되었으며, 그의 가장 중요한 저서에서 모범 사례로 언급됐다. "우리가 슈미트라고 부를 사람man we will call Schmidt"은 테일러의 과학적 관리론의 핵심 부분으로, 베들레헴 제철의 선철 취급 자를 예로 들어 다양한 형태의 규율과 인센티브 기법에 대한 실험을 설명한다.[3] 이는 노동과정에 대한 체계적인 지식 수집, 경영진의 지식 독점, 노동자의 모든 움직임에 대한 엄격한 통제에 기반한 테일러의 관리론 발전에서 중요한 단계를 차지한다. 계획과 실행의 분리, 업무의 세분화 및 표준화, 노동자에 대한 정밀한 감시 등은 작업 흐름을 합리화하는 데 결정적인 역할을 했을 뿐만 아니라 노동자의 저항을 체계적으로 차단하려는 시도로 보아야 한다.

　과학적 관리 또는 테일러주의는 종종 베들레헴 및 기타 생산 시설에서 테일러가 수행한 작업의 산물로 묘사된다. 반대로, 미국과 유럽 전역에서 이미 진행되고 있던 발전에 이름만 붙인 것에 불과하다는 주장도 가능할 것이다. 테일러가 사용한 관리 기법은 특정 기술 발전, 분업의 증가, 생산과정의 사회화라는 맥락에서만 가능하다. 테일러주의가 테일러의 의심스러운 천재성의 산물인지 아니면 단순히 광범위한 사회기술적socio-technological 발전의 결과인지는 아직 밝혀지지 않았다.[4] 어쨌든 테일러와 베들레헴 철강이라는 이름은 공장 제조의 발전과 공장을 사회의 중심으로 이동시키는 방식으로 노동을 자본에 종속시키는 데 중요한 역할을 했다.

하지만 오늘날 베들레헴 스틸은 역사의 뒤안길로 사라졌다. 2000년대 초 파산으로 막을 내린 이 회사의 오랜 쇠락은 미국 산업 생산의 쇠퇴를 상징하는 가장 대표적인 사례 중 하나다. 한때 북미 산업 생산력을 상징하던 베들레헴 본사에 놓인 거대한 용광로 5개는 이제 엔터테인먼트 지역의 배경이 되었다. 볼티모어 남동쪽에 있는 스패로우즈 포인트도 크게 변모하여 지금은 물류 허브로 자리 잡았다. 베들레헴의 던달크 공장 부지는 오늘날 새로운 종류의 공장인 아마존 물류센터가 자리 잡고 있다.

베들레헴에서 아마존으로: 그때와 지금의 테일러리즘

길 건너편에 있는 또 다른 아마존 물류창고는 산업화 이후 인수합병의 상징과도 같은 제너럴 모터스 공장이 있던 자리에 들어섰다. 두 개의 아마존 볼티모어 물류창고에 근무하는 4,500명의 노동자는 노조를 조직했었던 그들의 전임자predecessor들이 받았던 수입의 절반 정도만 받고 있다. 그럼에도 이는 산업화 이후 쇠퇴와 높은 실업률로 흔들리는 도시에서 여전히 부문별 평균을 상회하는 수준이다. 아마존 물류센터에서 시간제 일자리만 확보할 수 있는 많은 노동자는 여전히 시에서 발급하는 푸드 스탬프에 의존해야 한다.[5] 볼티모어 물류센터에서도 전 세계 다른 아마존 물류센터와 마찬가지로 노동자는 엄격한 노동 체제에 적용을 받는다. 테일러가 베들레헴 철강에서 실험했던 것과 비교하면 상당히 발전했지만, 그것의 논리와 원칙은 분명한 유산을 보여준다.

오늘날 아마존에서는 노동력의 조직, 측정, 규율이 점점 더 디지털 기술에 의존하고 있다. 모든 관련 프로세스를 통합적으로 파악하고 최대한 많은 데이터를 추출하기 위해 노력하는 이러한 소프트웨어 아키텍처는 시공간에서 사람과 상품의 이동을 가속화하는 동시에 더 효율적으로 만들 수 있도록 설계되었다. 따라서 소프트웨어는 물류 분야의 살아 있는 노동의 조직에도 매우 중요하다. 볼티모어와 다른 지역에 있는 아마존 물류센터는 소프트웨어로 가득 찬 공간이다. 각 작업자의 생산성은 자동으로 측정되고 다른 작업자와 비교되며 할당량에 도달하지 못한 작업자는 해고된다. 노동 분쟁의 맥락에서 공개된 문서에 따르면, 아마존은 볼티모어 신공장에서 생산성이 낮다는 이유로 1년 만에 최소 300명의 노동자를 해고했다. 《더버지》가 입수한 문서에 따르면, 아마존의 알고리즘 시스템은 각 노동자의 생산성을 추적하고, 생산성이 기대 이하일 경우 자동으로 경고 및 해고를 생성한다. 때로 디지털 기술은 테일러의 개념을 급진적으로 발전시킬 수 있는 것처럼 보인다.[6] 어떤 의미에서 노동과정에 대한 디지털 측정은, 일하는 신체에 대한 정밀한 연구가 진행되기 전에 '데이터 마이닝'이라고 묘사했던 과학적 관리scientific management의 역사적인

소망을 실현시킨 것이다.[7]

　　나는 이 책 전체에서 표준화, 분업화, 사무화, 자동화 관리, 인간 계산, 알고리즘 협력, 디지털 측정, 노동 감시 등 노동의 세계 전반에 걸쳐 나타나는 관련 발전을 개념화하기 위해 '디지털 테일러리즘'이라는 용어를 사용했다. 이는 각 장에서 살펴본 모든 현장에서 다양한 변형과 조합으로 발견되는 새로운 노동 경향의 모든 요소를 담고 있다. 내가 이해하기로는 디지털 테일러주의라는 용어는 20세기 과학적 관리의 단순한 재탄생이나 연속성을 설명하기보다 디지털 기술이 어떻게 새로운 방식과 맥락에서 중요한 테일러주의 원칙의 동원, 갱신, 재조합을 가능하게 하는지 개념화하는 데 사용된다. 예를 들어, 많은 차이점 중 하나는 관리의 시간성이다. 테일러, 프랭크와 릴리안 길브레스Frank and Lillian Gilbreth 부부 등이 연구와 생산과정의 개선 사이에서 왔다 갔다 했다면, 디지털 테일러주의의 지평은 실시간의 제어, 피드백, 수정 시스템이다. 이런 의미에서 센서, 네트워크 장치, 통합 소프트웨어 아키텍처를 기반으로 한 알고리즘 관리의 중요성이 커지는 것도 실시간 관리와 문제 수정을 추구하는 사이버네틱 테일러주의의 한 형태로 해석할 수 있다.[8] 또한 네트워크 장치, 센서, 앱은 테일러의 시간 및 동작 연구를 공장과 물류센터의 폐쇄된 공간에서 벗어나 물류도시라는 도시 공간으로 이동시켰다. 아마존 플렉스나 UPS 배송기사, 자전거 택배기사, 기타 배송의 마지막 단계last mile를 수행하는 배달원도 점점 더 소프트웨어에 의해 관리 및 감독을 받는다. 따라서 디지털 테일러주의는 더는 공장이라는 규율적 아키텍처에 얽매이지 않는다. 실제로 오늘날의 디지털 팩토리 자체는 다양한 형태를 취할 수 있다.

아마존 물류센터의 노동자, 플렉스의 배송기사, 아마존 미케니컬 터크의 크라우드워커, 중국의 게임 화폐 채굴업자gold farmer, 페이스북의 콘텐츠 관리자, 구글의 검색 엔진 평가자, 이 책의 서문에서 언급된 책 스캐너 등은 모두 오늘날 디지털 팩토리의 노동자들이다. '디지털 팩토리' 개념은 이 책의 핵심으로, 디지털 기술이 주도하는 오늘날 노동의 변화 중 특정한 경향을 조명하는 것이 이 책을 집필한 목적이다. 이는 현대 자본주의를 공장의 종말이 아니라 변형, 증식, 일반화라는 관점에서 이론화하는 접근 방식을 수반한다. 이 책의 각 장에서는 디지털 기술이 창의성과 자율성보다는 반복, 분해, 통제를 특징으로 하는 노동 체제를 만들어 내는 현장에 초점을 맞췄다. 이러한 노동 형태는 디지털 기술에 의해 형성되며, 그 방식은 오늘날의 디지털 자본주의나 비물질적·창의적 또는 인지적 노동에 대한 비판 이론의 이론화에서 일반적으로 강조되지 않는 방식으로 진행된다. 따라서 이 책은 디지털 조건 아래서 사회적 협력과 노동의 분업 및 증식에 대한 보다 완전한 그림을 제공하기 위해 이러한 논쟁에서 자주 등장하지 않는 노동의 현장으로 스포트라이트를 옮기려는 시도다.

현재 디지털 기술은 공장이라는 밀폐된 공간 밖에서도 노동과정을 긴밀하게 조직, 제어 및 측정할 수 있게 해주며, 이때 디지털 팩토리는 매우 다양한 형태를 취한다. 볼티모어의 아마존 물류센터, 전 세계에서 수십만 명의 재택근무자를 조직하는 크라우드워크 플랫폼, 하루 24시간 가동하는 컴퓨터로 가득 찬 중국 어딘가의 대규모 게임 머니 채굴 작업장 등 그 형태는 다양하다. 디지털 팩토리라는 개념은 이러한 사업장 사이의 차이를 부정하지 않는다. 이러한 사업장들이 디지털 테일러주의의 프레임을 의미 있게 하는 놀랍도록 많은 공통점을 공유한다고 하더라도, 이 관점은 사업장 간의 중요한 차이점을 평준화하기 위해 고안된 것이 아니다.

또한 디지털 기술은 과학적 관리의 독특한 실현을 가능하게 했을 뿐만 아니라 각기 다른 곳에서 매우 다른 노동 체제를 만들어 냈다. 디지털 기술이 노동 세계에 미치는 영향은 광범위하고 이질적인 방식으로 표현되어 하나의 공식으로 포착하기 어렵다는 점을 강조하고 싶다. 따라서 나는 이 책에서 노동의 디지털 전환이라는 주제에 접근하면서 두 가지 점에 주의를 기울였다. 첫째, 하나의 노동 체제를 디지털 자본주의에서 유일하거나 지배적인 것으로 읽히지 않도록 주의했다. 그 대신, 나는 자본주의 전반과 특히 현대적 변화에 있어 현저하게 다른 여러 노동 체제의 상호작용이 중요하다는 점을 강조했다. 디지털 테일러주의는 현대 노동 세계에서 중요한 경향이지만, 다른 특성을 보이는 다른 노동 체제와 공존하고 있으며, 또한 공존해야 한다. 둘째, 현대 노동 체제의 절대적인 새로움을 선포하는 대신 이전 노동 체제와의 연속성, 반향, 재구성을 모색하는 데 주의를 기울였다.

공장으로서의 플랫폼

아마존은 다른 도시와 마찬가지로 볼티모어에서도 도시 생활의 일부로 자리 잡았다. 아마존은 민간기업과 공공기관에 클라우드 컴퓨팅을 제공한다. 식료품점을 소유하고 있으며 도시 전역에 사물함이 분포되어 있다. 아마존의 온라인 플랫폼은 이제 아마존의 플랫폼과 배송 네트워크를 통해 제품을 판매할 수 있는 능력에 의존하는 지역 비즈니스의 판도를 바꿔 놓았다. 이러한 배송 네트워크는 볼티모어-워싱턴 국제공항에 주차된 아마존 프라임 에어 제트기뿐만 아니라 자신의 차량을 사용해 아마존 플렉스 프로그램을 통해 화물을 배송하는 긱 워커를 포함한 다양한 부분으로 구성된다. 동시에 프라임 비디오Prime Video는 고객을 플랫폼과 더욱 긴밀하게 연결하기 위해 설계된 영화와 시리즈를 제작하고 있으며, 아마존은 건강 서비스 및 홈 오토메이션에 진출 중이다. 이 회사는 현대 도시의 다양한 영역에서 중요한 요소가 되었다. 이는 아마존과 우버, 에어비앤비와 같은 다른 플랫폼이 중요한 도시 기반 시설이 되기 위해 노력하고 있는 현대 플랫폼 어버니즘contemporary platform urbanism의 부상을 표현한다.[9]

아마존의 목표는 대체할 수 없는 일상생활의 인프라가 되는 것이다. 이러한 특성은 아마존과 페이스북과 같이 매우 다른 분야에서 일하는 회사를 하나로 묶어준다. 서로 다른 플랫폼이 지닌 전략은 다양하지만, 종종 비슷한 방식으로 인프라가 되는 것을 목표로 삼는다. 이러한 종류의 전략은 항상 독점적 위치를 목표로 삼으며, 본질적으로 확장성을 가진다. 독일의 사회학자 필립 스타브Philipp Staab는 디지털 자본주의의 중요한 특징은 아마존과 같은 기업이 시장에서 지배적인 존재가 되는 것뿐만 아니라 시장 자체가 되는 것을 목표로 한다는 점이라고 주장한다. 이들의 목표는 시장을 소유한 대기업이 교환 규칙rules of exchange을 결정하는 새로운 종류의 '독점 시장proprietary markets'을 만드는 것이다. 아마존의 이커머스 플랫폼이 그 대표적인 사례다.[10] 아마존의 사례는 이러한 전략이 유통센터, 서버 파크, 화물 제트기 등 다양한 물질적 요소에 얼마나 의존하고 있는지를 잘 보여준다. 아마존은 알고리즘과 소수의 천재적인 실리콘밸리 프로그래머들에 의해 운영되는 기술 기업으로 인식되기를 원하지만, 책에서 밝힌 것과 같이 아마존, 구글, 페이스북과 같은 플랫폼은 모두 광범위한 물적 인프라와 다양한 노동력에 의존하고 있다.

이러한 노동력 중 상당 부분은 유연하고 임시적인 방식으로 고용 중이다. 디지털 팩토리의 새로운 특징은 노동과정의 긴밀한 조직화와 계약의 유연성 및 임시직 노동 형태를 결합할 수 있다는 점이다. 실제로 이 책의 각 장에서는 알고리즘 관리와 디지털 제어 수단이 어떻게 유연한 인력 관리를 가능하게 하는지를 다양한 맥락에서 보여줬다. 이러한 노동력은 점점 더 이질화되고 있다. 디지털 팩토리의 다양한 예시를 통해 우리는 노동과정의 표준화가 인간의 노동의 이질화를 주도하거나, 이에 참여하거나, 그로부터 이익을 얻거나 하는 다양한 방식을 관찰할 수 있다. 이러한 노동의 증식은 여러 현장에서 가시화된다. 예를 들어 아마존 물류창고에서는 다양한 표준화 및 알고리즘 관리 기술을 통해 교육 시간을 줄이고 통제 가능성을 높임으로써 공급망의 우발적 상황을 충족하기 위해 노동력을 유연하고 짧게 쓸 수 있다. 계절 노동, 단기계약, 아웃소싱 노동은 아마존 물류센터 노동 체제의 중요한 구성요소다.

디지털 플랫폼은 이러한 논리를 가장 급진적인 방식으로 구현한다. 아마존 물류센터에서 출발해 고객에게 배송되는 최종구간까지를 추적해보면 플랫폼 노동의 등장이 눈에 확연히 드러난다. 온디맨드 논리가 계속 확장되는 상황에서 최종구간 배송last mile of delivery의 물류 프로세스가 점점 더 중요해지면서 속도, 유연성, 효율성에 대한 요구가 높아지고 있다. 특히 앱 기반 노동 형태가 등장하면서 물류 운영의 최종구간은 긱 경제의 최전선이 되는 중이다. 아마존의 배송 프로그램인 플렉스와 같은 플랫폼이 도시 물류 및 모빌리티 분야에서 점점 더 중요해지고 있는 것은 우연이 아니다. 유연하고 확장 가능한 노동력에 대한 수요는 플렉스, 우버, 딜리버루와 같은 플랫폼의 부상을 촉진했으며, 도시 물류 및 그 밖의 분야에서 플랫폼 노동의 존재감을 높였다.

오늘날 플랫폼 노동은 점점 더 새로운 분야로 확장 중이다. 우버와 같은 택시 서비스부터 딜리버루와 같은 택배 및 배달 서비스, 청소 서비스를 중개하는 포털 헬플링Helpling, 아마존 미케니컬 터크와 같은 모든 종류의 디지털 작업 플랫폼에 이르기까지 사회적 분업과 일상생활에서 디지털 플랫폼이 역할을 하지 않는 영역은 거의 없다.[11] 디지털 플랫폼의 앱 기반 작업은 한편으로는 알고리즘에 의한 노동 과정의 조직·지시·감독을 특징으로 하고, 다른 한편으로는 유연한 계약 형태를 갖는다. 여러 면에서 현대의 디지털 팩토리는 플랫폼이라고 할 수 있다.

음식을 배달하고, 아파트를 청소하고, 택시를 운전하는 이러한 플랫폼 노동자들은 크라우드워크 플랫폼에서 일하는 온라인 노동자와 많은 부분을 공유한다. 또한 이들은 훨씬 더 유연하고 확장 가능한 특정 형태의 온디맨드 노동력을 제공하는데, 아마존의 베조스 표현을 빌리자면 "서비스 판매용 인간people-as-a-service"이다. 서비스형 소프트웨어software-as-a-service에 대한 이러한 비유는 우연이 아니다. 크라우드의 노동력은 알고리즘 인프라 뒤에 숨겨져 복잡한 소프트웨어 아키텍처에 삽입할 수 있는 방식으로 조직되는 경우가 많으며, 작업자 간의 협력은 알고리즘에 의한 작업 수요의 재구성을 통해 자동으로 조직된다. 크라우드워크 플랫폼은 디지털 팩토리의 또 다른 변형으로, 디지털 분해, 자동화된 인사관리 및 감시의 형태를 통해 공간적·주관적으로 이질적인 노동자를 동질화할 필요 없이 포섭할 수 있다.

이러한 인프라는 이전에는 임노동을 위해 접근하기 어렵거나 불가능했던 새로운 노동력의 저수지를 열어 디지털 팩토리의 인력을 더욱 다양화한다. 크라우드워크 플랫폼에서 인도 소프트웨어 엔지니어는 실직한 모로코 청년, 북미 전과자, 독일 미혼모, 스페인 프리랜서, 필리핀 청년 졸업생 등과 함께 일한다. 그중 일부는 IT 분야에서 경력을 쌓기를 희망하고, 또 다른 일부는 다른 직업을 보충하기 위한 추가 수입이 필요하며, 일부는 단순히 재미로 크라우드워크를 한다. 크라우드워크는 남반구에서 새로운 디지털 노동 자원의 인프라 인덱싱에 중요한 역할을 하며, 성별 분업의 디지털 재구성과도 관련이 있다. 컴퓨터 기반 재택근무의 가능성은 돌봄과 가사노동에 종사하는 사람들(주로 여성)도 디지털 임노동자가 될 수 있도록 해준다. 여기서 디지털 기술은 노동과정을 변화시키거나 노동자를 통제하는 새로운 방법을 열어줄 뿐 아니라 사회적 분업과 글로벌 분업을 근본적으로 재구성하는 근본적인 변화의 일부분이라는 점이 매우 분명해진다.

그러나 플랫폼 노동의 효율성은 단순히 디지털 기술의 문제만이 아니라 유연한 계약과 다양한 형태의 도급제 임금의 문제이기도 하다. 도급제 임금은 시간 단위로 측정되는 임금보다 더 쉽게, 노동의 속도와 강도가 임금과 직접적으로 연결되기에 노동과정에 대한 직접적인 통제의 한 형태를 대체할 수 있다. 이러한 방식으로 노동력 착취에 내재된 갈등의 일정 부분이 개별 노동자에게 전가된다. 이는 업무의 표준화에 어느 정도 기반을 두고 있으며, 종종 노동자에 대한 (가령 이전 고객의 만족도에 대한 디지털 측정치인 '평판'에 기반한) 자동화된 관리 시스템을 노동 이력 관리 도구로 사용한다. 도급제 임금의 디지털 르네상스 덕분에 유동적으로 변한 시간은 노동의 유연화 및 강화 intensification 양쪽 모두의 중요한 요소다.

디지털 기술이 이러한 방식을 확장했지만, 다양한 방식의 유연한 고용의 긴 궤적을 고려하는 것도 중요하다. 예를 들어, 도급제 임금은 그 역사가 긴데, 테일러는 베들레헴 철강 회사에서 생산성을 높이기 위해 이를 실험한 바 있다. 플랫폼 노동은 완전히 새로운 현상이 아니라 다른 형태의 불안정 노동의 맥락에서 보아야 한다. 긱 경제에서의 전형적인 노동관계의 부상을 단순히 기술에 의한 분열 technological disruption의 결과로 이해할 수는 없으며, 특히 노동관계의 유연화 및 불안정화precarization와 매우 다양한 맥락에서, 이동성 관행이라는 넓은 범위의 디지털 이전의 발전 경향 아래 이해해야 한다. 물류 부문은 유연하고 가변적이며 비공식적인 계약의 오랜 전통을 보여주는 사례일 수 있으며, 따라서 긱 경제에 대한 현재의 논의를 역사적 관점에서 바라보게 한다. 도급제 임금, 일용직 노동, 비공식 계약의 역사는 디지털 기술이 등장하기 훨씬 전부터 시작되었다. 따라서 플랫폼 노동을 임시직, 파견직뿐만 아니라 오늘날 플랫폼에 의해 특별히 디지털화되고 있는 여성 가내home-based 임노동, 일용직 노동과 같은 역사적 관점 속에서 맥락화할 필요가 있다. 이러한 형태의 비정규직 노동은 역사적으로 항상 젠더화되어 있으며, 이주노동자와 이동 노동력mobile workforces에 의해 불균형적으로 수행된다.

오늘날 긱 경제의 다양한 플랫폼에 종사하는 노동자의 대다수가 이주노동자인 것은 우연이 아니다. 오늘날 이주노동자와 인종화된racialised 노동자는 디지털 팩토리의 온디맨드 인력에서 중요한 부분을 차지하고 있다. 긱 경제 전반에 걸쳐 디지털 방식으로 조직된 노동과정은 다양한 방식으로 이동 노동력과 결합되어 전 세계 도시에서 높은 수준의 이주 플랫폼 노동자로 연결된다. 유연성, 불안정성, 임금, 언어 등 다양한 요인에 따라 플랫폼 노동이 다양한 이주 경로와 프로젝트에 연결되거나, 다른 일자리의 대기 기간을 연결하거나, 다른 임금 노동이나 고용 형태를 보완하는 등 계층화된 노동시장에 특정한 방식으로 통합되는 방식이 결정된다. 디지털 팩토리의 노동력은 유연하고 이동성이 높다.

이주노동, 유연화된 국경, 분산된 투쟁

디지털 인프라의 맥락에서의 일의 지리학geography of work과 그 재구성은 이 책이 노동의 변형을 연구하는 데 또 다른 중요한 방향으로 작용했다. 물류 운영과 디지털 인프라뿐만 아니라 노동자의 이동성 자체에 의해 글로벌 공간이 재편되는 것은 디지털 시대의 글로벌 계급을 재구성하는 데 핵심 요소다. 오늘날 이주민으로 분류되는 인구는 수억 명에 달한다. 이러한 이동 인구는 당연히 노동자며, 이들의 이동성이 글로벌 자본주의의 과거와 현재를 형성한다.

오늘날 매우 이질적인 형태의 노동 이동성을 살펴보면, 고임금의 프로그래머부터 농업 분야의 미등록노동자, 이주 플랫폼 노동자, 중국의 가상 이주자virtual migrants까지 다양하며, 그들이 보여주는 노동 이동성의 중요성을 과소평가하기가 어렵다. 세계 경제의 모든 부문이 이주노동자의 착취에 기반을 두고 있지만, 노동의 이동성 자체가 이러한 착취를 통한 축적에 계속 도전하고 있다. "이주의 자율성"은 인간의 이동성의 차단 및 연결을 목적으로 하는 차별화되고 종종 폭력적인 도구만큼이나 중요하다.[12] 이러한 통제 장치 중 일부의 작동은 미등록노동undocumented labor부터 모든 형태의 비자와 취업 허가까지 이주노동자들을 위한 특별한 지위 또는 오히려 다양한 특수 지위를 형성하며, 이에 따라 이질적인 이주노동자들의 다양한 지위를 활용함으로써 새로운 형태를 축적을 가능하게 한다. 이는 자본의 축적을 위한 국경의 생산적인 힘과 전략적 역할의 일부로 이러한 역할은 본질적으로 불완전하며 항상 매우 경합이 심한 특징을 보인다. 이러한 경합은 먼저 이주자들에 의해 주로 국경 분쟁의 다양한 장소에서 나타나지만, 전 세계에 걸친 노동 분쟁의 장에서도 나타난다.[13]

디지털 인프라와 공간의 재구성 또한 이러한 이주자의 증가와 관련이 있다. 산드로 메짜드라Sandro Mezzadra와 브레트 닐슨Brett Neilson의 말을 빌리자면, 오늘날에는 배제와 포괄exclusion and inclusion의 이분법적 경계가 아니라 '차등적 포괄differential inclusion', 즉 여러 지역과 결합된 다양한 형태의 가상적·시간적·부분적 이주를 볼 수 있다.[14] 이러한 이주자 증대의 변형은 도시 지역으로의 내부 이주민인 동시에 <월드 오브 워크래프트>의 웨스턴 서버로의 가상 이주민인 중국의 게임화폐 채굴자의 모습에서 구체화된다. 이러한 사례는 디지털 인프라와 연결된 장치가 경제 및 노동 지리를 재구성하고 새로운 공간 구성을 만드는 또 다른 방식을 보여준다. 디지털 기술은 (경제적) 공간을 끊임없이 재구성하고 재공식화하는 과정에서 새로운 연결과 근접성, 새로운 분절과 경계를 만들어 낸다. 골드 파밍의 그림자 경제는 어디서든 게임에 접속할 수 있는 옵션과 게임에 접속하는 사람들의 불평등한 위치로 인해 가능해졌다. 온라인 롤플레잉 게임의 디지털 공간은 새로운 연결·경제·노동의 지리를 열어주지만, 글로벌 커뮤니케이션의 공간을 원활하게 만들어주지는 않는다. 이러한 경제에 참여하는 일은 게임에 접속하는 지역 공간과 깊은 관련이 있으며, 동시에 이러한 공간적 구성을 변화시킨다.

<월드 오브 워크래프트>와 같은 온라인 게임은 이러한 연결성과 국경의 동시 확산을 보여주는 예다. 서양 플레이어가 거주하는 서버에서 중국 또는 베네수엘라의 디지털 노동자는 본질적으로 인종차별적인 가상 이주자가 되는데, 이러한 인종차별적 속성은 가상 이주자가 실제 이주자와 공유하는 많은 유사점 중 하나에 불과하다. 가상 이주라는 새로운 경험과 지리의 생성은 인프라 요인만으로 결정되지는 않는다. 교육·언어·문화와 같은 요소도 잠재적 노동자와 관련된

중요한 문제다. 바로 이러한 문제들로 인하여 필리핀은 디지털 소셜미디어 콘텐츠 관리의 글로벌 중심지가 되었다. 식민지 및 식민지 이후의 역사를 통해 북미 문화에 정통한 영어를 구사하는 가톨릭 신자 노동력이 배출되어 서구 소셜미디어의 콘텐츠 관리를 수행할 수 있는 자격을 갖췄다. 이들의 노동은 가상 이주 경험에 내재된 정서적 차원의 중요성을 보여준다.

'가상 이주'는 개념적으로 도전적인 기능을 하며, 이주 관련 연구에 대한 기존의 질문을 확장해 국경을 넘는 사람들의 물리적인 이동으로 일반적으로 정의되는 이주의 복잡성을 드러낸다. 이러한 새로운 형태의 디지털 이동성은 개념적·법적으로 어떻게 이해해야 하며, 또한 삶의 경험과 주체화 또는 인종주의의 재구성과 관련하여 어떻게 이해해야 하는지 묻는다. 디지털 기술은 오늘날 모든 이동성 관행의 상당 부분을 생성하고 구조화하고 형성하는데, 특히 이동 노동력의 영역에서 더욱 그러한 경향을 보이므로, 이주에 관한 근본적인 개념과 이론들을 재평가할 필요가 있음을 시사한다.[15]

디지털 팩토리의 특징이 이주노동력인 만큼 전 세계 디지털 팩토리에 영향을 미치는 수많은 문제도 발생하고 있다. 2018년 크리스마스 시즌에 미니애폴리스-세인트폴 공항 인근의 물류센터에서 벌어진 파업은 소말리아 이주민들이 미국 내 아마존 물류센터에서 최초로 조직적으로 벌인 파업으로, "동아프리카 노동자의 힘 키우기"라는 구호를 내걸고 에이우드센터라는 단체가 조직적으로 주도한 것이었다. 이 이주자 연합은 미국 아마존에서 최초로 파업을 조직한 것으로, 경영진을 협상에 나서게 하고 일부 성공을 거둔 최초 단체이기도 하다.[16] 이탈리아 북부의 물류창고에서 발생한 파업과 갈등, 파리의 우버 드라이버와 딜리버루 라이더의 시위와 단체행동, 아르바토 베를린의 콘텐츠 관리자가 열악한 근무 조건에 항의하는 등 디지털 팩토리에서의 투쟁은 종종 이주노동력에 의해 주도된다. 이러한 경향은 비정규직 계약뿐만 아니라 불안정한 체류 상황으로 인해 사용자의 보복에 노출되는 등 특히 취약한 조건에 처해 있는 경우가 많다는 점에서 주목할 만하다.

일반적으로 디지털 팩토리 안팎에서 벌어지는 투쟁은 무언의 거부 제스처에서 전면적인 파업에 이르기까지 매우 다양한 양상을 보인다. 계급의 이질화와 파편화를 생각할 때, 투쟁이 다양하고 파편화되는 것이 그리 놀라운 일은 아니다. 대공장의 '종말'과 함께, 적대antagonism라는 분명한 주제와 함께 정치적 확실성은 사라졌다. 따라서 이러한 주제를 재고하고 재구성하는 데 많은 정치적·이론적 노력을 투자했다. 모든 차원에서 노동의 증식은 이론화·조직화 모두에 도전을 제기하며 이는 종종 여전히 표준 고용의 규범적 모델을 지향한다. 게다가 노조는 불명확한 법적 규정과 관할권으로 특징지어지는 생산의 초국적가적 지리transnational geographies에 점점 더 직면하고 있다. 최근 몇 년 동안 이러한 방향으로 상당한 노력을 기울였지만, 주요 노조가 다양한 형태의 프리랜서 확장을 받아들이고 적절한 투쟁 도구를 개발하는 것은 종종 어려운 일이다. 반면, 이탈리아 북부의 물류창고에서 딜리버루, 푸도라, 기타 플랫폼에서 벌어진 배송기사들의 다양한 파업과 시위처럼 소규모 풀뿌리 노조는 제약이 적고 행동의 수단이 혁신적이기에 새로운 상황에 더 잘 적응할 수 있다.

공간적으로 서로 떨어져 있는 수만 명의 노동자가 동시에 일하는 크라우드워크 공장의 사례에서 볼 수 있듯이 디지털 팩토리의 공간적 확산은 많은 경우 집단적 투쟁의 형태를 발전시키는 데 또 다른 명백한 장애물이다. 많은 플랫폼의 사례에서 볼 수 있듯이, 한 지붕 아래의 공장에서 일하면서 어느 정도 자동적으로 생성되는 집단성의 형태가 많은 디지털 팩토리의 경우에는 적극적으로 만들어져야 한다. 이는 노동자들이 서로 다른 대륙에 위치할 뿐만 아니라, 같은 플랫폼에서, 심지어 같은 업무를 수행하는 노동자들이 경험하는 근로조건이 완전히 다르기 때문이다. 계약의 유연화와 다양한 형태의 아웃소싱, 임시 또는 비정규직 노동 계약은 분명히 노동력의 분열을 초래하는 또 다른 요인이며, 이러한 계약은 많은 경우 노동 불안을 잠재우기 위한 명백한 목적을 갖는다. 아마존의 물류센터는 비정규직 노동을 전략적으로 활용하는 사례이지만, 이러한 어려운 조건을 극복할 수 있고 다양한 형태의 저항이 가능하다는 것을 보여주는 사례이기도 하다.

디지털 조직화를 위한 새로운 도구의 개발은 성공적인 투쟁의 중요한 측면이 될 것이다. 독립계약자로 구성된 노동력이 분산되어 있는 크라우드워크 플랫폼은 이러한 과제를 가장 잘 보여주는 사례라고 할 수 있다. 이러한 매우 어려운 상황임에도 크라우드워크 플랫폼에서 어떻게 하면 효과적으로 조직화할 수 있는가에 대한 질문은 이미 실험대상이 되고 있다. 편지 캠페인에서 터콥티콘Turkopticon 플러그인 같은 활동가 기술activist technology, 집단적 법적 분쟁, 플랫폼 협동조합의 형태에 이르기까지 온라인 포럼과 다른 형태의 온라인 네트워킹에 기반한 다양한 시도가 이루어지고 있다.[17]

디지털 기술은 이러한 투쟁에서 중요한 내기wager가 되었다. 디지털 기술로 인한 새로운 형태의 감시 또는 합리화를 둘러싼 갈등이 발생하면서 이러한 내기가 떠올랐을 뿐만 아니라, 오늘날 디지털 기술이 노동 갈등에 활용되는 가장 강력한 방법 중 하나는 자동화의 유령을 소환하는 것이기 때문이다. 노동 갈등의 시기에 파업 중이거나 비효율적인 노동자를 대신할 로봇 이미지를 활용해 자동화의 진전에 대한 뉴스를 퍼뜨리기를 좋아하는 회사는 아마존뿐만이 아니다. 미국에서 최저임금 15달러를 요구하는 캠페인이 진행되는 동안 샌프란시스코에서는 "최저임금 대체품을 만나보세요"라는 문구와 함께 고객의 주문을 받을 준비가 된 아이패드의 모습이 그려진 대형 광고판을 볼 수 있었다. 이 광고판은 "최저임금이 15달러로 인상되면 직원들은 더 저렴하고 자동화된 대체품으로 대체될 것"이라고 주장했다. 비슷한 맥락에서 《월스트리트》은 2017년 최저임금법을 '로봇 고용법 Robot Employment Act'이라고 불러야 한다고 주장하며 "시간당 15달러는 가난한 청년들에게 도움이 되지 않는다. 그것은 새로운 햄버거 굽는 기계인 플리피Flippy를 돕는다”라고 논평했다.[18]

패스트푸드 노동자들이 주도한 15달러를 위한 투쟁Fight for $15 운동은 이후 주 및 지역 수준에서 성공을 거뒀다. 예를 들어 캘리포니아에서는 2016년부터 최저임금이 단계적으로 인상되어 2022년에는 최저임금이 15달러에 도달할 예정이다. 동시에 패스트푸드 업계의 고용은 계속 증가하고 있으며 업계는 인력 부족에 직면해 있다.《월스트리트》의 논평에 등장한 햄버거 굽는 로봇 ‘플리피’는 실제로 칼리버거 체인점의 여러 레스토랑에 도입되어 고객들의 인기를 끌고 있다. 주걱이 부착된 로봇 팔인 플리피는 머신 비전과 열 센서를 사용하여 패티를 뒤집어야 하는 시점을 결정한다. 그러나 이러한 기능 외에도 인간인 동료의 도움이 많이 필요하다. 패티를 그릴에 올려놓고 치즈와 기타 토핑을 추가한 다음 포장하여 고객에게 전달해야 한다.[19]

노동의 종말을 향하여

오늘날 세상은 여전히 노동의 세계다. 전 세계 인구의 압도적인 다수가 깨어 있는 시간 중 많은 시간을 일하면서 보낸다. 모든 차원에서 노동은 여전히 사회를 구성하고 계층화하는 데 매우 중요한 요소다.

디지털 기반 자동화에 대한 모든 발전과 추측 속에서도 이러한 사실이 금방 바뀔 것 같지는 않다. 전통적인 공장과 오늘날의 디지털 팩토리는 모두 자동화의 프로세스와 관련 담론과 관련하여 복잡하고 모호한 관계에 놓여 있다. 공장 역사가인 카스텐 울Karsten Uhl은 "산업화 초기부터 공장의 역사는 자동화의 비전과 연결되었고, 이는 궁극적으로 사람이 없는 공장을 목표로 했다"라고 말하면서, "그러나 이러한 사고방식의 특징은 최초의 자동 방적기부터 테일러주의, 전후의 수치로 제어되는numerically controlled 기계에 이르기까지 혁신이 가져온 자동화의 가능성 부분은 항상 과대평가했다"라고 덧붙인다.[20]

분명히 디지털 기술은 막대한 영향을 미치고 있으며, 앞으로 더 많은 일자리를 변화시키고 사라지게 할 새로운 자동화 회로의 핵심이다. 그러나 로봇과 AI가 일자리를 없앤다는 현재의 과대광고와 마르크스나 다른 동시대 사람들에게 영향을 준 완전 자동화된 공장에 대한 비전을 제시했던 찰스 바비지Charles Babbage나 앤드류 우레 Andrew Ure 같은, 19세기부터 시작된 자동화 담론의 역사적 사례를 비교해보면 분명한 사실을 알 수 있다. 인간 노동의 종말이 임박했다는 이러한 비전은 1930년대, 1950년대, 1980년대, 그리고 최근 몇 년 동안 주기적으로 다시 등장했으며, 아론 베나나브Aaron Benanav가 자신의 저서 《자동화와 일의 미래Automation and the Future of Work》[21]에서 지적했듯이, 자동화에 대한 이러한 담론의 증가는 모두 일자리를 대체하고 노동자를 정리해고하는 실제 자동화의 과정과 맞물려 있었다는 것을 말이다. 그러나 자동화가 진행될 때마다 그 어느 때보다 더 많은 사람이 임노동에 종사하고 있다.

이전의 자동화 물결이 수백만 개의 일자리를 없애지 않았다고 해서 이번에도 다르게 진행될 거라는 의미는 아니다. 특히 현재 상황은 이미 전 세계적으로 노동력 과잉공급이 특징이기 때문이다. 그럼에도 노동의 종말에 대해 회의적인 시각을 유지해야 할 이유가 있다. 베나나브가 설득력 있게 지적했듯이, 현재의 글로벌 저고용 현상은 디지털 기술로 인한 생산성의 도약보다는 성장률과 생산성의 둔화 때문일 수 있다.[22] 동시에 자동화 기술의 광범위한 보급은 단순히 기술 개발의 문제가 아니라 경제적 계산의 문제이며, 따라서 항상 인간 노동과의 가격 경쟁 속에 존재한다. 또한 디지털 기술은 많은 작업을 자동화할 수 있지만 동시에 인간의 노동력이 필요한 새로운 작업과 문제를 초래한다. 부문별, 국가별, 백분율 단위로 자동화를 예측하는 통계는 언론의 헤드라인을 장식하기에는 좋지만, 결국 추정치일 뿐이다. 이 책은 대부분 자동화의 미래에 대한 이러한 논쟁을 피하고 이미 존재하는 자동화 형태, 즉 기술과 현존하는 노동의 변화하는 관계를 다뤘다. 이러한 관점에서는 디지털 자동화가 고용 시장에 미치는 영향에 대한 통계적 예측을 할 수는 없다. 하지만 선형적이고 명확한 예측과 모델에 대한 경험적이고 이론적인 회의skepticism는 허용한다.

이 책이 조사한 여러 현장에서 디지털 기술의 영향력과 힘, 인간 노동의 끈질김을 모두 확인할 수 있었다. 최근 몇 년 동안 아마존은 물류센터에 수십만 대의 로봇을 도입해 자동으로 선반을 이동시켰다. 같은 기간에 이 로봇과 함께 일할 신규 인력도 훨씬 더 많이 고용했다. 머신러닝 애플리케이션을 훈련하는 크라우드워커와 소셜미디어에서 원치 않는 콘텐츠를 삭제하는 콘텐츠 관리자의 지루한 노동은 자동화의 한계와 그 이면의 노동력을 시사하는 사례다. 이 두 직업은 알고리즘의 마법 뒤에 숨어 있는 노동력을 보여주는 대표 사례이기도 하다. 겉으로 자동화된 과정이나 AI 애플리케이션 뒤에 인간 노동자들이 존재하는 다양한 부문에 관한 많은 예시가 있다. 이들은 소프트웨어를 교육하거나 그 작업을 평가하며, 어려운 상황에서 도움을 주거나 인간 노동만이 존재함에도 알고리즘 애플리케이션으로 위장하는 경우도 있다. 머신러닝 알고리즘과 정교한 로봇의 능력을 보여주는 놀라운 사례도 있지만, 가장 간단한 명령을 잘못 이해하는 알고리즘의 우스운 사례와 디지털 기반 자동화가 오랫동안 쉽게 자동화할 수 있다고 생각했던 일부 분야에서도 인간의 노동력을 대체하지 못할 것이라는 로봇공학의 냉정한 좌절을 보여주는 사례도 존재한다. 이 글을 쓰는 지금, 알고리즘 관리의 부상, 새로운 형태의 노동 통제 및 측정, 디지털 기술로 가능해진 새로운 노동 지형, 새로운 성별 및 인종 분업, 새로운 사회적 양극화, 비정규직 및 유연 노동의 증가는 로봇에 의한 일자리 상실보다 훨씬 더 큰 영향을 미치고 있다.

자동화 문제는 특히 미래에 대해 생각하게 하기에 여전히 중요한 쟁점이다. 많은 경우, 노조뿐만 아니라 다양한 형태의 노동운동이 자동화와 신기술로부터 노동을 보호하기 위해 노력해왔다. 일자리의 감소가 종종 재앙적인 결과를 초래한다는 점을 고려하면 이는 매우 당연한 일이다. 그러나 멀리서 보면 기술이 노동을 대체할 수 있다는 사실이 특히 가장 힘든 직종에서 가장 오랜 시간, 가장 불안정한 조건에서 가장 낮은 임금을 받고 일하는 사람들에게 위협으로 여겨지는 것이 이 사회 구성의 가장 큰 부조리 중 하나임을 알 수 있다.

이는 자동화와 관련된 사회적 질문을 불러일으키고 미래에 대한 대안적 비전을 발전시키는 문제가 시급한 과제임을 보여준다. 이는 애초에 특별히 포용적이지도 않았고 그 이후 사회적·경제적 조건이 사라져버린, 계급 타협class compromise의 귀환에 대한 열망으로 표현되는 포드주의적 향수를 무너뜨리는 문제다. 공공의 이익을 위한 자동화의 비전이 강력해질 수 있었던 것은 주로 정치 권력 때문이지만, 이러한 조건은 또한 기술에 대한 접근 방식을 가리키기도 한다. 이 책 전반에 걸쳐 다양한 알고리즘 인프라는 주로 노동을 조직하고 통제하는 수단, 순환을 가속화하고 생산성을 높이는 기술로 등장했다. 기술은 물화物化된 사회적 노동이며, 기술을 존재하게 한 사회적 관계의 산물이다. 따라서 현대의 많은 기술이 무엇보다도 다른 사람의 노동, 즉 개별 노동자의 노동과 광범위한 사회적 협력을 전유appropriate하고 사유화privatize하도록 설계되었다는 점은 놀라운 일이 아니다. 하지만 그렇다고 해서 이 방식을 계속 유지해야 한다는 의미는 아니다.

6장

1) Rudacille, Deborah. "In Baltimore, Visions of Life after Steel." *CityLab*, May 15, 2019. https://www.citylab.com/life/2019/05/bethlehem-steel-mill-photos-sparrows-point-dundalk-baltimore/589465/.

2) Loomis, Carol J. "The Sinking of Bethlehem Steel." *Fortune*, April 5, 2004. http://archive.fortune.com/magazines/fortune/fortune_archive/2004/04/05/366339/index.htm.[이 링크는 현재 게시물이 연결되지 않음. 옮긴이]]

3) Taylor, Frederick W. *The Principles of Scientific Management*. New York: Cosimo, 2010. Originally published in 1911 by Harper and Brothers., 41.

4) Freeman, *Behemoth*, 107.

5) According to a report by the *New York Times* on Amazon in Baltimore(Shane, Scott. "Prime Mover: How Amazon Wove Itself into the Life of an American City." *New York Times*, November 30, 2019. https://www.nytimes.com/2019/11/30/business/amazon-baltimore.html. 참조).

6) Documents obtained by *The Verge*; see Lecher, Colin. "How Amazon Automatically Tracks and Fires Warehouse Workers for 'Productivity.'" *The Verge*, April 25, 2019. https://www.theverge.com/2019/4/25/18516004/amazon-warehouse-fulfillment-centers-productivity-firing-terminations.

7) Pias, Claus. "Computer Spiel Welten." PhD diss., Bauhaus-Universität Weimar, 2000.

8) 이외에도 Raffetseder, Eva-Maria, Simon Schaupp, and Philipp Staab. "Kybernetik und Kontrolle. Algorithmische Arbeitssteuerung und Betriebliche Herrschaft." *PROKLA. Zeitschrift für kritische Sozialwissenschaft* 47, no. 2(2017): 229–48. 참조.

9) Barns, Sarah. *Platform Urbanism: Negotiating Platform Ecosystems in Connected Cities*. Singapore: Palgrave Macmillan, 2020; Sadowski, Jathan. "Cyberspace and Cityscapes: On the Emergence of Platform Urbanism." *Urban Geography* 41, no. 3(2020): 448–52.

10) Staab, Philipp. *Digitaler Kapitalismus: Markt und Herrschaft in der Ökonomie der Unknappheit*. Berlin: Suhrkamp, 2019..

11) Woodcock, Jamie, and Mark Graham. *The Gig Economy: A Critical Introduction*. Cambridge: Polity, 2019.

12) Bojadžijev, Manuela, and Serhat Karakayali. "Autonomie der Migration: Zehn Thesen zu einer Methode." In *Turbulente Ränder: Neue Perspektiven auf Migration an den Grenzen Europas*, edited by Transit Migration, 203–9. Bielefeld, Germany: Transcript, 2007; Mezzadra, Sandro. "The Gaze of Autonomy: Capitalism, Migration, and Social Struggles." In *The Contested Politics of Mobility: Borderzones and Irregularity*, edited by Vicki Squire, 121–42. London: Routledge, 2011.

13) Mezzadra, Sandro, and Brett Neilson. *The Politics of Operations: Excavating Contemporary Capitalism*. Durham, NC: Duke University Press, 2019; Altenried, Moritz, Manuela Bojadžijev, Leif Höfl er, Sandro Mezzadra, and Mira Wallis. "Logistical Borderscapes: Politics and Mediation of Mobile Labor in Germany after the 'Summer of Migration.'" *South Atlantic Quarterly* 117, no. 2(2018): 291–312.

14) Mezzadra and Neilson, *The Politics of Operations*, 159.

15) Bojadžijev, Manuela. "Migration und Digitalisierung. Umrisse eines emergenten Forschungsfeldes." In *Jahrbuch Migration und Gesellschaft 2019/2020*, edited by Hans Karl Peterlini and Jasmin Donlic, 15–28. Bielefeld, Germany: Transcript, 2020.

16) Bruder, Jessica. "Meet the Immigrants Who Took On Amazon." *Wired*, November 12, 2019. https://www.wired.com/story/meet-the-immigrants-who-took-on-amazon/.

17) Scholz, Trebor, and Nathan Schneider, eds. *Ours to Hack and to Own: The Rise of Platform Cooperativism, a New Vision for the Future of Work and a Fairer Internet*. New York: OR Books, 2016.; Silberman and Irani, "Operating an Employer Reputation System."

18) *Wall Street Journal* opinion piece(Puzder, Andy. "The Minimum Wage Should Be Called the Robot Employment Act." *Wall Street Journal*, April 3, 2017. https://www.wsj.com/articles/the-minimum-wage-should-be-called-the-robot-employment-act-1491261644 참조).

19) According to Scott Neuman, "'Flippy' the Fast Food Robot(Sort Of) Mans the Grill at CaliBurger," NPR, March 5, 2018, https://www.npr.org/sections/thetwo-way/2018/03/05/590884388/flippy-the-fast-food-robot-sort-of-mans-the-grill-at-caliburger.

20) Uhl, Karsten. "Work Spaces: From the Early-Modern Workshop to the Modern Factory Workshop and Factory." *European History Online(EGO)*. February 5, 2016. http://www.ieg-ego.eu/uhlk-2015-en.

21) Benanav, Aaron. *Automation and the Future of Work*. London: Verso, 2020.

22) Benanav, *Automation and the Future of Work*.

나오며

7

전염성 공장

글로벌 자본주의의 디지털 전환에 관한 책을 쓰는 것은 종종 불가능한 일처럼 느껴졌다. 전환 프로세스가 진행되는 빠른 속도와 역동성은, 책을 출판하는 데 걸리는 긴 시간과 상충한다고 여겨졌기 때문이다. 이 책에서 조사한 모든 현장은 역동적인 변화의 일부일 뿐이며, 연구가 진행되는 동안에도 내 눈앞에서 변화가 펼쳐지고 있다. 이런 책을 쓰다 보면 책이 출간될 때와 지금이 달라 보일 수 있다는 위험을 항상 감수해야 한다. 그래서 때로는 고대 사건을 연구하는 역사가가 부러울 때도 있다.

2020년에는 이러한 위험과 감정이 훨씬 증폭되었다. 원고 대부분은 코로나바이러스가 전 세계로 확산되어 내 고향인 베를린을 장악하기 몇 주 전에 완성되었다. 이 글을 쓰고 있는 2020년 끝자락에는 전 세계 여러 지역에서 바이러스의 두 번째 물결이 파고를 높이고 있으며, 독일 정부는 2차 봉쇄령을 내린 상태다. 현재로서는 이 팬데믹이 언제 그 기세를 잃을지, 아니 대체 기세를 잃는 순간이 올 것인지조차 알기 어렵다. 게다가 이 바이러스를 발생시킨 조건과 전 세계에 미칠 영향이 앞으로 현재의 팬데믹과 같은 사건을 더 많이 만들어 낼 것이라는 점은 분명해 보인다. 많은 사람이 인류세Anthropocene, 人類世, 또는 더 적절하게는 자본세Capitalocene, 資本世라고 부르는 지난 세기는 지구와 기후를 극적으로 변화시켰으며, 이러한 변화에 공장도 적지 않은 역할을 했다.[1] 다각적인 생태 파괴는 현재의 팬데믹에 영향을 미쳤으며 향후 재앙을 초래할 운명인 것 같다. 미래에 대한 모든 불확실성을 제쳐두고, 코로나19 팬데믹이 이미 우리 사회를 크게 변화시켰고 앞으로 더 크게 변화시킬 것이라는 점은 분명하지만, 이러한 변화가 정확히 어떻게 진행될지에 대해서는 현재로서 불투명하다.

팬데믹에 비추어 이 책을 되돌아보면, 현재 벌어지는 사건들이 이 책과 그 결론을 추월할 것이라 느껴지지 않는다. 오히려 각 장에서 설명하는 많은 프로세스가 팬데믹으로 인해 가속화되었다. 예를 들어, 아마존은 이번 위기로 가장 큰 이익을 얻은 기업 중 하나다. 이 회사는 전 세계적으로 증가한 상품 배송 수요를 충족하기 위해 물류창고와 라스트 마일에 수십만 명의 직원을 고용했다. 위기가 시작된 이후 이 회사의 주가와 베조스의 재산은 상승했다. 여러모로 플랫폼은 이번 위기에서 각광받았다. 중국에서는 코로나19 위기로 인해 고립된 고객의 집 앞까지 식사 및 기타 쇼핑을 배달하는 플랫폼이 붐을 일으켰다. 파리와 밀라노에서는 극적인 첫 번째 도시 봉쇄 기간 동안 텅 빈 거리에서 유일하게 눈에 띄는 사람들이 음식 배달 플랫폼의 라이더였다. 코로나19 팬데믹은 플랫폼이 일상생활의 인프라로 얼마나 진화했는지를 여러 면에서 보여준다. 플랫폼의 발전은 종종 공공 인프라의 부족과 맞물려 있는데, 코로나19의 여파로 이 사실이 더 분명히 드러났다.

배송 플랫폼의 라이더, 아마존 물류센터의 직원 등 소위 최전선에서 일하는 많은 사람이 위기 상황에서도 중요한 사회적 기능을 수행하기에 특별한 위험에 노출되는 경우가 많다. 팬데믹 초기 몇 달 동안 수만 명의 창고 노동자들이 바이러스에 감염되었고, 전 세계의 긱 워커(주로 이민자)는 사업장 폐쇄, 통행금지, 질병 발생 시 임금 지급 등과 같은 안전장치가 거의 없는, 불안정한 일자리에 놓였다. 따라서 많은 사람이 바이러스에 대해 두려움을 갖고 있고, 일감이 점점 줄어듦에도 계속 일하고 있다. "일하지 않는 것은 선택 사항이 아니기에 자가격리를 할 수 없습니다." 뉴욕에서 리프트Lyft, 우버 이츠Uber Eats 등 다양한 플랫폼에서 일하며 긱 경제의 더 나은 노동조건을 위한 캠페인에도 참여하고 있는 머라이어 미첼Mariah Mitchell의 말이다. 팬데믹 초기에 《뉴욕타임즈》에 게재된 생생한 편지에서 그녀는 다음과 같이 설명했다. "돈을 충분히 벌지 못하면 앞으로 6주 동안 아이들을 먹일 수 없습니다. 저는 열이 나든 안 나든 그만두지 않을 겁니다. 우리 중 누구도 이런 비상사태에 대비해 저축을 모아둘 만큼 충분한 돈을 벌지 못하기에 대부분의 다른 프리랜서 노동자들도 그렇게 할 겁니다."2) 자가격리와 재택근무는 많은 사람이 감당할 수 없는 사치에 속한다.

실제로 사업주로부터 재택근무를 지시받은 사람들은 오랫동안 재택근무가 현실이 되어온 다른 플랫폼 노동자, 즉 부엌과 침실에서 수년간 일해온 온라인 노동 플랫폼 노동자들을 만나게 했다. 이러한 크라우드워크 플랫폼은 코로나19 위기의 또 다른 승자가 될 수도 있으며, 온디맨드 원격 근무의 논리를 더욱 확산시킬 수 있다. 바이러스로 뒤흔들린 세상에서 벗어나고 싶은 사람들과 수입을 올릴 방법을 찾고 있는 수많은 실직자 모두에게 온라인 게임이 피난처가 될 수 있다는 사실 역시 쉽게 알 수 있다.[3]

2020년 3월, 페이스북이 직원 대부분을 집으로 돌려보냈을 때, 이 플랫폼 이용자 중 상당수는 자신이 작성한 무해한 게시물이 스팸 또는 위험 게시물로 표시되어 플랫폼에서 삭제된 반면 악성 콘텐츠는 그대로 남아 있다고 불만을 토로한 적이 있다. 이러한 실수가 발생한 이유는 간단하다. 페이스북에서 콘텐츠 검열을 담당하는 수만 명의 직원 대부분이 사무실 밖에서 근무할 수밖에 없는 조건에서, 이들의 대부분이 프라이버시 문제 때문에 자택 밖에서 근무할 수도 없는 처지가 되자, 플랫폼은 이러한 직원들을 자동화된 시스템으로 대체하려고 했기 때문이다. 많은 이용자의 경험뿐만 아니라, 2020년 10월 바이러스 감염자가 폭발적으로 증가하던 시기에 페이스북 도급업체인 액센츄어가 콘텐츠 관리자들에게 사무실 복귀를 요구했다는 사실은 인공지능이 아직은 해결할 수 없는 문제가 많다는 사실을 보여준다. 사무실 복귀를 의무화하자 액센츄어 도급업체 직원들은 우려를 표명하며 위험에 대한 더 나은 보수를 요구하기도 했다. 다른 플랫폼의 콘텐츠 관리자들도 사무실로 복귀한 반면, 페이스북을 비롯한 여러 회사의 정규직 직원들은 원격 근무 옵션이 크게 확대되었을 뿐만 아니라 언제나 활용할 수 있는 혜택으로 누리는 중이다.[4]

콘텐츠 관리 업무에서 확인한 것처럼, 이번 위기는 코로나 시대에도 생산의 흐름이 중단되지 않고 유지하기 위해 인간 노동이 매우 중요하다는 점과 함께 자동화 노력이 특히 증가하고 있다는 점을 모두 보여준다. 이번 위기는 자동화를 위한 새로운 노력의 출발점이 될 수 있으며, 글로벌 경제에 더 많은 변화를 가져올 수 있는 토대가 될 수도 있다. 이러한 노력에 대해서는 앞으로 그 성공 여부가 엇갈리겠지만, 코로나 위기는 이미 현재 노동에 극적인 영향을 미치기 시작했다. 위기가 시작된 이래로 수백만 명이 일자리를 잃었으며 그들은 실업자 또는 불완전 취업자의 대열에 합류하게 될 것이다. 바로 직전의 큰 위기였던 2008년 금융위기가 우리가 알고 있는 긱 경제를 탄생시킨 것처럼, 이번 위기는 돌발상태에 대처하는 비정규직 노동 형태를 더욱 확산시키고 이를 정상적인 고용 형태로 만들어버릴 수도 있다. 실업자도 늘고 비공식적인 업무 배치도 증가하면서 어느 정도 정규적인 고용 형태를 유지하는 노동자에게 압력을 가하고 고용주에 대한 이들의 입지를 약화시킬 것이다. 이러한 변화는 노동계에 향후 몇 년 동안 자동화로 인한 일자리 감소보다 더 중요한 이슈가 될 것이다. 특히 의료 시스템과 공공 인프라가 붕괴되고 추가 긴축 조치가 예정된 상황에서 이러한 변화가 만든 영향은 누가 이 위기의 대가를 치를 것인지, 우리 사회가 어떻게 재편될 것인지를 놓고 벌어질 향후 사회적 갈등의 기본 뼈대가 될 것이다.

7장

1) Moore, Jason W., ed. *Anthropocene or Capitalocene?: Nature, History, and the Crisis of Capitalism.* Oakland, CA: PM Press, 2016.

2) Mitchell, Mariah. "I Deliver Your Food. Don't I Deserve Basic Protections?" *New York Times*, March 17, 2020. https://www.nytimes.com/2020/03/17/opinion/coronavirus-food-delivery-workers. html; 이외에도 Altenried, Moritz, Manuela Bojadžijev, and Mira Wallis. "Platform Im/mobilities: Migration and the Gig Economy in Times of Covid-19." *Routed: Migration & (Im)Mobility Magazine*, October 2020. https://www.routedmagazine.com/platform-immobilities; Altenried, Moritz, Valentin Niebler, and Mira Wallis. "On-Demand. Prekär. Systemrelevant." *Der Freitag*, March 25, 2020. https://www.freitag.de/autoren/der-freitag/on-demand-prekaer-systemrelevant 각 참조.

3) Dyer-Witheford, Nick, and Greig de Peuter. "Postscript: Gaming While Empire Burns." *Games and Culture* 16, no. 3(2020): 371-80.

4) Statt, Nick, Casey Newton, and Zoe Schiffer. "Facebook Moderators at Accenture Are Being Forced Back to the Office, and Many Are Scared for Their Safety." *The Verge*, October 1, 2020. https://www.theverge.com/2020/10/1/21497789/facebook-content-moderators-accenture-return-office-coronavirus 참조.

디지털 팩토리

: 디지털 자본주의 시대, 보이지 않는 노동

발행일 초판 1쇄 2023년 8월 18일

지은이 모리츠 알텐리트

옮긴이 권오성, 오민규

편집 윤현아, 김유민

디자인 이진미

펴낸이 김경미

펴낸곳 숨쉬는책공장

등록번호 제2018-000085호

주소 서울시 은평구 갈현로25길 5-10 A동 201호(03324)

전화 070-8833-3170 **팩스** 02-3144-3109

전자우편 sumbook2014@gmail.com

홈페이지 https://soombook.modoo.at

페이스북 /soombook2014 **트위터** @soombook **인스타그램** @soombook2014

값 18,000원 | ISBN 979-11-86452-95-0